FOOTBALL LEAKS

RAFAEL BUSCHMANN UND
MICHAEL WULZINGER

FOOTBALL LEAKS

Die schmutzigen Geschäfte im Profifußball

Deutsche Verlags-Anstalt

Der Verlag weist ausdrücklich darauf hin, dass im Text
enthaltene externe Links vom Verlag nur bis zum Zeitpunkt
der Buchveröffentlichung eingesehen werden konnten. Auf
spätere Veränderungen hat der Verlag keinerlei Einfluss. Eine
Haftung des Verlags ist daher ausgeschlossen.

Verlagsgruppe Random House FSC® N001967

3. Auflage 2017
Copyright © 2017 Deutsche Verlags-Anstalt, München,
in der Verlagsgruppe Random House GmbH, Neumarkter
Straße 28, 81 673 München, und SPIEGEL-Verlag, Hamburg,
Ericusspitze 1, 20 457 Hamburg
Umschlag: Büro Jorge Schmidt, München
Umschlagmotiv: © Getty Images
Typografie und Satz: DVA / Andrea Mogwitz
Gesetzt aus der Minion
Druck und Bindung: CPI books GmbH, Leck
Printed in Germany
ISBN 978-3-421-04781-6

www.dva.de

Dieses Buch ist auch als E-Book erhältlich.

INHALT

Prolog 7
Die Enthüller 13
Inshallah, Könige! 24
Die Suche 43
Die Steuertouristen 50
Der Durchbruch 62
Leibeigene auf Zeit 83
Die Krise 97
Gönnen können 123
Die Geldregner 130
Der Datenberg 140
Verhökerte Lieblinge 148
Widerspenstig 156
Der goldene Schuss 172
Der Zufluchtsort 177
Das ganz große Geld 190
Der Gefangene 195
Die Partner 200
Auf der Seidenstraße 204
Schweizer Sickergruben 214
Im Steuerparadies 222
Der Besuch 229
Dokumente der Gier 234
Feiern und Fragen 249
Epilog 266

Danksagung 275
Register 279

PROLOG

Am 2. Dezember 2016 erschien der SPIEGEL mit einer Titelgeschichte, die zwei unterschiedliche Cover hatte. Auf dem einen
war das Gesicht Cristiano Ronaldos zu sehen, auf dem anderen
das Gesicht Mesut Özils, zwei Weltstars des Fußballs. In ihren
Augen leuchteten Euro-Zeichen, die Schlagzeile hieß »Die Geld-
meister«. Im Heft fanden sich zu beiden Spielern große Enthüllungsgeschichten über ihre zweifelhafte Steuermoral.

In der folgenden Ausgabe machte das Magazin mit einer weiteren Titelgeschichte auf, die die geheimen Verträge der Profis in der Fußball-Bundesliga beleuchtete. In Dutzenden weiteren Geschichten, die im Heft, auf SPIEGEL ONLINE und bei
SPIEGEL TV erschienen, wurde den Lesern und Zuschauern
die dunkle, die schmutzige, die kriminelle Seite des Milliardengeschäfts Fußball gezeigt.

Es ging um eine Sportvermarktungsagentur, die mit den
bedeutendsten Klubs Europas Geschäfte macht und die enge
Verbindungen in die südosteuropäische Unterwelt pflegt. Es ging
um Spielervermittler, die die bekanntesten südamerikanischen
Profis bei Klubs wie Real Madrid, Juventus Turin oder Manchester United vertreten und die mithilfe von Strohmännern Beraterhonorare für Transfers und Vertragsverlängerungen im zweistelligen Millionenbereich auf Konten einer Firma auf den British
Virgin Islands schleusten, einem Steuerparadies in der Karibik.
Es ging um den besonders widerlichen Handel mit minderjährigen Talenten aus Entwicklungsländern, die von einer großen
Karriere träumen und an die falschen Leute geraten. Es ging um
Finanziers, die skrupellos in Transferrechte von Spielern inves-
tierten und deren einziges Interesse darin lag, größtmöglichen

Profit aus ihrem Investment zu schlagen. In vielen Beiträgen ging es um die scheinbar ganz alltäglichen Geschäfte im Fußball, einer der schillerndsten Branchen der weltweiten Unterhaltungsindustrie: um geheime Nebenabsprachen, um Gefälligkeiten im sechs- und siebenstelligen Euro-Bereich, um Knebelverträge, den Verdacht der Untreue, den Verdacht des Betrugs. Immer ging es um Geld, und immer ging es auch um Gier.

Möglich gemacht hat diese Einblicke in die Dunkelkammern des Profifußballs die Enthüllungsplattform »Football Leaks«, die im September 2015 damit begonnen hatte, Brancheninterna ins Netz zu stellen – Originalverträge, streng vertrauliche Klauseln, Geldflüsse. Doch dann war es auf der Football-Leaks-Seite plötzlich still geworden: Einer der Macher hatte sich entschlossen, mit dem SPIEGEL zu kooperieren und dem Nachrichten-Magazin einen riesigen Datensatz von 1,9 Terabyte zu überlassen. Woher das Material stammt, lässt sich nicht eindeutig feststellen. Es kommt aus zahlreichen Ländern, offenbar von Verbänden, Vereinen, Berateragenturen, Konzernen. Eines ist sicher: Es gibt nicht nur die eine Ursprungsquelle für die Dokumente. Ein entscheidendes Argument für die Weitergabe der Daten war aus Sicht von Football Leaks, dass so nicht nur einzelne Schriftstücke veröffentlicht werden konnten, sondern dass die Möglichkeit bestand, die Geschichten und Zusammenhänge hinter den Zahlen und Verträgen zu erzählen.

Weil dieser Datensatz 18,6 Millionen Dokumente enthält, entschloss sich der SPIEGEL, den Schatz mit seinen Partnern vom Recherchenetzwerk European Investigative Collaborations (EIC) zu teilen. Zu dem Verbund gehören die Medienhäuser »Mediapart« in Frankreich, »NRC Handelsblad« in den Niederlanden, »Politiken« in Dänemark, »Le Soir« in Belgien, »L'Espresso« in Italien, »El Mundo« in Spanien, »NewsWeek« in Serbien, »Falter« in Österreich sowie »RCIJ / The Black Sea« in Rumänien. Verstärkt wurde das Investigativprojekt zudem von »The Sunday Times« in Großbritannien und »Expresso« in Portugal.

60 Reporter und Dokumentare, dazu IT-Experten und Juristen arbeiteten sieben Monate lang an einer Röntgenaufnahme des Milliardengeschäfts Fußball, wie es sie niemals zuvor gegeben hat. Dieses Buch beschreibt, wie es dazu kam. Und es erzählt die Geschichte des Informanten, der sich mit den mächtigsten Vertretern einer enthemmten und immer einflussreicher werdenden Branche angelegt hat. Er ist ein junger Mann aus Portugal, der ohne festen Wohnsitz in Osteuropa lebt, intelligent, verwegen, getrieben, gehetzt, zwischen Furchtlosigkeit und Verzweiflung schwankend, ein Romantiker des Fußballs, ein leidenschaftlicher Fan.

Einer, der es nicht ertragen könne, wie er selbst von sich sagt, dass die Branche durchsetzt sei von gewissenlosen Geschäftemachern. Als eines seiner Hauptmotive für Football Leaks, das größte Datenleck in der Geschichte des Sports, bezeichnet er seine Wut: die Wut auf die Profiteure des schmutzigen Geldes, das der Fußball anzieht und bewegt. Er nennt sie »die Feinde des Spiels«, ihnen gilt sein Feldzug, sie will er bloßstellen, entlarven, überführen, mit nicht zu widerlegenden Fakten: Verträgen und Nebenabreden, Kontoauszügen, Rechnungen. Die Feinde des Spiels sind nun auch seine, er wurde vom Jäger zum Gejagten.

Vier Kapitel dieses Buches betreffen Personen und Themen, um die es bereits im SPIEGEL ging: Cristiano Ronaldo, den skrupellosen Sportvermarkter Doyen, die Gier der Spielerberater und die geheimen Klauseln der Spielerverträge. Diese Geschichten wurden neu aufgelegt, teilweise mit Informationen und Dokumenten, die uns nach den Dezember-Veröffentlichungen im SPIEGEL zugespielt wurden. Acht weitere Kapitel, die hier veröffentlicht werden, stammen ebenfalls aus dem Material von Football Leaks. Sie geben neue Einblicke in die Fußballbranche.

Zwei Geschichten beleuchten die sogenannte Third-Party-Ownership (TPO), die mittlerweile vom Weltfußballverband Fifa verbotene Beteiligung Dritter an den Transferrechten von Fußballprofis, eine davon spielt in Hoffenheim. Sie beschreibt, wie eine Firma, an der der Mäzen Dietmar Hopp beteiligt war, Transferrechte an Spielern seines Klubs erwarb, etwa an dem brasilianischen Nationalspieler Firmino, der für die Rekordablöse von 40 Millionen Euro zum FC Liverpool wechselte. Die andere Geschichte beschäftigt sich mit dem spanischen Spitzenklub Atlético Madrid, dessen Vereinsboss über Jahre die besten Spieler seines Kaders an einen undurchsichtigen Investmentfonds verhökert hat, hinter dem der portugiesische Berater Jorge Mendes steckt.

Der Adidas-Konzern ist einer der einflussreichsten Akteure in der weltweiten Vermarktung des Fußballs. Vertrauliche Dokumente belegen, mit welchen Summen und welchen Verträgen der Sportartikel-Gigant die populärsten Klubs und die prominentesten Stars an sich bindet – und wie die Milliardenzahlungen des Konzerns aus Herzogenaurach den sportlichen Wettbewerb langfristig aushöhlen.

Finanziell sind Vereine wie Real Madrid und Manchester United, zwei Adidas-Klubs, den meisten Konkurrenten in Europa längst entrückt. Wie weit, das enthüllen drei Beiträge. In einem geht es um die Champions-League-Prämien der Real-Stars und eine ebenfalls mit dem Titelgewinn verbundene Dreizehn-Millionen-Euro-Klausel im Vertrag ihres Trainers Zinédine Zidane. Ein weiterer Beitrag deckt das Gehalt des bestbezahlten Spielers der englischen Premier League auf, des Schweden Zlatan Ibrahimović. Ein dritter Beitrag beleuchtet den 105-Millionen-Euro-Transfer seines Mannschaftskameraden Paul Pogba zu Manchester United, des teuersten Spielers der Welt. Pogbas Berater Mino Raiola handelte für den Franzosen im Sommer 2016 abenteuerliche Summen aus. Auch für Raiola wurde Pogbas Transfer zum Deal seines Lebens, er kassierte 49 Millionen Euro. Im Rausch des Geldes hob der Superberater dann offenbar ab. Die Dokumente von Football Leaks belegen, dass Raiola von drei Parteien kassierte: von Pogbas altem Klub Juventus Turin, von Pogbas neuem Klub Manchester United und von Pogba selbst.

Der Markt ist entfesselt wie niemals zuvor, und das größte Geld lockt in China, wie eine weitere Geschichte in diesem Buch beschreibt. Im Material von Football Leaks finden sich die Belege: Dutzende von Arbeitsverträgen mit Profis wie den Argentiniern Ezequiel Iván Lavezzi oder Carlos Tévez, die den Altstars obszöne Gehälter garantieren – bis zu 56,7 Millionen Dollar netto für nicht einmal zwei Jahre.

Doch für die besten jungen Spieler der Welt bleiben die Sehnsuchtsziele die englische Premier League, die spanische Primera División, die italienische Serie A oder die deutsche Bundesliga. Um den Sprung in eines dieser Länder zu schaffen, müssen die begehrten Talente aus purer Not häufig mit den Bossen ihrer alten Klubs paktieren. Gerüchte über Vereinsfunktionäre, die sich am Verkauf von Spielern in die besten Ligen Europas bereichern, kursieren seit Jahren. Football Leaks liefert dazu umfassende Belege von Klubs auf dem Balkan, betroffen sind Spieler wie der vom Hamburger SV verpflichtete Alen Halilović, Mijat Gaćinović von Eintracht Frankfurt, Tin Jedvaj von Bayer Leverkusen. Im Zentrum dieser mafiösen Machenschaften steht Dinamo Zagreb. In dem Klub regierte ein Familienclan, der über ein Netz von Briefkastenfirmen Ablösesummen im zweistelligen Millionenbereich ins Ausland verschob – nach Hongkong, nach Dubai, nach Malta, in die Schweiz.

Der Profifußball war schon immer eine undurchsichtige Branche, eine Branche, die schnell vergisst und der man schnell verzeiht. Wenn die Helden des Vereins Steuern hinterziehen, ist das für Fans etwas anderes, als wenn Politiker oder Wirtschaftsbosse Steuern hinterziehen. Die Leidenschaft, die im Spiel ist, das Bangen wie das Hoffen, die Wucht der Masse, die Sehnsucht nach Erlösung, das Perpetuum mobile der Gefühle, all dies hat eine Verführungskraft, die die Verstandeskraft bezwingt. Man ahnte, dass Vereinspräsidenten sich bereichern. Man ahnte, dass Spielerberater sich die Taschen vollstopfen. Man ahnte, dass Ablösesummen in Steueroasen landen und dass Profis verschachtelte

Firmenkonstruktionen für ihre Werbeeinahmen aufgebaut haben.

Die Enthüllungen durch Football Leaks sind deshalb so bedrohlich für das Business, weil sie den Unterschied zwischen Ahnung und Gewissheit bedeuten. Denn Football Leaks argumentiert mit Fakten aus originalen Dokumenten. Je deutlicher wird, wie verrottet das System Profifußball tatsächlich ist, wie grotesk überbezahlt die Spieler und Berater, wie korrupt prominente Vereinsvertreter, je weiter sich das Illusionstheater von der Lebenswirklichkeit der Fans entfernt, desto eher könnten sie sich irgendwann doch abwenden.

Fußball ist ein wunderschönes Spiel. Aber die Geduld der Menschen, die dieses Spiel lieben und die es bezahlen, ist nicht grenzenlos.

Hamburg, im April 2017
Rafael Buschmann und Michael Wulzinger

DIE ENTHÜLLER

Da steht er, der Unsichtbare, das Phantom, der Mann, der keine Spuren hinterlässt. Endlich. Monatelang konnten wir uns nur schreiben. Erst antwortete er gar nicht, dann zögerlich und unregelmäßig. In den Mails stand oft nur das Nötigste, kurze Sätze, kaum Details.

Er ist kein Mensch, der leicht vertraut, das wird schnell klar. Man kann es ihm auch kaum verübeln. Immerhin ist er auf der Flucht, versteckt sich vor der Unterwelt, vor Privatdetektiven und der Polizei. Jeder Fehler könnte ihn enttarnen. Nachvollziehbar, dass so jemand lange braucht, um sich aus der Deckung zu wagen. Nun, im Februar 2016, schreibt er, müsse er etwas persönlich mit uns besprechen. Es sei dringend.

Zu unserem ersten Treffen kommt es in einer Stadt in Osteuropa. Draußen liegt Schnee, drinnen, im kleinen Hotelzimmer, ist es heiß und stickig. Die Heizung lässt sich nicht herunterdrehen. Keine Wohlfühlatmosphäre.

Wie sollen wir ihn überhaupt ansprechen? Nicht einmal einen Namen hat er uns genannt. »Nenn mich John«, sagt er.

So beginnt es also, das Abenteuer, das uns in einer monatelangen Reise zu den Abgründen der Fußballbranche führen wird. John ist Football Leaks. Die kleine Website, die seit einiger Zeit für so große Aufregung sorgt, ist sein Sprachrohr. Seine Daten sind seine Stimme, sie erzeugen Wucht, vom ersten Tag an.

Football Leaks erscheint wie aus dem Nichts im Internet. Damals noch ohne Hinweis auf John oder einen der Macher und auch ohne Erklärung oder Manifest, nur eine Internetseite mit Dokumenten. Ende September 2015 tauchen die ersten Verträge auf, sie dokumentieren wilde Transfergeschäfte mit jungen

Spielern, geben Hinweise auf anrüchige Absprachen zwischen Vereinspräsidenten und Spielerberatern, die teilweise sogar Provisionszahlungen untereinander aufgeteilt haben sollen, sogenannte Kickbacks, schmutzige Deals, von denen man schon lange vermutet, dass sie fester Bestandteil der Branche sind. Nun stehen diese Geheimnisse offen im Netz.

Zuerst erwischt es Portugal. Die Dokumente, die, plopp, auf der Football-Leaks-Homepage erscheinen, stammen aus dem Inneren von Benfica und Sporting Lissabon, später auch vom FC Porto, den drei führenden Klubs des Landes also. Die Dokumente scheinen echt zu sein, sie sind gegengezeichnet, sie tragen Paraphen und Stempel, ihr Inhalt ist streng vertraulich: Firmengeheimnisse, Verschlusssachen, Papiere für den Giftschrank. Woher kommt das Zeug?

Football Leaks äußert sich dazu nicht, stattdessen spült die Website immer mehr Dokumente an die Internetoberfläche, les- und downloadbar für jeden. Die Enthüllungen sind für die Fußballbranche nicht nur eine Provokation, sondern auch eine akute Bedrohung. »Niemand weiß genau, was da gerade passiert, aber jeder weiß, dass er nicht der nächste sein will«, sagt ein Funktionär eines europäischen Fußballklubs der »New York Times«. Seinen Namen nennt der Mann nicht – um die Gruppe nicht unnötig herauszufordern.

John, der Unbekannte aus den Untiefen des Internets, sitzt zu diesem Zeitpunkt irgendwo auf der Welt vor seinem Computer und amüsiert sich prächtig. Er liest in den Fanforen und Medien Spekulationen darüber, wer oder was Football Leaks alles sein soll: eine Einzelperson, eine Gruppe, ein Angestellter der portugiesischen Liga, ein ehemaliger Mitarbeiter des Weltverbandes Fifa. Oder doch ein ehemaliger Spielerberater, der es seinen Konkurrenten, vielleicht gar der ganzen Branche, heimzahlen möchte? Was sind die Motive des oder der Verantwortlichen? Rache? Habgier? Wahnsinn? Lust an der Provokation? Viele Fragen, wilde Spekulationen. Nur eines ist unstrittig: Die Enthüllungen der Football-Leaks-Seite besitzen eine enorme Sprengkraft. Sie sind ein Frontalangriff auf das Milliardengeschäft Fußball.

In der Wirtschaft und in der Politik, selbst bei den Kirchen gab es in der Vergangenheit immer wieder Leaks, also große Datenmengen, die an die Öffentlichkeit kamen und für Aufruhr sorgten. Aber im Sport? Im Fußball? Die Enthüllungen von Football Leaks sind eine Premiere. Der Angriff der Whistleblower trifft die Branche völlig unvorbereitet. Wer die Football-Leaks-Dokumente liest, kann nur zu dem Schluss kommen, dass der Profifußball nie damit gerechnet hat, dass seine schmutzigen Geheimnisse irgendwann einmal an die Öffentlichkeit geraten könnten.

In den vergangenen Jahren hat die Branche sich immer deutlicher zu einer Parallelwelt entwickelt, mit ganz eigenen Vorstellungen von Recht und Gesetz, Anstand und Moral. Die Millionen und Milliarden, die von Fans, Sponsoren und Fernsehanstalten in den Markt gespült werden, haben womöglich zwangsläufig zu Überheblichkeit und Selbstüberschätzung führen müssen – bis hin zum Größenwahn.

Die Unterhaltungsindustrie Fußball hat eine gesellschaftliche Bedeutung erlangt, die weit über das Spiel hinausragt. Wenn es um die politischen und wirtschaftlichen Interessen der Branche geht, kommt an den Lobbyisten des Fußballs kein Volksvertreter vorbei – egal, ob Fragen des Steuerrechts, neue Abgabevorschriften für Kapitalgesellschaften oder Landeszuschüsse für Stadionbauten auf der Agenda stehen.

Die Nähe des Profifußballs zur Macht und zu den Mächtigen ist groß, die Grenzen zu Politik und Wirtschaft sind fließend. Bundeskanzlerin Angela Merkel besucht die deutsche Nationalmannschaft. Zur Wahl des neuen Bundespräsidenten werden auch der Bundestrainer Joachim Löw und der Chef der Deutschen Fußball Liga, Reinhard Rauball, eingeladen. Der Präsident des Deutschen Fußball-Bundes, Reinhard Grindel, war Abgeordneter des Deutschen Bundestages, die Vorstandschefs der Unternehmen Telekom und Audi sitzen im Aufsichtsrat von Bayern München. Und wenn der Weltverband Fifa den Zuschlag für eine Weltmeisterschaft vergibt, kommt sogar der Emir von Katar persönlich nach Zürich.

Doch wenn Politik und Wirtschaft fast überall auf der Welt die Nähe zum Profifußball suchen, weil er sie glänzen lässt, wer kontrolliert dann eigentlich noch diese Branche? Die Medien? Unabhängigen Journalismus bekämpft der Fußball mit Schärfe und Ausgrenzung. Die Pressestellen erlauben Gespräche mit den Sportlern und Funktionären nur dann, wenn sie am Ende jedes Wort, das geschrieben wird, gegenlesen und im Zweifel auch verändern können. Direkte, unverhüllte Nähe zu den Akteuren gibt es für Reporter kaum noch, zumal oft auch noch persönliche Medienberater und Spieleragenten das öffentliche Bild der Kicker mitbestimmen wollen.

Reporter, die sich nicht vereinnahmen lassen, die zu viel schnüffeln, die die Realität und nicht das sorgfältig konstruierte Image beschreiben wollen, werden unter Druck gesetzt und nicht selten ausgebootet. Der Profifußball kann da sehr unangenehm sein, man könnte auch sagen: manipulativ. Kritische Journalisten bekommen oft keine Interviews mehr, dürfen nicht an Hintergrundgesprächen teilnehmen, und es passiert auch, dass die Klubs ihnen ohne Vorwarnung die Akkreditierung, also die Arbeitserlaubnis, entziehen. Hofberichterstatter haben keine Probleme. Den anderen droht auch schon mal Hausverbot.

Die Lage ist simpel: Der Fußball ist mittlerweile so groß geworden, so einflussreich, dass er die Medien nicht mehr braucht. Alles, was Vereine, Verbände, Funktionäre und Spieler zu sagen haben, können sie über YouTube, Twitter und Facebook sagen – ungefiltert und ungeprüft. Zudem sitzen Wochenende für Wochenende Millionen Fans im Stadion und vor den TV-Geräten und bekommen eine Wirklichkeit serviert, die die Branche auch zeigen möchte. Der europäische Fußballverband Uefa geht mittlerweile so weit, dass er bei Europameisterschaften die Ausschreitungen von Hooligans aus der Übertragung herausschneidet. Sie schaden dem Produkt.

Gibt es überhaupt noch jemanden, der diese erfolgstrunkene, selbstgerechte Branche kontrolliert? Die Justiz? Die Polizei? Manchmal: ja. In den meisten Fällen: nein. Die Fußballbranche verfügt über genügend Ressourcen, um sich die besten Anwälte, Steuerexperten und Unternehmensberater zu leisten. Deren Aufgaben sind klar abgesteckt: Sie müssen Lösungen finden, um krumme, dreckige Deals sauber und legal erscheinen zu lassen.

Die Football-Leaks-Daten werden deutlich machen, dass fast jeder überdurchschnittlich verdienende Spieler mittlerweile Beteiligungen an einem oder mehreren Unternehmen hält. Insbesondere in Spanien oder England werden eigens Firmen für die Kicker gegründet, an die das Geld für deren Werberechte fließt. Auch die Vereine zimmern mit an diesen labyrinthischen Unternehmensstrukturen, die häufig in Steueroasen in der Südsee oder der Karibik enden. Das Verschachteln, Vernebeln, Verstecken dient dabei nur einem Ziel: der Steuerminimierung. Aus Brutto möglichst viel Netto zu machen scheint der Urtrieb aller Beteiligten zu sein, und so kommt es, dass im Fußball kaum ein größerer Geldfluss einen eindeutigen, geraden Verlauf nimmt.

Ermittler, die einer viel versprechenden Spur folgen, stoßen schnell an ihre Grenzen: die der Nationalstaaten. Spieler wechseln von einem Land ins nächste und von einem Kontinent zum anderen, Honorare für Berater können überallhin gezahlt werden, auch zur kleinsten Bank auf der entlegensten Insel – inklusive der vielen Steueroasen, in denen schmutziges Geld ganz schnell in sauberes verwandelt wird. Polizei und Staatsanwaltschaften müssen diesen Machenschaften oft ohnmächtig zuschauen. Die Justiz arbeitet immer noch sehr länderbezogen, deutsche Steuerfahnder prüfen nach deutschem Recht, französische nach französischem, und der Austausch zwischen den Behörden einzelner Länder ist auch in einer globalisierten Welt überraschend schwer. Manche Rechtshilfeersuche an Länder in Afrika, Südamerika oder in der Karibik sind den Aufwand nicht wert – jeder Polizist in Bochum oder Bordeaux weiß, dass solche Anfragen nicht einmal beantwortet werden.

Die hoch bezahlten Finanz- und Steuerexperten der Fußballwelt kennen diese Schwachstellen, und sie sind Profis darin, die Löcher im System zu nutzen. So wird aus einer zweifelhaften Überweisung eines deutschen Erstligisten an eine Firma auf den British Virgin Islands ein ganz alltäglicher Zahlungseingang auf dem Konto eines Spielerberaters. Solange der Fußball seine Geschäfte so klandestin regeln kann, ist er beinahe unangreifbar.

Dieser Logik folgend hat sich der Fußball längst sein eigenes Regelwerk geschaffen, ein Universum, das Ordnung und Kontrolle vorgaukelt, in die Geschäfte der Branche soll sich möglichst keine Instanz von außen einmischen. So haben die Verbände ganze Abteilungen und Stäbe aufgebaut, die die Lizenzen für die Profiklubs vergeben. Dabei wird unter anderem überprüft, ob ein Klub sauber und seriös gewirtschaftet hat, ob die Bilanzen stimmen und wer in den Klub investiert. In den Verbänden entstehen auch vermehrt Ethikkommissionen und Compliance-Teams, die alle Deals kontrollieren und vor möglichen Interessenkonflikten warnen sollen. Die Football-Leaks-Dokumente werden deutlich machen, dass vieles davon nur Fassade ist.

Enthüllungen über die Korruptionsorgien beim Weltverband Fifa oder die Sommermärchen-Affäre beim DFB haben die Glaubwürdigkeit der Fußballbranche zuletzt stark ramponiert. Es soll ein Zeichen der Entschlossenheit darstellen und verlorenes Vertrauen zurückgewinnen, wenn Verbände plötzlich Antikorruptionsbeauftragte beschäftigen und Vereine sich den Regeln guter Unternehmensführung verpflichten. Schaut her, lautet die Botschaft, wir haben verstanden – wir ändern unser Geschäftsgebaren, wir sorgen für Transparenz. Nur: Wer mag daran glauben, dass sich ein dermaßen verfilztes Milieu aus sich selbst heraus erneuern kann?

Die Macher von Football Leaks zumindest nicht. Und während die Welt im Herbst 2015 noch rätselt, wer die Betreiber der Plattform sind, starten die Whistleblower schon den nächsten Angriff. Er soll zeigen, dass es in Zukunft jeden treffen kann, weit über Portugal hinaus. Dass kein internes Dokument im Fußballbusiness mehr sicher ist. Dass Football Leaks nicht lockerlässt. Und dass die unsichtbaren Macher auch keine Angst davor haben, sich mit der finsteren Seite des Geldes anzulegen.

TWENTE ENSCHEDE – EINE MARIONETTE

Im Herbst 2015 veröffentlicht Football Leaks innerhalb weniger Tage zwei Verträge. Jeder Vertrag für sich taugt zu einem Skandal. Zusammengenommen aber werden sie einem niederländischen Spitzenklub fast zum Verhängnis. Football Leaks erlangt mit diesen Enthüllungen zum ersten Mal europaweite Aufmerksamkeit. Die Vereinbarungen beinhalten so gut wie alles, was den Profifußball langsam, aber unerbittlich zerstört.

Der erste Vertrag, abgeschlossen am 25. Februar 2014 zwischen Twente Enschede und dem Sportvermarkter Doyen Sports, handelt von einem Investorenmodell, das die Fifa wenig später, ab Mai 2015, verbieten wird. Die sogenannte Third-Party-Ownership, kurz TPO, ist eine Art Wette auf Menschen. Kurz zusammengefasst: Ein Investor kauft Anteile an den Transferrechten eines zumeist jungen Spielers und setzt darauf, dass der Spieler so gute Leistungen bringen wird, dass sich sein Marktwert steigert. Wenn der Verein den Spieler dann verkauft, kassiert der Investor eine Rendite. Das ist die einfachste Variante.

TPO kann aber auch als labyrinthisches Konstrukt aufgebaut sein, in dem sich insbesondere hoch verschuldete Klubs verlaufen können. So wie im Fall Twente Enschede. Der niederländische Verein hat in seiner 50-jährigen Geschichte nur mittelmäßige Erfolge gefeiert, erst durch eine millionenschwere

Finanzspritze des Edelfans und Funktionärs Joop Munsterman kommen die Triumphe: Twente investiert viel Geld in den eigenen Kader, wird 2010 niederländischer Meister, qualifiziert sich anschließend für die Champions League. Es sind Feiertage.

Doch die Party findet schon bald ein Ende. Der Klub hat sich übernommen, der Kader ist zu teuer, die Ausgaben für die Spieler erdrücken den Verein. Twente müsste jedes Jahr in der Königsklasse spielen, um die Gehälter annähernd zahlen zu können. Pech nur: Der Klub schafft es nie wieder, sich für die Champions League zu qualifizieren. Anfang 2014 ist der Verein hoch verschuldet. Doch statt sich zu besinnen, die teuren Spieler zu verkaufen und auf die eigene Jugend zu setzen, geht Twente einen Weg, der typisch ist für all die falschen und hohlen Versprechungen im Profifußball: Die Vereinsbosse lassen sich mit einem dubiosen Investoren ein.

Doyen Sports, eine Sportrechtefirma mit Sitz in London und auf Malta, erwirbt Anteile an den Transferrechten von fünf Twente-Spielern. Fast alle Profis stehen noch am Anfang ihrer Karriere. Twente ist europaweit bekannt für seine großartige Jugendausbildung, in den Jahren zuvor hat der Klub einige Spieler für zweistellige Millionenbeträge verkauft. Der Investor riecht ein großes Geschäft. Twente kassiert für diesen Deal eine Einmalzahlung: fünf Millionen Euro. Peanuts. Der Verein, so wirkt es, tut in dieser Phase alles für frisches, schnelles Geld. Anders lässt sich kaum erklären, warum klar denkende Menschen einen solchen Vertrag unterschreiben.

Denn Doyen kassiert nicht nur, wenn Twente einen der Spieler verkauft. Nein, Doyen baut auch so viel Kleingedrucktes in die Verträge ein, dass sich der Einsatz dieser Drückerkolonne quasi im Schlaf vermehrt – das wirtschaftliche Risiko trägt eigentlich immer nur Twente. Selbst wenn der Marktwert der Spieler in den Keller rauscht, bekommt Doyen einen Teil seines Geldes zurück: Im Fall des Stürmers Luc Castaignos liegt die Summe im ersten Vertragsjahr bei 1,5 Millionen Euro und steigert sich pro weiterer Spielzeit um zehn Prozent. Das Geld muss Twente auch dann zahlen, wenn der Spieler Sportinvalide würde und nie wieder Fußball spielen könnte. Doyen würde auch weiter mitverdienen, wenn der Profi an einen anderen Verein verliehen würde. Zudem unterschreibt der abgebrannte Klub eine Klausel, wonach er die Investoren über alle Angebote, Verhandlungen oder auch nur das Interesse eines anderen Vereins an einem der Spieler unverzüglich informieren muss.

Doch damit nicht genug. Bereits am 27. Dezember 2013, also rund zwei Monate vor jenem Fünf-Millionen-Vertrag, haben Twente und Doyen eine weitere Abmachung unterzeichnet. Auch dieses Dokument enthüllt Football Leaks.

Dieser Vertrag hat eine entscheidende Klausel, nach der sich der Verein verpflichtet, Doyen auch dann auszubezahlen, wenn er gegen den Wunsch des Investors einen Transfer ablehnt. Ein Knebelvertrag. Denn nicht der Verein, nicht die sportliche Führung bestimmen von nun an über Mannschafts- und Kaderzusammenstellung, sondern faktisch der Investor, der mit den klubinternen Entscheidungen eigentlich überhaupt nichts zu tun haben sollte. Eine solche Abmachung untergräbt nicht nur den gesamten sportlichen Wettbewerb, die Klausel treibt den Verein auch in eine Situation, in der er nur noch verlieren kann – um Doyen nicht auszahlen zu müssen, ist Twente fast gezwungen, seine besten Spieler zu verkaufen.

Abgesehen von den aus sportlicher Sicht fatalen Folgen solch eines Konstrukts, wirft die Abmachung zwischen Twente und Doyen auch Fragen auf, die die Moral des Spiels und den Umgang von Profivereinen mit ihren Fans thematisieren. Wie kann man es als Verein rechtfertigen, Gewinne mit den Trikotverkäufen der Spieler zu erwirtschaften – und dabei gleichzeitig auf ihren Abgang und hohe Transfererlöse zu hoffen? Wie müssen sich Fans fühlen, denen bei jeder großen Vertragsverlängerung Marketingprojekte suggerieren, dass ein Spieler in den kommenden Jahren auf jeden Fall das Trikot des jeweiligen Vereins tragen werde – die Klubs aber gleichzeitig einem Investoren versprechen, dass der Spieler beim nächsten Leistungssprung und einem guten Angebot wechseln darf? Es ist der pure Zynismus: einerseits die Loyalität und Treue von Fans auszunutzen, andererseits zu glauben, dass das schon keiner merken werde.

Bis zur Veröffentlichung der Verträge durch Football Leaks sind nämlich nicht nur die Fans ahnungslos. Auch der niederländische Fußballverband KNVB hat keinen Schimmer von diesem zwielichtigen Investorenkonstrukt. Twente hat lediglich den zweiten Vertrag beim Verband eingereicht, den ersten halten der Verein und sein Investor streng unter Verschluss.

Nachdem Football Leaks die Dokumente publik macht, braucht der KNVB nicht lange für eine Bewertung dieser Absprache: Sie sei sittenwidrig. Und damit verboten.

Während die Fans von Twente gegen das unmoralische Geschäftsgebaren ihres Vereins protestieren, bemühen sich Doyen und der Klub um die sofortige Auflösung des Vertrages. Aber auch dieses Ausweichmanöver bleibt Football Leaks nicht verborgen, die Dokumente wandern erneut auf die Website der Enthüller, inklusive heikler Mails, die der Doyen-Sportdirektor Nélio Lucas, von dem hier noch sehr häufig die Rede sein wird, an seine Mitarbeiter verschickt: »Lasst uns keine Zeit verlieren, es ist sehr wichtig, dass sie uns noch dieses Jahr und so bald wie möglich etwas zahlen.« 3,3 Millionen Euro kassieren die Investoren bei der Auflösung des Vertrages.

Für Twente allerdings kommt's nun erst richtig dicke. Zunächst entzieht der Verband dem Verein die Lizenz für die erste Liga. Nach einigen Verfahren wird die Entscheidung zwar abgemildert, doch dafür werden Twente strenge Finanzauflagen sowie eine dreijährige Sperre für europäische Wettbewerbe aufgebrummt. Außerdem muss der Verein 180 000 Euro Strafe zahlen. Statt der Rettung für seine finanziellen Probleme, die der Verein sich von dem Deal mit Doyen versprach, steht er nun deutlich schlechter da als vorher.

War Twente Enschede, der kleine niederländische Klub, nur eine Ausnahme? Ein zu leichtes Opfer, das sich von Investoren hat ausnehmen lassen? Leider nein. Vielmehr liefert dieser Fall nur einen ersten Einblick in die Abgründe des Fußballs. Und Doyen, ein Investor, der zuvor nicht einmal den Kennern der Szene ein Begriff war, steht stellvertretend für all die Glücksritter und Ausbeuter des Sports.

Durch die Enthüllungen von Football Leaks beginnen nun weitere Recherchen über das Business der Investoren. Sie werden in Steueroasen und zu Prostituierten führen, zu Familien, die in der zusammenbrechenden Sowjetunion ein gigantisches Vermögen anhäuften und die nun in der nächsten Generation, ausgestattet mit den besten politischen Kontakten, für ihre Geschäfte den Glanz des Fußballs suchen. Willkommen in der Welt von Doyen Sports.

INSHALLAH, KÖNIGE!

Du bist: der Neuling im Geschäft. Er ist: der Präsident von Real Madrid. Du willst ihm einen Spieler verkaufen. Er bekommt vermutlich jeden Tag so ein Angebot. Du bist einer von zu vielen. Er ist der größte Vereinsboss auf Erden. Was also ist dein Plan? Der älteste Plan der Geschichte: Sex. Denn du bist: Doyen Sports, die skrupelloseste Sportfirma der Welt. Und er ist: doch auch nur ein Mann.

Am 7. August 2013 spielt Real Madrid in Miami gegen den FC Chelsea. Es ist das Finale eines Sommerturniers, bei dem es in Wahrheit nicht um den Pokal geht, den irgendeine Brauerei gestiftet hat, sondern um die Antrittsprämie, die schon vorher feststeht: ein paar Millionen. Für Doyen Sports allerdings, den ehrgeizigen Newcomer im Menschenhandel mit Fußballspielern, soll es das Match des Jahres werden. Ein Match, das nicht auf dem Rasen entschieden wird, sondern in einer Luxussuite in der Nacht vor dem Spiel.

Doyen hat ein Jahr zuvor für kleines Geld Transferrechte an einem Spieler gekauft, der beim FC Sevilla kickt: Geoffrey Kondogbia. Wenn jetzt ein anderer Klub 20 Millionen Euro für ihn bietet, hat Sevilla praktisch keine Wahl, dann müssen die Spanier ihn gehen lassen; dazu zwingt sie der Vertrag. Und Doyen kassiert mit, ein Supergeschäft für die Firma. Also sucht Doyen dringend einen Verein, der bereit ist, für Kondogbia die 20 Millionen zu zahlen. Wann aber gäbe es eine bessere Gelegenheit, einem solchen Deal auf die Sprünge zu helfen, als wenn sich der Präsident von Real Madrid Florentino Pérez womöglich bei einem Sommerkick in Florida langweilt? Denn wie es der Zufall so will, besitzt die Familie Arif, die hinter Doyen steht, genau dort eine 650-Quadratmeter-Residenz auf Fisher Island, der Privatinsel der Superreichen.

Am 6. August gehen auf dem Handy von Doyen-Sports-Boss Arif Arif mehrere WhatsApp-Nachrichten ein. Der Absender ist sein Sportchef Nélio Lucas. »Ich bin in Miami. Gestern war großartig. Ich habe ein paar Vereinspräsidenten ausgeführt, und sogar Florentino kam mit. Sehr lustig. Er hat seinen Schlips abgelegt und getanzt.« Sie seien zusammen in die Mokai Lounge gegangen, einen Klub in Miami Beach, der bekannt ist für aufreizende Girls, deren Dienstkleidung eher nach Geschenkverpackung aussieht, zum Aufreißen.

Nun soll es am nächsten Tag weitergehen, im Appartement auf Fisher Island: »Ich will ein paar Mädchen herbringen lassen«, schreibt Lucas, »für uns«, für »Florentino«. Ob man einer Frau namens »Violet« vertrauen könne; die solle die Callgirls beschaffen. – Arif Arif: »Hab sie nie getroffen, Bruder. Mach, was du machen musst.« Aber Lucas solle doch bitte vorher die Fotos von den Wänden abhängen und das Zimmer von Arifs Vater abschließen. Lucas widerspricht: »Ich werde den Raum Florentino geben!!« – Arif Arif: »Für 20 Millionen Euro. Für Kondogbia.« – Lucas: »Das ist der Grund, warum wir uns um ihn kümmern müssen.«

Am nächsten Abend meldet Lucas lapidar: »Habe letzte Nacht Florentino mit ins Haus genommen. Wahrscheinlich heute noch mal.« Allerdings ohne den Erfolg, den sich Doyen erhofft: »Real zahlt nur 15«, meldet Lucas enttäuscht, nicht 20 Millionen. Doch 15 Millionen reichen nicht, um Sevilla zum Verkauf zu zwingen. Also muss Lucas weitersuchen: »Ich schneid mir die Eier ab, um einen zu finden, der die Klausel für Kondogbia bezahlt.«

Drei Wochen später wird es nicht Real, sondern der AS Monaco sein, der die 20 Millionen zahlt. So macht Doyen mit dem Spieler einen Gewinn, wie es ihn sonst fast nur noch im Drogenhandel gibt: 524 Prozent in 13 Monaten. Und auch das Kennenlernen von Real-Präsident Pérez hat sich für die Firma offenbar gelohnt, wenn auch in anderer Hinsicht. Über Real Madrid prahlt Sport-chef Lucas nämlich kurz danach: »Meine Verbindung dorthin ist stärker als Titan.«

Und Pérez selbst? Der sagt zu der angeblichen Sexparty in Miami Beach, er habe sich an diesem Abend mit niemandem getroffen; er sei zwar in diesen Tagen in einer Disco gewesen, vermutlich in der Mokai Lounge, vielleicht habe auch einer der vielen Hundert Gäste mit dem Handy Fotos von ihm gemacht. Mehr sei aber nicht passiert, kein weiteres Treffen, keine Party. Real sei sowieso nie an Kondogbia interessiert gewesen, keiner habe auch nur versucht, ihm Kondogbia anzubieten. Und mit Doyen habe der Verein, soweit er wisse, nie zusammengearbeitet.

Dass Baumogul Pérez, der auch über den deutschen Hoch-tief-Konzern herrscht, tatsächlich auf eine Einladung von Lucas oder gar auf amouröse Angebote eingegangen wäre, dafür gibt es über den Chat zwischen Arif und Lucas hinaus tatsächlich keinen Beleg und auch keinen Hinweis. Wer weiß, vielleicht wollte sich Sportchef Lucas vor seinem Boss in der Heimat nur aufplustern. Was jedoch bemerkenswert ist: Auf der Website der Firma preist Pérez den Sportvermarkter: »Wir müssen ihre Professionalität hervorheben. Unsere Erfahrungen mit ihnen … sind makellos.« Die Herkunft des Zitats, so Pérez, könne er sich auch nicht erklären; jedenfalls habe er keine Erinnerung, solche Sätze geäußert zu haben.

Schmutzige Pläne, schmutziger Fußball: Der Fall Doyen zeigt, wie Geld aus trüben Quellen in die Branche dringt – und mit dem Geld auch eine Geschäftsphilosophie, wie man sie eher aus Mafia-filmen kennt. Doyen, von der Öffentlichkeit kaum wahrgenom-men, verdient mit den ganz großen Namen: Die Firma vermark-tet Neymar, einen der weltweit teuersten Fußballstars, dazu den bestbezahlten Exprofi, David Beckham, längst universale Werbe-ikone. Auch der schnellste Mann der Welt, Usain Bolt, gehört zu den Doyen-Kunden, und Boris Becker ist der bekannteste Deut-sche, der sich über Doyen Werbeverträge beschaffen ließ.

Doyen hatte nicht nur den 20-Millionen-Mann Kondogbia unter Vertrag, der inzwischen französischer Nationalspieler ist, sondern auch den 30-Millionen-Mann Eliaquim Mangala, heute Valencia, und den 40-Millionen-Mann Radamel Falcao, heute Monaco. In Deutschland überlegte der Hamburger Sport-Verein, immer auf der Suche nach Geld für seinen so überfüllten wie überforderten Kader, sich mit Doyen einzulassen. »Wir sind auf dem Sprung, eine Partnerschaftsvereinbarung mit Hamburg abzuschließen«, schrieb Arif Arif im Juli 2015 einem Geschäfts-freund.

Football Leaks ist im Besitz zahlreicher Dokumente, mit denen sich die Geschäftspraktiken von Doyen entschlüsseln las-sen – und mit denen sich der steile Aufstieg der Firma erklä-ren lässt. Die Dokumente bringen den Schmutz hinter der blank gewienerten Firmenfassade zum Vorschein: Lügen, eine geheime Kasse, Knebelverträge, die Vereine dazu zwangen, Spie-ler zu verkaufen, und Briefkastenfirmen, hinter denen sich die Doyen-Eigentümerfamilie bis heute verbirgt. Die Firma mit ihrer Zentrale in London wird damit zur Chiffre für die Fußball-branche: Die Oberfläche ist schöner Schein, die dreckige Wahr-heit steckt tiefer, in den Zahlen, den Klauseln, den Absprachen. Doyen, das ist heute Fußball. Fußball, das ist Doyen.

RAUBTIERE

Am 25. Mai 2013 geht es im Londoner Wembley-Stadion um die Macht im deutschen Fußball: Dortmund gegen Bayern, das »German Endspiel« in der Champions League. So gespannt die Fans, so angespannt sind sie in einem Bürohaus im exklusiven Viertel St James's. Hier, im siebten Stock an der Charles II Street, sitzt Doyen Sports Investments. Und Arif Arif, gerade 27, der Junior, der die Firma seit zwei Jahren mit dem Geld der Fami-lie hochzieht, zählt lieber noch mal durch: Wen muss er alles in seiner VIP-Loge im Stadion unterbringen? Klar: einen Platz für sich, einen für seinen Sportchef Nélio Lucas. Ein paar Doyen-Manager hat er auf der Liste. Einen Spielerberater.

Aber die wahren VIPs auf der Einladungsliste sind andere. Sie sind nicht nur sehr wichtige, sie sind die überlebenswichtigen Personen für Doyen Sports: Arifs Vater, Tevfik Arif, und dessen alte Kumpel, Sascha und Alik. Sascha heißt mit vollem Namen Alexander Maschkewitsch, Alik ist besser bekannt als Alidschan Ibragimow.

Zusammen sind sie zwei Drittel des legendären »Kasachen-Trios«: drei Oligarchen, die mit ihrem Konzern ENRC eine besonders lukrative Form der Rohstoffveredelung betreiben. Schon seit Jahrzehnten dürfen sie die schier unendlichen Bodenschätze Kasachstans in Milliarden auf ihren Privatkonten veredeln – und können sich mit diesem Geld alles kaufen, was ein Oligarch seinem Ruf als ordentlicher Verschwender schuldig ist: Maschkewitsch zum Beispiel hat einen Rolls-Royce Phantom V, zwei Bentleys, einen Ferrari, einen Lamborghini; sechs Mercedes laufen nebenher so mit. Beeindruckend auch, wie er mal beim Shoppen in Frankreich in zwei Tagen 2,1 Millionen Euro für Juwelen, Uhren und Haute Couture verprasste.

In einer streng geführten Kleptokratie wie Kasachstan, in der die Familie des Diktators Nursultan Nasarbajew selbst auf unerfindliche Weise Milliarden angehäuft hat, ist so eine Oligarchenkarriere ohne Deckung von oben kaum möglich. US-Diplomaten betrachten Maschkewitsch als engen Freund des seit 1990 durchregierenden Kasachenherrschers. Und zu den Günstlingen dieses Günstlings gehört wiederum: die Arif-Familie. »Er hilft Paps, sein Kerngeschäft zu behalten«, schreibt Ayla, die Schwester von Arif Arif, in einem Chat über Maschkewitsch. Ja, er sei »dabei ein großer Freund«, antwortet ihr Bruder. An diesem »Kerngeschäft«, dem Rohstoffgeschäft der Arifs in Kasachstan, hängt in der Familie alles, auch das Schicksal der jungen Sportfirma in London. So führt die Einladungsliste für das

Champions-League-Finale zu den dunklen Ursprüngen eines Familienimperiums, das nun auch den Fußball beherrschen will.

Tevfik, der ältere, Refik, der jüngere – zwei Brüder saßen Ende der Achtzigerjahre genau da, wo man sitzen musste, um beim Sprung aus dem Kommunismus in den Raubtierkapitalismus der Wendezeit auf der richtigen Seite zu landen. Bei denen nämlich, die sich griffen, was kein Sowjetstaat mehr als Eigentum des Volkes schützte. Die Familie lebte in Kasachstan, dort arbeitete Tevfik schon seit den Siebzigern im Handelsministerium, als Abteilungsleiter für die Hotelsparte. Kurz nach dem Zerfall der Sowjetunion gab er den Posten auf und machte sich selbstständig. Dafür saß sein Bruder Refik ab 1991 im kasachischen Industrie- und Handelsministerium an einer Schlüsselstelle: Er war der erste Kontaktmann für Ausländer, die ins Geschäft mit Phosphor und Eisenlegierungen einsteigen wollten.

Es ist nicht klar, wie die Arifs danach ihr Vermögen machten. Sicher ist, dass Tevfik für die Reuben-Brüder arbeitete, David und Simon. Zwei gebürtige Inder, die bis Mitte der Neunzigerjahre die staatliche Aluminiumindustrie an sich gerissen hatten. Ihr Konzern galt als das Raubtier des Kapitalismus schlechthin: riesige Gewinne, rücksichtslose Methoden, Hungerlöhne, verseuchte Landschaften. Und Tevfik Arif mittendrin, ihr »agent on the ground«, wie sein Sohn Arif Arif das später nennen wird. Was folgte, war der »Aluminiumkrieg«, ein Revierkampf, bei dem die Reubens am Ende ihr Reich verloren und einige Manager ihr Leben. Man fand sie mit durchgeschnittener Kehle oder von Schüssen durchsiebt. Möglich, dass Tevfik Arif deshalb aus Kasachstan verschwand und in die Türkei ging. »Als die Verflechtung des Geschäfts mit der organisierten Kriminalität begann (unvermeidlich in jenen Tagen), brach er alle Zelte ab«, schrieb der junge Arif Arif dazu im März 2014.

Tevfiks Bruder Refik aber blieb und hatte offenbar auf die Sieger gesetzt: das Kasachen-Trio Maschkewitsch, Ibragimow und den Dritten, Patoch Schodijew. Aus all diesen Wirren ging die

Arif-Familie mit einer schönen Rendite hervor. Seit Mitte der Neunzigerjahre kontrolliert sie in Kasachstan die ACCP, eine der weltweit größten Fabriken für Chemikalien auf Chrombasis. Wer den Arifs das Geld dafür gab? Für jenes Kerngeschäft, in dem »Sascha« Maschkewitsch auch 2013 noch ein so guter »Freund« war, wie der junge Arif schrieb? Möglicherweise eben das Oligarchen-Trio. Ihrem Konzern gehört zufällig eine der größten Minen für Chromerz. Und ohne Erz würde die Fabrik der Arifs stillstehen.

SKANDALE, SKANDALE

ACCP ist eine Gelddruckmaschine. Zwischen 2004 und 2014 machte die Familie nach internen Aufstellungen mit dem Verkauf von Chromchemikalien fast 400 Millionen Dollar Gewinn. Das ist die Kriegskasse, über die Refik Arif verfügt. Doch nicht nur Refik, auch sein Bruder Tevfik verdient Millionen für die Familie: Nach seiner Flucht in die Türkei 1993 baute er die Rixos-Kette auf – Ferienhotels der Fünf-Sterne-Liga. Außerdem stieg er in eine der größten türkischen Baufirmen ein, Sembol. Auffällig oft erhielt sie in Kasachstan Staatsaufträge, etwa für die Universität von Astana, die natürlich nach Diktator Nasarbajew benannt ist. Oder für die »Pyramide«, ein Veranstaltungszentrum, dessen Bau der Autokrat persönlich befahl.

Um die Jahrtausendwende emigrierte und expandierte Tevfik Arif in die USA, gründete die Immobilienfirma Bayrock und zog in New York mit einem der bekanntesten, gerissensten und umstrittensten Immobilientycoons einen Hotel- und Apartmentkomplex hoch: mit Donald Trump, dem heutigen US-Präsidenten.

Doch was Tevfik Arif auch anfasste, es klebte meistens der Verdacht eines unsauberen Geschäfts daran, und manchmal auch mehr als das, ein Skandal. Geldgeber fühlten sich getäuscht;

es gab Verbindungen zu einem Anlagebetrüger. Und man sah sehr junge »Models« aus Russland und der Ukraine auf Sugar-Daddy-Sause mit Arif und Freunden – das ganze Programm für einen schlechten Ruf. Arif bestritt stets, was man ihm vorwarf; strafrechtlich blieb auch nie etwas haften. Aber in der Türkei war er wochenlang in den Schlagzeilen, nachdem ein Polizeikommando ihn und das komplette Kasachen-Trio an Bord einer Luxusjacht mit den Models aufgegriffen hatte.

Das also ist der Clan, der 2011 in ein neues lukratives Geschäft einsteigen will: den Fußball. Kein Wunder, dass die Arifs ein Auge auf diesen Markt geworfen haben: Experten schätzen den Umsatz im Profifußball allein in Europa auf 20 Milliarden Euro pro Jahr, und die Preise schießen hoch wie Öl aus einer frisch angebohrten Quelle. Ein Markt für Raubtiere.

Refik gibt das Startkapital, knapp 75 Millionen Euro von 2011 bis 2015; zusammen mit Tevfik hat er das letzte Wort, was mit dem Geld passiert. Der Mann aber, dem sie das neue Business anvertrauen, heißt Arif Arif, Tevfiks Sohn. Im Geschäft mit dem Sport soll er offenbar zeigen, was er kann und ob er das Zeug dazu hat, später mal das Familienunternehmen zu leiten, das, was wirklich zählt: die Chemiefabrik, die Immobiliendeals, das Baugewerbe. Arif Arif wird sich als würdig erweisen, seine Methoden sind die Methoden der Familie: schmutzig und erfolgreich.

»WIR WERDEN MILLIARDÄRE WERDEN«

Als Arif Arif 2011 in das Geschäft mit dem Fußball einsteigt, hat er davon kaum Ahnung und mit Nélio Lucas zudem einen Sportchef, der in der Branche so gut wie erledigt ist. Lucas überwirft sich nämlich mit seinem Ziehvater, Pini Zahavi, einer Legende unter den Spielerberatern. Zahavi fühlt sich von Lucas hintergangen. »Du hast den Fehler deines Lebens gemacht«, droht

Zahavi, »ich will mit dir nichts mehr zu tun haben, und du wirst nicht in der Lage sein, noch irgendetwas zu tun.« Aber da irrt Zahavi; Lucas wird in nur vier Jahren zu den Stars der Branche aufsteigen und mit ihm Doyen Sports, die neu gegründete Sport-Investmentfirma der Arifs.

Arif Arif ist 27, Nélio Lucas 34 Jahre alt, zwei große Jungs, immer auf der Borderline zwischen Vision und Größenwahn. »Was für ein Geschäft wir erschaffen!!! Geld, Geld!!!«, jubelt Nélio, und Arif: »Stell dir uns in zehn Jahren vor: Inshallah, Könige«, und wieder Nélio: »Vergiss nicht unseren Leitsatz: Gemeinsam für immer. Wir werden siegen und Milliardäre werden.« Zehn Jahre geben sie sich dafür, drei Jahre, bis ihre Doyen-Gruppe in den schwarzen Zahlen sein soll.

Ihre Sprache ist Gangsta-Rap, ihr Lebensstil Playboy, ihr Selbstbewusstsein Boxweltmeister. Als sie sich eine neue Wohnung anschauen, prahlt Arif, sie sei »maßgeschneidert für Orgien«. »Oh yes«, schreibt Nélio zurück. Drei Ausrufezeichen. Für Halloween überlegt sich Nélio, ob er als Napoleon, Papst oder Sonnenkönig gehen soll; Arif Arif: »Für mich den Diktator.« Wenn Arif Arif nicht in London ist, dann feiert er oft auf Ibiza oder in Südfrankreich. Seine Schwester macht sich Sorgen. Er solle seine Zeit nicht in Klubs verplempern und lieber seine ganze Energie ins Geschäft stecken. Aber Arif Arif beruhigt sie: »Das Geschäft läuft gut … Ich weiß, was ich tue.«

Die Doyen-Gruppe ist ein großer Gemischtwarenladen. Neben dem Sport gibt es auch die Firma Doyen Capital für den Rohstoffhandel mit Arif Arif an der Spitze. Oder eine Firma Doyen Natural Resources, die an einer Erzmine in Brasilien beteiligt ist. Arif Arif fädelt hier Geschäfte mit Jamie Reuben ein, dem Sohn von David Reuben, oder mit Wladimir Semzov, Immobilienmogul mit belgischem Pass. Väterchens alte Freund- und Seilschaften?

Selbst im Sport laufen zwei Doyen-Firmen nebeneinander: die Doyen Marketing – sie besorgt Stars wie David Beckham,

Neymar oder Boris Becker gegen eine Provision Werbeaufträge. Das Kerngeschäft aber liegt bei Doyen Sports Investments, faktisch geführt von Arif Arif, obwohl er offiziell gar nichts damit zu tun hat. Das ist die Sparte, die Sportwetten auf Zweibeiner macht, auf Fußballspieler und ihre künftigen Ablösesummen. Doyen Sports kauft dazu Transferrechte von Talenten ein, spekuliert darauf, dass die Spieler möglichst schnell im Wert steigen – und versilbert das Investment beim Verkauf an den nächsten Verein. So wie bei dem Franzosen Kondogbia. So wie später bei dem niederländischen Klub Twente Enschede.

Der Geldgeber Doyen – neben dem Verein und dem Spieler die »dritte Partei« in solchen Geschäften – stilisiert sich dabei gern als Retter des Fußballs. Man helfe doch nur den kleinen Vereinen, die sich allein, ohne die Finanzkraft von Doyen, kein Toptalent mehr leisten könnten. Gerade Klubs mit viel Tradition,

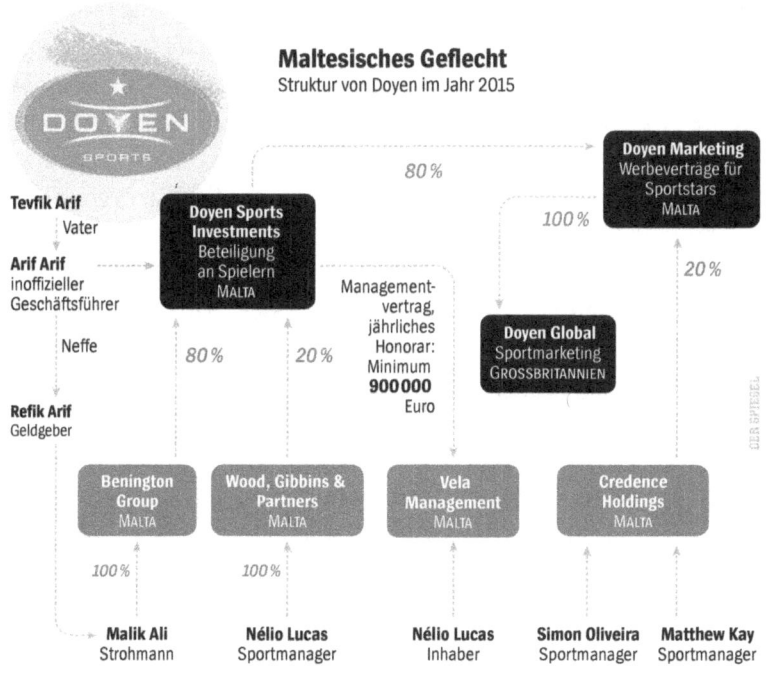

Maltesisches Geflecht
Struktur von Doyen im Jahr 2015

aber wenig Geld könnten mithilfe von Doyen die Lücke zu den reichen Vereinen verkleinern.

Tatsächlich wird die Schere zwischen den Top-Ten-Teams in Europa und dem Rest Jahr für Jahr größer. Geld schießt Tore – in Deutschland für Bayern, in Spanien für Madrid und Barcelona, in Frankreich für Paris Saint-Germain. In ihren Ligen sind diese Klubs kaum noch zu schlagen. Doch was Doyen den abgehängten Teams anbietet, ist nur die Chance, die auch der Kredithai einem armen Schlucker gibt, der bei der Bank keinen Cent mehr bekommt – Geld gegen Knebelvertrag. Entsprechend hoch sind die Zinsen, und Doyen verliert so gut wie nie bei dieser Wette. Dafür sorgen die Würgeklauseln in den Verträgen.

»DER NIGGER MACHT GELD FÜR UNS«

Doyens erster Kauf im August 2011 ist Abdelaziz Barrada, ein Marokkaner, der beim Madrider Vorortklub Getafe spielt. 1,5 Millionen Euro zahlt Doyen an Getafe für 60 Prozent von Barrada. Keine zwei Jahre später wechselt der Spieler zu Al-Jazira in die Vereinigten Arabischen Emirate. Die vereinbarte Ablösesumme: 8,5 Millionen Euro. Macht nach Abzug von ein paar Nebenkosten 3,35 Millionen Gewinn für Doyen; umgerechnet 223 Prozent Gewinnsteigerung, so steht das zumindest in den Datenblättern von Doyen. »Nicht schlecht«, schreibt Lucas an Arif Arif, aber zufrieden ist er trotzdem nicht. »Wir konnten ihn nicht mehr kontrollieren. Sein Gehalt war 450 000 Euro netto, und sie zahlen ihm nun drei Millionen Dollar netto« – »sie«, das ist der Verein Al-Jazira, zu dem Barrada unbedingt wechseln wollte. Lucas hätte dagegen lieber noch mit dem Verkauf gewartet: »Wenn der Spieler auf mich gehört hätte, hätte ich mehr bekommen«, klagt Lucas und schickt noch ein wüstes Schimpfwort hinterher.

Spieler und Vereine sollen gefälligst tun, was Doyen von ihnen will. Die Kicker sind Spielfiguren, Jetons im großen Fußballkasino. Am Ende geht es nicht darum, was für sie das Beste ist, sondern was sich für Doyen am meisten rentiert. Beispiel Kondogbia, jener Franzose, der nicht bei Real Madrid landet, dem größten Klub der Welt, sondern nur in Monaco. Nélio Lucas an Arif Arif: »Großartiger Deal für uns.« – Arif Arif: »Glückwunsch, Bruder … Hoffentlich haben wir nicht seine Karriere ruiniert … Mein Herz ist gebrochen.« – Nélio: »Guck aufs Bankkonto in den nächsten Tagen, und Du wirst anders fühlen.« – Arif Arif: »Ich weiß, Bruder, aber ich habe mir diesen Jungen immer als Superstar bei einem großen Klub vorgestellt.« An einen Freund schreibt Arif Arif: »Ich wollte, dass der Junge zu einem ordentlichen Team geht. Aber das hier ist als reines Finanzspiel zu Ende gegangen.«

Auch wenn bei diesem Deal Arif das Herz blutet, andere Spieler sieht auch er als reine Geschäftsmasse. Gefühle sind nicht vorgesehen, und so abgebrüht klingt das dann auch. Als ein Doyen-Star bei einem Spiel mit seiner Nationalelf brilliert, jubelt Arif Arif: Die »bitch. Der Nigger macht Geld für uns.« Bitch, Nigger, fuck: So reden sie untereinander, Lucas und Arif. Hauptsache, krass, cool, kingsize.

Lucas und der junge Arif schreiben einander Nachrichten, als gehörte ihnen die Welt; umso härter die Abstürze, wenn sie daran erinnert werden, dass die Welt immer noch Papa Tevfik und Onkel Refik gehört. »Ich werde jeden Tag gefickt«, jammert Arif junior im Juli 2013 über die Alten. Der Onkel kontrolliere das Geld, er selbst das ganze Management, so weit, so gut. Doch in den Augen der Alten zähle er erst etwas, wenn er seinem Vater und seinem Onkel ihr eingesetztes Kapital zurückgegeben habe. So lange »hängen alle unsere Jobs davon ab, dass ich die Beziehung zu meinem Vater und meinem Onkel manage«. Einmal hat es Sportchef Lucas so satt, dass er seinem Kumpel Arif rät, alles hinter sich zu lassen. Arif Arif: »Kann ich nicht, Bruder, ich hänge fest; der einzige Weg ist, mich da rauszuschneiden, aber das Messer dafür ist eine Million Meilen entfernt.«

Also bleibt ihnen nur, das Geschäft für die alten Arifs immer größer und profitabler zu machen, mit allen Mitteln. Lügen gehen ihnen genauso locker von der Zunge wie Schmutzwörter. »Diese Schwanzlutscher wollen TPO dauerhaft verbieten«, schimpft Arif Arif, als die Fifa erwägt, solche Beteiligungsmodelle, wie Doyen sie bei Twente praktiziert, zu ächten. Dagegen wehrt sich Doyen in Imagebroschüren, stellt sich als Hüter eines blitzsauberen Third-Party-Ownership-Modells dar: Niemals rede Doyen den Klubs in ihre Entscheidungen hinein, nie zwinge Doyen sie, einen Spieler zu verkaufen. Die Wirklichkeit jedoch, das zeigt spätestens der Fall Twente Enschede, sieht anders aus. Ein typischer Doyen-Vertrag mit einem Verein enthält Klauseln, die an der Grenze zur Nötigung sind.

Klauseln, die man auch im Vertrag des Holländers Ola John, den Benfica Lissabon 2012 geholt hat, finden kann. Bei Ola John kaufte Doyen die Hälfte der Transferrechte ein, für 4,575 Millionen Euro. Der Deal: Egal, was passiert, Doyen geht immer mit sechs Millionen aus dem Geschäft heraus. Mindestens. »Immer« heißt dabei: Wenn Benfica den Spieler verkauft, aber weniger als zwölf Millionen einnimmt, bekommt Doyen trotzdem sechs Millionen vom Verein. Bringt er mehr als zwölf Millionen, kassiert Doyen sechs Millionen plus 50 Prozent vom Rest. Wenn der Spieler nach drei Jahren noch nicht verkauft ist – kassiert Doyen von Benfica sechs Millionen. Wenn der Spieler Sportinvalide wird: sechs Millionen für Doyen. Wenn Benfica den Spielervertrag auslaufen lässt und deshalb am Ende keine Ablöse mehr kassiert: sechs Millionen. Wenn ein anderer Klub 20 Millionen bietet, Benfica aber nicht verkaufen will – zahlt Benfica trotzdem an Doyen, und zwar die Hälfte, zehn Millionen. Nach einem Klub, der die nötigen 20 Millionen bietet, darf Doyen selbst suchen. Und so weiter.

Spätestens nach drei Jahren macht Doyen bei diesem Deal rund 25 Prozent Gewinn, mindestens. Wenn Doyen das Geld einfordert, bleibt klammen Vereinen meist nichts anderes übrig, als den Spieler zu verkaufen. Wenn er sich denn noch verkaufen lässt. Im Fall von Ola John hat Benfica den Spieler seit 2014 dreimal verliehen – unter anderem an den Hamburger SV –, vermutlich um ihn loszuwerden. Sein Marktwert lag Ende 2016 nur noch bei fünf Millionen. Sollte Doyen nach drei Jahren bei Benfica trotzdem die Sechs-Millionen-Klausel gezogen haben, dürfte der Klub draufgezahlt haben.

Dieser Vertrag ist kein Einzelfall, sondern offenbar ein Standardpapier bei Doyen: Im Kontrakt für den Franzosen Josuha Guilavogui, der seit 2014 in der Bundesliga beim VfL Wolfsburg kickt, gab es ähnliche Klauseln. Ein Jahr zuvor spielte er bei Atlético Madrid, einem Verein, der mehrfach mit Doyen ins Geschäft gekommen ist; 30 Prozent Gewinn in drei Jahren waren Doyen hier garantiert.

Die Geschichte vom fairen TPO-Partner ist also nur eine Legende, jedoch nicht die einzige. Die noch größere Lüge ist die, dass es bei Doyen keine undurchsichtigen Finanzstrukturen gebe. Die Firma sei voll registriert und werde von Wirtschaftsprüfern durchleuchtet, hieß es in einer Präsentation, mit der sich Doyen von schmutzigen TPO-Investoren abheben wollte. Ausgerechnet Doyen. Die ganze Gruppe ist eine Verschachtelung von Offshore-Firmen, mal auf Malta, mal auf den British Virgin Islands, mal in den Vereinigten Arabischen Emiraten. Briefkastenfirmen werden gegründet, wieder aufgelöst, von den nächsten abgelöst, ein ständiger Reigen. Den Sinn der Postkasten-Inflation verrät Sportchef Nélio Lucas 2013 gewohnt unverblümt in einer Nachricht an Arif Arif: »Wir müssen eine Struktur aufbauen, um uns und die Firma zu schützen, damit keiner irgendetwas über uns herausfindet.« Mit »keiner« könnte auch das Finanzamt gemeint gewesen sein. Von manchen Geldströmen im Doyen-Reich sollte wohl der britische Fiskus nichts wissen, wie die Football-Leaks-Papiere nahelegen.

Nichts aber lässt in Arif junior so sehr die nackte Panik aufsteigen wie die Sorge, die alten Freunde in Kasachstan könnten herausfinden, wer hinter Doyen Sports steckt: auch Papa Tevfik nämlich, Spitzname Skip. Im Juli 2013 berichtet der Wirtschaftsdienst »Bloomberg« aber genau das, und die Arifs sind kurz davor, die Firma von einem Tag auf den anderen dichtzumachen. Nur damit keiner noch mal nachfragt. »Die Kasachen geben einen Scheiß auf mich oder Skip. Wenn sie herausfinden, dass er dahintersteht, werden sie unser Familiengeschäft in Kasachstan verfolgen, und dann ist alles vorbei«, ahnt der junge Arif.

Offenbar gab es nach dem Skandal auf der türkischen Luxusjacht eine klare Botschaft an Tevfik Arif, sich aus der Öffentlichkeit herauszuhalten. Von seinen Freunden, dem mächtigen Kasachen-Trio? Wie aus den Chats des jungen Arif hervorgeht, hatte das Trio seinen Vater fallen gelassen. Oligarch Maschkewitsch wollte demnach erst mal nichts mehr mit ihm zu tun haben: »Er hat Vater die ganze Schuld gegeben, um seinen eigenen Arsch zu retten.« Nun hatte sich alles wieder eingerenkt, man ging in London zusammen ins Stadion und auf Sardinien ins Restaurant. Doch wenn sein Vater noch einmal ins Rampenlicht rücke, sei alles aus, fürchtete Arif junior.

Nélio Lucas hielt das für Paranoia, aber Arif Arif klärte ihn auf, wie das läuft, dort, wo die Familie herkam. Leute wie Nélio hätten doch immer nur in der zivilisierten Welt gearbeitet, nie in Kasachstan oder der Türkei, schreibt Arif Arif. »Sie werden uns ruinieren. Werden unser Geschäft und unsere hochrangigen Beziehungen aufdecken, und dann ist alles vorbei.« Die Marke Doyen sei erledigt, man müsse die übrigen Geschäfte auf Abstand dazu bringen.

So weit kommt es zwar nicht, aber von nun an verschwinden die alten Arifs ganz hinter den Fassaden von Briefkastenfirmen, aus denen nur noch Strohmänner herausschauen. Transparenz? Gibt es nicht mehr. Was für die Arifs auch gut so ist, denn ab 2013 werden die Geschäfte noch schmuddeliger. Mit einer geheimen Kasse.

Die befindet sich in Ras al-Chaima, einem Emirat am Persischen Golf, von dem kaum einer weiß, dass es überhaupt existiert. Genau das schätzen Anleger, die dort Geld verstecken wollen. Der Offshore-Berater von Lucas managt eine Briefkastenfirma namens Denos, die vor allem mit den Sportumsätzen gefüttert wird. Meist gehen bei einem Deal zehn Prozent in das Emirat, insgesamt mehrere Millionen Euro. Bleiben soll das Geld dort aber nicht. Doyen Sport braucht es für Zahlungen, von denen offenbar keiner wissen darf.

Schmiergelder? Vor einem Bauprojekt, bei dem Nélio Lucas die Gespräche führt, fragt er den jungen Arif, ob er seine Verhandlungspartner schmieren solle – Arif Arif: »Ja, Bruder.« Nur weil die Gegenseite angeblich genauso schmieren wollte, Nélio Lucas nämlich, kam es nicht dazu. Und wie sonst soll man deuten, was Lucas dem Arif-Clan zu den hohen Summen bei der Briefkastenfirma Denos erklärte? Dieses Geld gehöre nicht Doyen, »es ist für Leute, die wir bezahlen müssen«. Leute, die ausdrücklich nichts »Schriftliches« wollten. Was der junge Arif in einem Chat noch weiter erläutert: »Er (Nélio Lucas –Red.) muss Leute bezahlen, mit denen er Geschäfte macht, wenn wir kaufen und verkaufen.« Das habe Lucas Arifs Vater von Anfang an klargemacht. Und Papa Tevfik habe ihm, Arif junior, gesagt, er solle sich »aus diesem Thema heraushalten, weil es dubios ist«.

2014 zum Beispiel kauft die Doyen-Gruppe die Hälfte der Bildrechte des belgischen Toptalents Adnan Januzaj ein, der bei Manchester United und auch mal kurz bei Borussia Dortmund spielt. 1,5 Millionen Euro zahlt Doyen offiziell; weitere 500 000 aber sollen heimlich über Denos an den Spielerberater von Januzaj fließen – und wie Mails zeigen, von dort wohl in die Tasche von Januzajs Vater. Schwarzgeld von Doyen, um sich das Talent zu angeln?

Einmal landet Denos-Geld offenbar bei Spielerberatern, die auf zwei Seiten arbeiten, für einen Spieler und für einen Klub.

Frauen aus Osteuropa lässt Nélio Lucas dagegen mit dem Geld einer maltesischen Briefkastenfirma einfliegen, die ihm persönlich gehört. Für eine der Damen, Kateryna S., findet sich ein Twitter-Account mit dem Versprechen, sie sei ein »Paradies für die Augen, die Hölle für den Verstand und ein Fegefeuer fürs Portemonnaie«. Das Reiseziel der Osteuropäerinnen sind auffällig oft Städte, in denen gerade eine Champions-League-Partie angesetzt ist. Unklar ist der Reisegrund. Begleiten sie Nélio Lucas selbst, oder setzt er sie im Auftrag von Doyen ein, um am Rande der Spiele Geschäfte anzubahnen? So wie er das offenbar in Florida vorhatte, in dem Luxusappartement der Arif-Familie mit Real-Präsident Pérez?

Nélio Lucas wollte sich dazu und zu allen anderen Fragen nicht im Detail äußern, nur so viel: Er bestreite alle Vorwürfe. Auch Doyen-Sports-Chef Arif Arif, sein Vater Tevfik und sein Onkel Refik gingen auf einzelne Fragen nicht ein, ließen aber wie Lucas durch ihre Anwälte ausrichten, dass der Inhalt ihre Persönlichkeitsrechte verletze und auf falschen Annahmen beruhe. Von dem Oligarchen-Trio aus Kasachstan, dem Spieler Adnan Januzaj, seinem Berater und seinem Vater kam keine Rückmeldung.

»DIESE FOOTBALL-LEAKS-SCHEISSE«

Man kann es so sehen: Der Fall Doyen zeigt, wie sich schmutziges Geld den Weg in saubere Geschäfte sucht; so kennt man das aus Mafiafilmen, wenn die zweite oder dritte Generation weiße Kragen trägt, damit sich niemand mehr an die brutalen Anfänge erinnert. Im Fußball ist es aber wohl eher so, dass schmutziges Geld sich in einem schmuddeligen Geschäft wohlfühlt. In einem Geschäft, das nach außen hin hell strahlt, wegen der großen Gefühle, der reinen Emotionen, der tiefen Leidenschaft, die es weckt. Das ist die Täuschung, die der Branche immer noch perfekt gelingt, abends um 20.45 Uhr an den Fußballfeiertagen der Champions League.

Die Wahrheit aber ist, dass Geld nicht stinkt und dass die Klubs kein Problem haben, mit Doyen zusammenzuarbeiten, mit der Firma, die ihnen das große Geld verspricht und von der man lieber nicht wissen will, woher dieses Geld stammt. Obwohl jedem in der Branche klar sein müsste, dass man von Doyen besser die Finger lässt.

So laufen die Geschäfte munter weiter. TPO ist zwar verboten, aber dagegen hat Doyen geklagt und es laufen Beschwerden bei der EU-Kommission; bisher erfolglos. Doyen wäre nicht Doyen, wenn man nicht versuchen würde, das Verbot zu umgehen. Und der Fußball wäre kein so schmuddeliges Geschäft, wenn die Fifa ihr Verbot nicht längst wieder aufgeweicht hätte. Nun gut, in einzelne Spieler zu investieren, das soll tatsächlich verboten bleiben. Aber das Investment in einen Klub, um am Ende des Jahres einen Prozentteil von allen Spielerverkäufen abzukassieren, das ist erlaubt, wie die Fifa den dänischen Verband aufklärte. So sah denn auch ein Doyen-Vertragsentwurf von November 2015 vor, dass Doyen in Zukunft für 1,5 Millionen Euro 20 Prozent des spanischen Drittligisten FC Cádiz kauft – und die Hälfte der Transferrechte an allen Spielern.

Auch der Hamburger Sport-Verein, stets verzweifelnd an seiner Mannschaft und auf der Suche nach einer neuen, ließ sich noch im März 2015 auf Gespräche mit Doyen ein. Damals traf sich Thomas von Heesen, erst ein paar Tage vorher als Aufsichtsrat zurückgetreten, in München mit einem Doyen-Unterhändler. Das TPO-Verbot war schon beschlossen und trat zwei Monate später in Kraft. Trotzdem bot von Heesen für 12,2 Millionen Euro Anteile an sechs HSV-Spielern an, darunter Pierre-Michel Lasogga, Cléber, Jonathan Tah und Maximilian Beister.

Er berief sich auf einen angeblichen Vorschlag von Klubchef Dietmar Beiersdorfer, Spieleranteile zu verkaufen. Der Plan, den von Heesen skizzierte: Zuerst brauche man einen Vertrag, damit

Doyen Sports beim HSV Anteile übernehmen könne – so weit in Ordnung. Aber offenbar sollte auch noch verhandelt werden, wie der Investor nach »dem Verkauf eines Spielers« am Gewinn beteiligt wird – genau das wäre quasi eine Umgehung des am 1. Mai 2015 eintretenden Fifa-Verbots. Der damalige Vorstandschef Beiersdorfer war eingeweiht: Am 10. Juni 2015 schickte ihm ein Doyen-Verhandlungspartner eine Liste mit möglichen neuen Spielern für den HSV. Bei einem Profi von Sampdoria Genua hieß es: »Kaufen zwischen Doyen und Hamburg.« Das wäre TPO und verboten gewesen.

Am Ende kam es doch nicht zu einem Vertrag. Warum? Der HSV bestätigt einen »Informationsaustausch mit der Doyen-Gruppe«. Es sei um die »angestrebte Refinanzierung gegangen«, aber am Ende habe man sich dagegen entschieden, auch wegen des TPO-Verbots der Fifa. Möglicherweise musste sich aber auch Doyen-Sportchef Nélio Lucas erst einmal neu sortieren.

Rund zwei Monate nachdem Football Leaks im September 2015 die ersten Doyen-Dokumente auf ihrer Enthüllungsplattform veröffentlichte, sah sich Lucas genötigt, seinem Anwalt zu schreiben: »Ich weiß nicht, ob ich dich bezahlen kann. Mit dieser Football-Leaks-Scheiße ändern sich jetzt alle Strukturen.« Klang ganz so, als müsste sich Lucas erst einmal eine neue Struktur aufbauen, vielleicht ein paar Briefkastenfirmen besorgen. Doch dann könnte es bald weitergehen.

DIE SUCHE

Warum legt man sich mit Menschen wie den Arif-Brüdern oder Nélio Lucas an? Freiwillig? Weil man sie entlarven will, oder weil es Auftraggeber gibt, die das von einem verlangen? Oder hat da jemand noch eine alte Rechnung offen? Mit jedem enthüllten Dokument wirft Football Leaks neue Fragen auf, wird zu einem immer größeren Mysterium. Die Macher der Plattform arbeiten weiterhin aus dem Hintergrund, bleiben anonym. Selbst ihrem Onlineaufritt kann man nicht ohne Weiteres folgen: Im Zuge der Twente-Enschede-Affäre wechselt Football Leaks zweimal die Adresse seiner Website. Warum das alles? Worum geht es bei diesem Versteckspiel?

Es gibt eine Kontaktadresse, die die Macher im Impressum ihrer Homepage angegeben haben. Anfang Dezember 2015 senden wir eine Mail dorthin, mitten in den Sturm. In den Niederlanden herrscht gerade große Aufregung rund um die dubiosen Verträge von Twente. Wir fragen die Macher von Football Leaks, wer sie sind, woher sie kommen, welche Ziele sie haben. Eine Woche vergeht, ohne dass wir eine Antwort bekommen. Wir haken nach, schicken die nächste Mail: Ist das Material echt? Warum wird gerade dieses Material enthüllt? Kommt noch mehr? Seid ihr eine Einzelperson oder eine Gruppe? Übrigens: Im Anhang der Mail stünden noch einige weitere Fragen, die wir bereits in der vergangenen Woche geschickt hätten. Wäre prima, wenn auch darauf eine Antwort käme.

Mit Menschen Kontakt aufzunehmen, die eigentlich anonym bleiben möchten, ist nicht einfach. Welchen Ton schlägt man an? Welche Fragen interessieren die Person, die sich dort in der Dunkelheit versteckt? Welche Antworten können wir uns von

43

ihr erhoffen? Solange man nichts von seinem Gegenüber weiß, schickt man seine Nachrichten quasi im Blindflug.

Wir schauen uns noch einmal die bereits veröffentlichten Verträge und Dokumente auf der Football-Leaks-Seite an. Vielleicht haben wir hier irgendwelche Hinweise auf die handelnden Personen übersehen? Vielleicht verrät der Aufbau der Homepage irgendetwas über den Aufenthaltsort der Macher? Wir notieren alle noch so kleinen Details, die auf die Identität der Online-Enthüller hinweisen könnten. Da viele Dokumente in portugiesischer Sprache geschrieben sind, gehen wir davon aus, dass auch die Macher von Football Leaks irgendetwas mit Portugal zu tun haben.

Das Material wirkt echt, alle Verträge sind mehrfach unterschrieben, auch die veröffentlichten Mails scheinen durch das Sendedatum, die Adresszeilen und die Art der Sprache authentisch zu sein. Zudem bestätigt ein Sprecher von Twente Enschede die Echtheit der Dokumente. Auffällig ist, dass vieles, was auf der Football-Leaks-Seite auftaucht, im weitesten Sinne mit der Firma Doyen Sports zu tun hat. Ist der Sportvermarkter gehackt worden? Ist Football Leaks eine Hackergruppe? Oder steckt vielmehr ein verärgerter Ex-Mitarbeiter dahinter, der das Zeug geklaut hat?

Aus den großen Leak-Skandalen der vergangenen Jahre haben wir gelernt, dass es oft ehemalige Angestellte eines Unternehmens oder einer Organisation sind, die mit ihren Enthüllungen die Missstände bei ihrem früheren Arbeitgeber aufdecken. Edward Snowden ist wahrscheinlich der berühmteste Whistleblower, sein Datendiebstahl bei der NSA berührt die großen gesellschaftlichen Fragen zwischen individueller Freiheit einerseits und dem Sicherheitsbedürfnis des Staates andererseits. Der frühere Soldat Bradley Manning lieferte WikiLeaks Material über das US-Militär, das unter anderem das brutale Verhalten amerikanischer Soldaten in Kriegsgebieten offenlegte. Hervé Falciani und Bradley Birkenfeld, zwei ehemalige Banker, trugen mit ihren Leaks dazu bei, das Schweizer Bankgeheimnis zu Fall zu bringen, ein wichtiger Schritt im Kampf gegen Steuerhinterziehung. Wir schreiben die Thesen vom ehemaligen Mitarbeiter und vom möglichen Hacker auf unsere Liste – auch wenn wir keine Ahnung haben, wie wir diese Thesen prüfen könnten. Aber es gibt uns ein gutes Gefühl, zumindest einen Anhaltspunkt zu haben.

Wir durchforsten die Football-Leaks-Seite weiter. Das Sammeln solcher Hinweise, eine sogenannte Kaltrecherche, da man auf keine lebende Quelle zurückgreifen kann, ist journalistische Kärrnerarbeit. Nicht wirklich aufregend, eher vergleichbar mit einem Puzzle, bei dem nicht alle Teile mitgeliefert worden sind und bei dem man sich frustrierend langsam voran arbeiten muss.

Es vergehen erneut mehrere Tage, ohne dass wir eine Antwort von Football Leaks erhalten. Wir lassen nicht locker und schicken noch einmal eine Mail: Seid Ihr Portugiesen? Seid Ihr Hacker? Habt Ihr Doyen-Sports gehackt und das Material geklaut? Habt Ihr früher für Doyen gearbeitet? Können wir miteinander sprechen, gerne anonym? Vielleicht helfen diese etwas gezielteren, provokanteren Fragen, um eine Reaktion zu bekommen. Wir senden die Mail ab.

Tatsächlich bekommen wir eine Antwort auf unsere Fragen. Allerdings steht sie in der »New York Times«.

Verdammt.

Am 15. Dezember bringt die Zeitung einen langen Artikel mit der Überschrift: »Mysteriöse Website will Licht ins Fußballgeschäft bringen.« Es ist ein Abriss der Twente-Affäre, der Scoop der Geschichte, den auch wir gerne gehabt hätten, steht bereits am Anfang der Story: »Football Leaks ist von einem Geheimnis umgeben, und niemand, der mit der Sache zu tun hat, gab bislang irgendwelche bedeutenden Einzelheiten über die Identität der Macher preis. Immerhin: Im Laufe eines ausführlichen Mailaustausches mit der ›New York Times‹ diskutierte einer, der sich selbst als Kopf hinter Football Leaks bezeichnete, die Beweggründe und die Ziele der Plattform.«

Verdammt. Verdammt. Verdammt. Die Kollegen der »Times« haben die exklusive Story, hinter der auch wir her waren.

Die Person, die in dem Artikel Auskünfte über Football Leaks gibt, nennt sich selbst »John«. Im amerikanischen Sprachgebrauch wird mit »John Doe« entweder eine fiktive Person bezeichnet oder eine Person mit ungeklärter oder unbekannter Identität. Auch anonyme Whistleblower, also die Menschen, die Geheimnisse nach außen tragen, aber dabei ihre eigene Identität geheim halten wollen, greifen oft zu diesem Platzhalternamen. So nennt sich etwa der Informant der »Panama Papers«, die nur wenige Monate später durch die »Süddeutsche Zeitung« und den Rechercheverbund ICIJ öffentlich werden, John Doe.

Die »Times« lässt John über sich und Football Leaks referieren. Er behauptet, er lebe in Portugal. Die Plattform hätten er und seine Mitstreiter aufgebaut, um Aufmerksamkeit auf die vielen TPO-Investoren-Deals in der portugiesischen Liga zu lenken. »Diese Form von Geheimhaltung von Verträgen und versteckten Klauseln tötet den Sport«, sagt John. Die »Times« schreibt, John und seine Mitstreiter seien Fußballfans, und sie wollten deshalb zur Sauberkeit ihres Sports beitragen. Sie verstünden sich als Kontrolleure des internationalen Fußballs.

Die Football-Leaks-Seite ist mittlerweile nur noch über eine Yandex-Adresse erreichbar, eine Website, die auf einem russischen Server gehostet ist. John erklärt der »Times«, dass die Betreiber der zwei vorherigen Football-Leaks-Seiten so unter Druck gesetzt worden seien, dass sie die Auftritte der Online-Enthüller geschlossen hätten. Auch Yandex, der russische Anbieter, wolle die Leaker nicht mehr haben, sagt John. Er glaubt, Doyen stecke dahinter: »Es ist ein harter Kampf, wir werden nicht aufhören.« Aber warum eigentlich ein russischer Server? John sagt: »Weil es bekannt ist, dass russische Behörden nur sehr selten mit westlichen Ermittlern zusammenarbeiten.«

Die Antwort wirft weitere Fragen auf. Sind die Betreiber von Football Leaks also Kriminelle? Hacker? Diebe? Warum müssen sie sich vor der Polizei verstecken? Johns Antwort: »Die Leute denken, wir seien Hacker, dabei sind wir nur ganz gewöhnliche Computernutzer.« Eine dürre Erklärung. Aber woher stammen dann die Dokumente? Dazu schweigt John, bis auf eine Bemerkung, die es in sich hat: Mittlerweile besitze Football Leaks mehr als 300 Gigabyte an internen Fußball-Daten, behauptet er. Das wäre eine Menge. Allerdings erklärt John nicht, wer in dem Material vorkommt oder von wem die nächsten Enthüllungen handeln würden: »Wir brauchen noch Zeit, um die Daten zu sichten.«

Wirklich viel verrät John mit seinem ersten großen Medienauftritt nicht, die meisten seiner Antworten bleiben vage. Aus seinen Zitaten lassen sich auch nur schwer Schlüsse auf seine Persönlichkeit und seinen Charakter ziehen. Er scheint ein kämpferischer Mensch zu sein, der sich nicht so leicht unter Druck setzen lässt und gern rebelliert. Das konnte man jedoch schon vorher vermuten.

Klarer als John äußert sich dagegen Francisco Empis, ein Sprecher von Doyen. Er bezeichnet Football Leaks als Betrüger und hält ihre Veröffentlichungen für illegal: »Das ist jetzt eine Angelegenheit der Polizei.« Die spanische Zeitung »As« zitiert eine anonyme Quelle aus der portugiesischen Polizei, die behauptet, Football Leaks sei eine »internationale kriminelle Organisation«. Harte Worte. So viel wird klar: Football Leaks hat ernst zu nehmende Gegner.

ERSTES LEBENSZEICHEN

Wir schreiben weitere Mails, eine andere Chance, an John und seine Mitstreiter heranzukommen, haben wir nicht. Wir fragen nach Interviews, nach Telefonaten, nach einem Treffen. Aber weder John noch irgendjemand sonst reagiert auf unsere Nachrichten. Football Leaks bleibt für uns eine verschlossene Auster. Kurz vor dem Jahreswechsel 2015 / 2016 schicken wir noch eine Mail, es ist die Nummer 16. Diesmal listen wir etliche Artikel über Fußball und Korruption auf, an denen wir in den vergangenen Jahren gearbeitet haben: den Sommermärchen-Skandal um die Vergabe der Weltmeisterschaft 2006, Lionel Messis Steuerbetrügereien, zahlreiche Texte über die Fifa, über Wettbetrug und Spielmanipulationen, über Spielerberater und ihren Einfluss auf die Vereine, ihre Macht über die Spieler. John soll sehen: An dem, was er tut, sind wir seit Jahren ebenfalls dran. Wir schauen hinter die Fassade des Sports, wollen nicht nur über spannende Spiele und schillernde Stars berichten, sondern Missstände aufdecken und schmutzige Geschäfte enttarnen.

Unsere Mail wirkt pompös, etwas zu angeberisch. Wirklich wohl fühlen wir uns damit nicht. Aber es ist unser letzter Versuch, eine Art Hilferuf. Und er wirkt. Am 3. Januar 2016 erscheint zum ersten Mal eine Nachricht mit einem Football-Leaks-Absender in unserem Postfach. Die Football-Leaks-Macher schreiben auf Englisch, von einer russischen Mailadresse. Der Inhalt der Nachricht ist äußert knapp gehalten: »Was ist Dein Problem mit Fußball? Viele Grüße, FL.«

Das kommt unerwartet. Eine größere, offenere Frage hätte »FL« wohl kaum formulieren können. Wir machen uns an die Arbeit und verfassen eine Antwort. Wir erklären, dass wir nach all den Recherchen der vergangenen Jahre, nach all unseren Auseinandersetzungen mit korrupten Funktionären, Spielern, Trainern, Sponsoren und Beratern das Fußballgeschäft für ähnlich seriös hielten wie das Bankenwesen: Wo so unkontrolliert so viel Geld fließe, würden unweigerlich jede Menge trüber Gestalten angelockt. Wir schreiben, wir würden uns für alles interessieren, was das Spiel beschädige, was die Glaubwürdigkeit dieses Sports gefährde. Darüber würden wir Texte im SPIEGEL veröffentlichen wollen, um für etwas mehr Transparenz zu sorgen und den Lesern und Fußballfans selbst die Möglichkeit zu geben, sich ein Bild zu machen. Wir schicken die Mail ab, nun heißt es wieder warten.

Am Abend erscheinen auf der Football-Leaks-Seite Dokumente, die uns sprachlos machen: Es sind Verträge der Firmen MIM und Polaris. Zwei Unternehmen, die uns in den kommenden Monaten sehr viel Arbeit bereiten werden. Sie sind Teil eines Firmengeflechts, über das Marketingrechte von Cristiano Ronaldo abgewickelt werden. Cristiano Ronaldo ist einer der Größten dieses Sports. Wie kommen diese Verträge auf die Football-Leaks-Seite? Normalerweise werden solche Dokumente wie Staatsgeheimnisse gehütet. Wer die Verträge aufmerksam liest, stellt fest: Die Marketingrechte von Ronaldo laufen über Firmen in Irland. Nutzt der Superstar etwa eine europäische Steueroase, um Abgaben zu minimieren?

Die Dokumente sind in einem komplizierten Juristenenglisch geschrieben, mit vielen Klauseln und Paragrafen. Sie sind auf den ersten Blick nicht so griffig, nicht so spektakulär wie ein Spielervertrag, es gibt keine astronomischen Ablösesummen und Gehälter, die einem sofort ins Auge springen würden. Zwischen den vielen Enthüllungen, die Football Leaks auf seine Seite stellt, gehen die Papiere nahezu unter, in der Öffentlichkeit werden sie kaum diskutiert. Auch wir werden rund ein Dreivierteljahr intensiver Arbeit, viel Kraft und Nerven benötigen, um diese Verträge und ihre Sprengkraft zu verstehen und einordnen zu können. Football Leaks wird uns den Schlüssel dafür liefern. Aber dazu später mehr.

So viel sei jedoch jetzt schon verraten: Die Ronaldo-Dokumente werden uns Einblicke in die geheime Welt des Spitzenfußballs gewähren, eine Welt, die Steuerehrlichkeit für die größte Dummheit hält und in der ein System vorherrscht, durch das fast jeder in diesem Sport mitverdienen kann: Spieler, Trainer, Manager und Berater.

DIE STEUERTOURISTEN

Was ist ein Tag im Leben von Cristiano Ronaldo wert? Schwer zu sagen, aber es gibt Anhaltspunkte. Millionenschwere Anhaltspunkte. Man findet sie zum Beispiel in Saudi-Arabien, genauer: beim saudi-arabischen Telekommunikationskonzern Etihad, einem von Ronaldos unzähligen Werbepartnern.

Dieses Unternehmen wollte den Superstar aus Portugal im Frühjahr 2013 für ein Fotoshooting gewinnen. Viereinhalb Stunden lang sollte Ronaldo sich in seiner Wahlheimat Madrid filmen und fotografieren lassen, dazu fünf Trikots signieren und zwei Erwähnungen auf seiner Facebook- oder Twitter-Seite posten. Die Firma aus Nahost überwies 1,1 Millionen Euro. Es gibt schlechtere Tage.

Dieser Geldregen wird in einem elf Seiten umfassenden Agreement beschrieben, auf das jeder zugreifen konnte. Den Vertrag, der zwischen Ronaldos Vermarkter Multisports & Image Management (MIM) und den Saudis abgeschlossen wurde, veröffentlichte die Enthüllungsplattform Football Leaks im Februar 2016 auf ihrer Homepage. Ein Passus darin besagt, dass der Mobilfunkanbieter aus Riad ein Jahr lang mit den teuer bezahlten Bildern des Drehs werben durfte. Allerdings nur im Nahen Osten und in Nordafrika. Selbst für solch kleine Häppchen bekommt Ronaldo Millionen.

Cristiano Ronaldo dos Santos Aveiro, wie der Stürmer von Real Madrid mit vollem Namen heißt, ist ein Weltstar des Fußballs. Und damit auch ein Weltwerbestar. Zu seinen bekannten Sponsoren gehören oder gehörten: der Konsumgüter-Riese Unilever, die Fast-Food-Kette Kentucky Fried Chicken, der US-Nahrungsergänzungsmittelkonzern Herbalife, die dänische

Unterwäschefirma JBS, der Computer- und Videospielehersteller Konami und der Autobauer Toyota. Die Sponsorengelder für »CR7«, wie Ronaldos Markenclaim lautet, rauschen nur so herein. Laut dem Wirtschaftsmagazin »Forbes« verdiente Ronaldo 2016 mit seiner Reklametätigkeit insgesamt 32 Millionen Dollar.

Der Profifußball ist heute ein Showgeschäft, das größte der Sportwelt. Die Summen, die dabei umgesetzt werden, sind gigantisch und scheinen nach oben hin keine Grenzen zu kennen. Das gilt für Transfererlöse, aber auch für die Werbeerträge, Gehälter und Provisionen. Das viele Geld flutet den Fußball, und Cristiano Ronaldo profitiert davon wie kein anderer. Allein bei Real Madrid, so steht es in seinem Vertrag, den er im November 2016 bis Juni 2021 verlängerte, verdient er rund 40 Millionen Euro im Jahr. Seine Ablöse – die Summe, die ein anderer Klub zahlen müsste, um ihn Real Madrid abzukaufen – liegt bei einer Milliarde Euro.

Ronaldo ist ein Fußballer, der wie besessen seinen Körper modelliert und seine Schussqualität zu verbessern versucht. Liest man seine Verträge, erscheint er einem aber eher nur am Rande wie ein Sportler, sondern hauptsächlich wie ein mittelständisches Unternehmen. Mit Ronaldo werden Jahresumsätze im dreistelligen Millionenbereich erwirtschaftet, er hält sich eine Entourage aus Spieler- und Steuerberatern, Anwälten und Finanzjongleuren. Sie helfen ihm, sein Vermögen zu maximieren. Das Credo dabei ist einfach: Jeder Euro, der mit Ronaldo eingenommen wird, soll möglichst ganz und unbeschadet auf einem seiner Konten landen. Brutto wie netto, wenn's irgendwie geht. Das gilt vor allem für die Millionen aus den Werbeverträgen.

Ronaldo greift zur Optimierung seiner Finanzen auf eine Unsitte zurück, die man seit Jahren bei großen, multinationalen Unternehmen wie Google, Apple, Starbucks oder Amazon beobachten kann: den Steuertourismus. Solche weltweit agierenden Unternehmen senken ihre Abgabepflicht über Firmenniederlassungen in Niedrigsteuerländern. Durch diese Geldschleuserei werden der Allgemeinheit jedes Jahr Milliarden entzogen. Es ist ein urkapitalistischer Trieb, aus mehr noch mehr zu machen. Politiker vieler westlicher Länder kämpfen seit Jahren gegen diese Art der Steuerflucht, aber sobald sie eine Abgabeoase trockengelegt haben, entstehen an anderer Stelle, gern auf irgendwelchen Inselgruppen, zwei neue. Das System begünstigt die Reichen, vor allem die Superreichen, seien es nun Firmen oder Einzelpersonen, weil nur sie sich die aufwändige Struktur leisten können, mit denen die Steuern vermieden werden. Das ist bekannt. Dass nun jedoch auch Fußballer so agieren wie große, internationale Unternehmen – das ist neu. Und besorgniserregend.

Im Falle Ronaldos, so zeigen es Football-Leaks-Dokumente aus der Schweiz, Marokko, Portugal und England, wandert das Geld des Stürmers um die ganze Welt. Für Ronaldo arbeiten Firmen und eine Stiftung in Panama, Hongkong, der Schweiz, auf den Bermudas und den British Virgin Islands, eine Kette von Steueroasen und Briefkastenfirmen, und am Ende wird sein Geld geschützt von einer kleinen Privatbank in der Schweiz.

Dazu muss man sagen: Ronaldos Vermögen belief sich im Jahr 2015 auf 227 Millionen Euro. Das geht aus einer Vermögensaufstellung hervor, die seine Beraterfirma Gestifute im Zuge der EIC-Recherchen veröffentlichte. Eine stolze Summe. Ronaldo hat sie nach gerade einmal 13 Profifußballjahren anhäufen können. Die Zahl wirft aber auch einige Fragen auf: Warum hat ein so vermögender Mensch wie Ronaldo es nötig, auch noch den letzten Cent aus dem Profifußball und vor allem dem Land, in dem er spielt, zu quetschen? Warum geben sich Ronaldo und seine Berater eine dermaßen große, fast absurde Mühe, mit seinen Millionen und Milliönchen herumzujonglieren, sie in Hütchenspieler-Manier von einer Firma in die nächste zu verschieben, bis den Steuerbehörden der Kopf schwirrt und beinahe niemand mehr kapiert, wo die Kohle eigentlich ist?

Spanien, das Land, in dem Ronaldo Fußball spielt und dafür sehr viel Geld bekommt, hat eine Arbeitslosenquote von 18,2 Prozent. 42,2 Prozent der Jugendlichen haben keinen Job. In Portugal, wo Ronaldo geboren wurde und wo das ganze Land ihn verehrt, sehen die Zahlen auch mies aus: 10,2 Prozent Arbeitslosenquote und 25,7 Prozent Jugendarbeitslosigkeit. Doch mit der normalen Bevölkerung haben Fußballstars wie Ronaldo schon längst nichts mehr zu tun. Die Summen, die die Topspieler verdienen, sind so abgehoben, dass bei vielen Gier und Größenwahn zu ständigen Begleitern werden – sie wollen der Gesellschaft möglichst wenig, am besten gar nichts, zurückzahlen, weil Göttern nun mal von ihren Gläubigen geopfert wird, nicht umgekehrt. Um von den Unsummen, die sie verdienen, möglichst viel für sich selbst behalten zu können, reiten sie mit ihren Finanzhelfern auf der Rasierklinge des Steuerrechts herum. Wer bei diesem Spiel nicht mitmacht, weil er sich vielleicht noch an so etwas wie soziale Verantwortung erinnert, gilt vermutlich als naiv und zu schwach für den Erfolg.

Doch die Fußballbranche macht es Abzockern wie Ronaldo auch einfach. In diesem Geschäft ist der Portugiese keine Ausnahme, sondern nur ein besonders dreistes Exemplar – das zeigt der Blick auf ein ganzes System voller Steuermogler.

Im Fußballbusiness gibt es nämlich einen Unterschied zwischen dem normalen Gehalt, das der Klub an den Spieler zahlt, und den Bildrechten, mit denen er Geld verdient. Beim Gehalt ist es nicht so leicht, die Steuern zu drücken: Da sind die Gesetze klar, die Geldströme eindeutig, die Finanzämter hart. Bildrechte dagegen sind eine andere Sache. Unter diesem Begriff fassen Juristen alles zusammen, was Fußballprofis mit ihrem Namen, ihrem Gesicht, ihrer Stimme, ihrem Autogramm verdienen. Meist also mit Werbung, aber auch zum Beispiel mit den Stickerfotos, die Kinder in ihre Panini-Hefte kleben. Wenn es um Werberechte geht, werden Steueranwälte zu Künstlern, die komplizierte Labyrinthe bauen, durch die das Geld läuft.

Finanzbeamte, die ihm hinterherlaufen wollen, verirren sich meist schnell.

Die Sache läuft im Groben und Ganzen so: Sein Gehalt muss der Profi zum Spitzensteuersatz versteuern, in vielen Ländern sind das um die 50 Prozent. Das tut weh. Von Werbeerlösen bleibt dagegen weit mehr übrig, wenn man es richtig anstellt. Dafür überträgt der Spieler seine Werberechte auf eine Firma, die für ihn arbeitet. Sie kassiert dann seine Einnahmen, wenn er für einen Müsliriegel oder ein Deo in die Kamera strahlt. So wie bei Firmen üblich geht von diesen Einnahmen dann nur die Körperschaftsteuer ab. In Irland, einem beliebten Standort für solche Bildrechtefirmen, sind das schlanke 12,5 Prozent.

All die Chips- und Shampoohersteller, die mit dem Star werben, sind aber nicht die Einzigen, die Geld in die Bilderfirma einzahlen. Auch die Vereine füllen die Kasse. Der FC Arsenal, der FC Chelsea, Manchester United, der FC Barcelona – all diese Klubs kaufen ihren Spielern einen Teil ihrer Bildrechte ab. Dafür zahlen sie im Gegenzug ein festes Honorar, welches ebenfalls nur mit dem niedrigen Firmensatz versteuert wird.

Die Finanzbehörden bewerten dieses Treiben durchaus unterschiedlich. Deutsche Finanzämter sind eher bockig und argwöhnen, Werbeeinnahmen, die von den Vereinen gezahlt werden und an Bildrechtefirmen fließen, könnten verdeckte Gehaltszahlungen sein. In England geht der Fiskus mit den millionenschweren Stars hingegen wesentlich entspannter um. Die nationale Finanzbehörde Her Majesty's Revenue & Customs (HMRC) vereinbarte 2015, dass die Klubs bis zu einem Fünftel der Spielergehälter für die Nutzung der Bildrechte überweisen dürfen. Die sanfte Tour des Fiskus kommt bei den Premier-League-Profis verständlicherweise gut an. Recherchen der »Sunday Times« zufolge gibt es dort mittlerweile mehr als 180 Spieler, deren Vermarktungserlöse an sogenannte Image Rights Companies überwiesen und dort mit milden 20 Prozent besteuert werden – das sind 74 Profis mehr als Anfang des Jahres 2015.

Üblicherweise dienen die Image Rights Companies der Fußballer als »cash boxes«, vergleichbar mit Pensionskassen. Solange die Profis aktiv sind, rühren sie das Geld, das in ihre Bildrechtefirmen fließt, nicht an. Erst wenn sie ihre Karriere beenden, greifen sie auf das Ersparte zurück – sie liquidieren die Firmen und können das Guthaben gegen einen geringen Steuerzuschlag auf ihre Privatkonten transferieren.

Wayne Rooney, der Stürmer von Manchester United, hat demnach in seiner Bildrechtefirma Stoneygate 48 knapp neun Millionen Pfund steuerschonend untergebracht, allein in der Saison 2014/15 stieg diese Summe um 2,43 Millionen Pfund. Torhüter Joe Hart, der von Manchester City zum FC Turin verliehen wurde, soll in der Firma JCLC Promotions rund 2,3 Millionen Pfund Werbegelder liegen haben.

Beim FC Arsenal haben acht Spieler rund 7,3 Millionen Pfund in diversen Bildrechtefirmen geparkt, bei Spielern des FC Liverpool beläuft sich die Summe auf 5,5 Millionen Pfund. Alle Spieler und alle Klubs betonten, dass sie sich gesetzestreu verhalten würden.

So läuft das in vielen europäischen Ligen. Schon im Jahr 2000 hatte ein englisches Gericht dem Holländer Dennis Bergkamp vom FC Arsenal bescheinigt, dass diese Praxis in seinem Fall korrekt war. Was aber nicht heißt, dass sie auch in anderen Fällen immer legal – und moralisch in Ordnung – ist. Den Finanzämtern schmeckt die schlaue Aufteilung nicht, sie kostet den Staat Millionen. Immer wieder prüfen die Behörden deshalb im Einzelfall, ob ein Spieler mit dieser Konstruktion nicht doch Steuern hinterzieht.

Die Grenze ist fließend, wo sie verläuft, nicht immer geklärt. So wollen die Fahnder etwa wissen, ob Bildrechte, die ein Klub seinem Profi teuer abgekauft hat, ihr Geld überhaupt wert sind. Kann der Verein die Ausgabe annähernd wieder hereinholen, zum Beispiel mit dem Verkauf von Trikots oder Autogrammkarten? Wenn nicht, dann geht es offenbar nur darum, dem Spieler einen satten Teil seines Gehalts zum Dumpingsteuersatz auszuzahlen. Das wäre in vielen Ländern verboten.

Bei Superstars, die ihrem Verein allein schon mit Trikotverkäufen Millionen in die Kasse spülen, bohren die Finanzbehörden an anderen Stellen: Ist die Bildrechtefirma eine reine Scheinfirma, ohne Büros und ohne Personal? Dann könnte, je nach nationaler Rechtsprechung, das Geld so behandelt werden, als wäre es im Inland verdient worden. Es wäre somit voll steuerpflichtig. Es ist wie so oft, wenn es um Geld geht: Je mehr Profit etwas einbringt, umso größer ist das Risiko, dass es schiefgehen kann. Der Vorteil, über Bildrechte zu kassieren, ist immens. Das Risiko, Ärger mit dem Finanzamt zu bekommen, aber auch.

Man kann es deshalb besser lassen. Aber wenn man einen Agenten wie Jorge Mendes hat, dann lässt man es nicht. Dann riskiert man es eben. Jorge Mendes ist der erfolgreichste Spielerberater der Gegenwart, der Agent mit den größten Spielernamen, den größten Deals und offenbar der größten Waghalsigkeit in Steuerkonstruktionen. Er ist der Mann, bei dem Spieler schwindelerregend reich, aber auch zu Zockern werden – mit Briefkastenfirmen in der Karibik, um die ein großes Geheimnis gemacht wird.

Jorge Mendes berät den spanischen Nationaltorwart David de Gea und den kolumbianischen WM-Torschützenkönig James Rodríguez, er berät die halbe portugiesische Europameisterelf, Pepe, André Gomes, Ricardo Carvalho. Er berät auch den Startrainer José Mourinho, aber vor allem berät er: Cristiano Ronaldo.

Es gibt einen Kinofilm, der im Jahr 2015 anlief und der Ronaldos Leben nacherzählt. Darin geht es auch um den frühen Tod von Ronaldos Vater, und Ronaldo sagt über Mendes, der sei für ihn »ein Vater geworden; Jorge gehört zu meiner Familie«. Selbstverständlich sei »Big Jorge« aber auch der »beste Agent der Welt«, ein Titel, den Mendes tatsächlich sechsmal hintereinander gewonnen hat, beim Branchentreffen Globe Soccer Awards.

Wie sein Schützling Ronaldo weiß Mendes, wie sich Armut anfühlt. Und wie gut sich im Vergleich dazu Geld anfühlt, so viel Geld, dass es zuhause gar nicht mehr in den Safe passt, wie Ronaldo an einer anderen Stelle des Films sagt. Beide kommen aus Familien, die ihnen kaum etwas mitgeben konnten, nur den unbändigen Ehrgeiz, sich aus diesen ärmlichen Verhältnissen herauszuarbeiten, zu Geld, Erfolg und Ruhm. Mendes schaffte das als begnadeter Verkäufer. Erst verscherbelte er Videos, dann machte er eine Bar auf, dann verschacherte er einen seiner Barbesucher, den Torwart Nuno Espírito Santo, an Deportivo La Coruña. Damit war er Spieleragent. Bald schon handelte er mit immer größeren Namen, auch weil er die Fähigkeit besitzt, andere so zu begeistern wie sich selbst. Im Film steht er bei einem Essen vor Ronaldo, neben ihnen sind Freunde und die Familie des Stars. Mendes steigert sich in eine Hymne hinein: »Du bist ein Monster. Das ist der Beste der Welt ... ich bin stolz darauf, neben so einem Mann zu stehen ... wenn ich dich nicht kennen würde, wollte ich dein Autogramm.«

Man kann gut nachvollziehen, dass Fußballer ihn anhimmeln, erst recht, weil es Mendes gelingt, sie wie kein anderer zu den großen Vereinen zu bringen, zu den großen Verträgen. Von 2001 bis 2010 war Mendes, so steht es in einer Selbstdarstellung, an mehr als der Hälfte aller Transfers beteiligt, die Portugals Topklubs Benfica Lissabon, Sporting Lissabon und der FC Porto machten. Von dort vermittelte er Spieler in die wirklich große Welt des Fußballs, nach England, nach Spanien, nach Italien. »Nichts ist unmöglich«, predigt Mendes im »Ronaldo«-Film, »nichts, nichts, nichts!« Er kann gar nicht aufhören, wieder und wieder »Nichts!« zu rufen, wie ein Guru, der sich und seine Jünger beschwört. Dass nichts unmöglich ist, das schien viele Jahre auch zu gelten, wenn es um die Steuern der Spieler ging. Das nämlich gehörte offenbar zum Spielerservice von Mendes: ein Finanzmodell, mit dem sich Spitzenverdiener so weit wie möglich an der Steuer vorbeidrückten.

Einige von ihnen bekamen deshalb offenbar ziemlichen Ärger mit den spanischen Finanzbehörden. Ricardo Carvalho, einst ein eisenharter Verteidiger bei Real Madrid, soll Anfang Dezember 2016 unvermittelt in einem Gerichtsgebäude der spanischen Hauptstadt an der Plaza de Castilla aufgetaucht sein, um strafmildernde Umstände für sein Steuerverfahren zu erwirken. Dazu soll er eine Summe hinterlegt haben, die er nach Berechnungen seiner Berater am Fiskus vorbeigeschleust habe. So vermeldete es das gewöhnlich sehr gut unterrichtete spanische Investigativportal »El Confidencial« unter Berufung auf Gerichtskreise.

Im Clinch mit dem spanischen Fiskus lag auch der Mendes-Klient José Mourinho. Im Sommer 2016 berichteten Zeitungen, der Startrainer habe den Behörden rund zwei Millionen Euro zahlen müssen, weil er Einnahmen aus Vermarktung und Werbung nicht korrekt versteuert habe. Die Agencia Tributaria, die zuständige Behörde, sei bei einer Steuerprüfung auf Unregelmäßigkeiten gestoßen, hieß es. Strafrechtlich habe der Fall für Mourinho keine Folgen, durch Zahlung und Bußgeld sei die Sache für den Startrainer aus der Welt.

Und Cristiano Ronaldo, Mendes' wichtigster Kunde? Der Liebling der Fußballgötter ist offenbar auch bei so weltlichen Dingen wie Steuerfragen ein Auserwählter. Er profitierte von der »Lex Beckham«, einem Gesetz, das die spanische Regierung 2004 unter dem konservativen Ministerpräsidenten José Aznar beschlossen hatte, um mit Niedrigsteuersätzen hochbegabte Wissenschaftler oder Topmanager ins Land zu holen. De facto entpuppte sich die Regelung schnell als Standortvorteil für spanische Topklubs im Kampf um die besten Fußballer der Welt. Ausländische Spieler wie der Brite David Beckham oder eben Ronaldo bekamen damit den Status eines »Impatriado«, der verliehen wurde, wenn man zehn Jahre zuvor nicht in Spanien gelebt hatte. Dann durfte man sämtliche Inlandseinnahmen mit knapp 25 Prozent versteuern, während etwa Ronaldos spanische Teamkollegen einen Steuersatz von mehr als 50 Prozent hatten.

Das größte Geschenk aber war ein anderes: Ronaldo musste nur jenes Geld versteuern, das er in Spanien verdiente. Einnahmen aus dem Ausland interessierten den spanischen Fiskus nicht, auch keine ausländischen Werbeeinnahmen. Für Ronaldo hieß das: Geld wie das von dem saudi-arabischen Mobilfunkanbieter Etihad für den viereinhalbstündigen PR-Termin in Madrid war per se netto. Zwar wurde das Gesetz schon 2010 von der neuen sozialistischen Regierung wieder einkassiert. Doch Ausländer, die bis Ende 2009 ins spanische Fußballerparadies gezogen waren, konnten sich freuen – die Politik gewährte den Impatriados eine Übergangsfrist bis zum 1. Januar 2015. Eine Multimillionenlücke für Superreiche. Aber ist alles, was erlaubt ist, auch legitim? Müsste nicht jemand, dem Millionen Menschen bedingungslos zujubeln, auch eine gesellschaftliche Verantwortung übernehmen?

Für Ronaldo scheinen das abwegige Gedanken zu sein. Die Dutzenden von Millionen, die er mit Werbung verdient, werden um die ganze Welt gelenkt, Finanzberater und Anwälte haben ihm dafür ein undurchsichtiges Firmengeflecht gezimmert. Das belegen die Dokumente von Football Leaks sehr deutlich. Einige hat die Plattform bereits im Frühjahr 2016 ins Netz gestellt. Andere stammen offenbar aus dem Umfeld portugiesischer und Schweizer Juristen, die Ronaldo beraten. Seit Jahren wickelt eine Firma in Irland die Marketing-Deals des Werbekönigs ab, sie war es auch, die mit den saudischen Mobilfunkern ins Geschäft gekommen war. Ihr Name: Multisports & Image Management (MIM) mit Sitz in Dublin. Aufgemacht hatte dieses Unternehmen am 4. Februar 2004 eine irische Steuerkanzlei, die auch »Big Jorge« Mendes zu Diensten ist – sie betreute die Hauptfirma des Beraterkönigs, Gestifute. Irland, das ist EU-Boden, der Puffer, den das Geschäft brauchte, damit Konzerne wie Nike, Unilever oder Toyota bereit waren, für Bildrechte zu bezahlen. Denn große Unternehmen versuchen es zu vermeiden, Honorare in Steuerparadiese zu verschicken, das riecht ihnen zu streng nach Schattenwelt, in der sich auch viele Steuerhinterzieher herumtreiben. Diejenigen, die mit Ronaldo warben, zahlten also an MIM in Irland. Was danach mit dem Geld passiert, ist dann nicht mehr die Sache der Firmen. Es ist Ronaldos Ding. Und das seiner Berater und Anwälte.

Ein Kanal für seine Werbeeinkünfte war damals bereits Richtung Panama verlegt worden, eines der verschwiegensten und abgeschottetsten Finanzzentren der Welt. Im Februar 2003, da war Ronaldo gerade 18 Jahre alt geworden und stand vor seinem Wechsel in die englische Premier League, erhielt ein Treuhänder in Genf von Ronaldos Mutter den Auftrag, eine Stiftung namens Brockton Foundation in der mittelamerikanischen Steueroase ins Leben zu rufen. Die Stiftung hielt ganz spezielle Rechte: die an der weltweiten Vermarktung – das Vereinigte Königreich ausgenommen – ihres Sohnes Cristiano. Nun begann die große Verschachtelung: 2004 übertrug Mama Ronaldo sämtliche Vermarktungsrechte von der Brockton Foundation auf die Firma Tollin Associates auf den British Virgin Islands, und diese reichte sie weiter nach Europa, an das in Irland frischgegründete Vermarktungsunternehmen MIM. Von Steueroase eins zu Steueroase zwei zu Steueroase drei. Mit solchen Matrjoschka-Konzepten können sich sogar dreistellige Werbemillionenbeträge ganz unbeobachtet entfalten.

In den Football-Leaks-Unterlagen findet sich ein Schreiben einer Firma aus Panama, die von zwei Schweizer Treuhändern, einem Mann und einer Frau, vertreten wird. Beide Treuhänder haben eine Vollmacht für Tollin. In einem Schreiben vom 1. März 2017 bestätigen sie, dass der »Hauptzweck« der Tollin Associates die Verwertung der Bildrechte Cristiano Ronaldos gewesen sei, die der Firma am 6. Februar 2004 übertragen worden seien. »Der Begünstigte von 100 Prozent der Anteile des Unternehmens« sei Mr. Cristiano Ronaldo dos Santos Aveiro gewesen. Die Tollin Associates, fahren sie fort, solle demnächst dichtgemacht werden. »Von ihrer Gründung bis zu ihrer Schlie ßung ist Cristiano Ronaldo der einzige Begünstigte sämtlicher Einnahmen gewesen, die die Gesellschaft direkt oder indirekt mit der Vermarktung seiner Bildrechte eingenommen hat.«

Ronaldo und sein Agent Jorge Mendes wollten sich zu spezifischen Fragen über solche Steuerkonstruktionen nicht äußern. Gestifute, die Firma von Agent Mendes, gab auf ihrer Website lediglich eine allgemeine Stellungnahme ab. Darin heißt es, Cristiano Ronaldo habe jederzeit seine Verpflichtungen »gegenüber den spanischen und britischen Steuerbehörden voll erfüllt«. Niemals sei er »in rechtliche Auseinandersetzungen um ein Steuervergehen verwickelt gewesen«. Wenn es zu Meinungsverschiedenheiten mit Steuerbehörden gekommen sei, seien diese stets ohne rechtliche Verfahren ausgeräumt worden.

Es ist nicht illegal, wenn die Werbeeinnahmen eines Profifußballers in einer Firma auf den British Virgin Islands landen. Vorausgesetzt er weist seine Einkünfte jährlich in seiner Steuererklärung aus und führt die entsprechenden Abgaben ordnungsgemäß ab.

Ob dies tatsächlich immer der Fall war, diese Frage interessiert nun auch Finanzbeamte in Spanien. Im Frühjahr 2017 läuft in Madrid eine Steuerprüfung gegen Ronaldo.

DER DURCHBRUCH

Ronaldo, Mourinho, Offshore – Anfang Januar 2016 ahnen wir nicht, dass Football Leaks solch eine Sprengkraft entfalten könnte. Bislang haben wir noch immer keine Antwort auf unsere letzte Mail an »FL«, wir warten ungeduldig. Am 5. Januar ist es endlich soweit: »Wir haben sehr viele Dokumente, die Euch helfen könnten. Habt Ihr Interesse daran?«, schreibt »FL«. Wir sind euphorisch, antworten, dass wir uns über jeden Vertrag freuen würden, dass wir das Material gerne sichten und bewerten würden.

Doch dann, die nächsten Tage: Stille. Keine Antwort, nichts. Ist etwas passiert? Waren wir zu forsch? Haben wir John und seine Kollegen verschreckt? Oder hat die Polizei zugeschlagen? Doch die Football-Leaks-Seite ist weiter in Betrieb, beinahe täglich erscheinen neue Verträge und Dokumente – viele davon mit Bezug zu Portugal, aber auch einige über Transfers von argentinischen, englischen, chinesischen Klubs. Es ist vollkommen unmöglich, hinter den Papieren, die auf der Seite enthüllt werden, eine Logik zu erkennen.

Am 12. Januar, nach einer ewig langen Woche des Wartens, meldet sich »FL« erneut: Das Material werde kommen, aber es brauche noch ein wenig Zeit. Die nächsten Tage, so schließt »FL« die Mail, sollten wir die Website von Football Leaks aber »sehr regelmäßig aktualisieren …«. Das klingt spannend.

Die Online-Enthüller machen Ernst und lassen es vier Tage später das erste Mal so richtig krachen: Sie veröffentlichen den Vertrag von Anthony Martial, der im Sommer 2015 vom AS Monaco für damals kolportierte 50 Millionen Euro zu Manchester United gewechselt ist. Football Leaks enthüllt nun, wie explosionsartig die Ablösesumme für den 19-Jährigen ansteigen könnte. Die Macher veröffentlichen ein Agreement, das drei Klauseln enthält. Diese Zusätze waren bislang unbekannt und zeigen, dass Martial – zum damaligen Zeitpunkt – sogar zum teuersten Einkauf der Vereinshistorie von Manchester United hätte aufsteigen können: Sollte der Stürmer innerhalb der Vertragslaufzeit bis zum Sommer 2019 insgesamt 25 Pflichtspieltore für die Red Devils erzielen, 25 Spiele für die französische Nationalmannschaft absolvieren oder es auf die Nominiertenliste für den Ballon d'Or, die Endauswahl zum Weltfußballer, schaffen, würden jeweils zehn Millionen Euro fällig. Und Martials Ablösesumme würde in diesem Fall auf bis zu 80 Millionen Euro ansteigen.

80 Millionen! Für einen 19-Jährigen. Tagelang wird der Vertrag in den internationalen Sportmedien besprochen, analysiert und bewertet. Football Leaks sorgt für Transparenz, keine Frage.

Wir warten weiterhin auf das versprochene Material. Wir gratulieren John und seinen Mitstreitern zur Enthüllung des Martial-Vertrages. Durch dieses Leak ist die Relevanz der Website deutlich angestiegen. Martial, AS Monaco, Manchester United – das ist noch einmal eine ganz andere Liga als Doyen, Benfica Lissabon oder Twente Enschede. Jetzt geht es um die großen Namen des europäischen Fußballs, um zwei- und dreistellige Millionenbeträge, um Mauscheleien der Mächtigen in diesem Sport.

Doch woher stammen all diese Verträge? Und was wird in dem Material stecken, das wir bekommen sollen? »FL« vertröstet uns: »Martial ist erst der Anfang! Sobald wir etwas Ruhe haben, senden wir auch Euch ein Datenpaket zu. Sorry, dass es so lange dauert, wir haben hier sehr viel zu tun.« Also heißt es wieder warten, obwohl wir zunehmend ungeduldiger werden.

Denn Football Leaks brennt auf seiner Seite ein wahres Feuerwerk ab. Als nächsten Scoop präsentieren die Online-Enthüller einen Vertrag zwischen dem französischen Nationalspieler

Eliaquim Mangala, dem FC Porto und Manchester City. Mangala war 2014 von City verpflichtet worden, als offizielle Ablösesumme wurden 32 Millionen Pfund genannt. Doch das ist nicht die ganze Wahrheit. Auch hier zeigen die Dokumente, dass die Präsidenten, Manager und Spieler die Öffentlichkeit über Jahre mit Halbwahrheiten und falschen Informationen zu täuschen versuchten.

Wie fast immer, wenn Football Leaks zuschlägt, geht es darum, die illegalen und halblegalen Tricksereien, die fast systemisch wirken, öffentlich zu machen. Im Fall Mangala heißt das: Die Ablösesumme des Abwehrspezialisten liegt bei fast 42 Millionen Pfund, damit ist er zu diesem Zeitpunkt der teuerste Defensivspieler, der je auf die Insel gewechselt ist. Noch interessanter: Die Ablösesumme schießt dermaßen in die Höhe, weil City erst zwei Firmen ausbezahlen muss, die rund 40 Prozent an Mangalas Transferrechten halten. Erneut wird deutlich: Das TPO-Modell zerreißt den Fußball, an fast jedem Spieler hängt mittlerweile ein Investoren-Trupp und fordert Renditen. Es wirkt, als würde kaum mehr ein Transfer stattfinden, ohne dass eine dritte Partei involviert ist.

Die Vereine versuchen, die Beteiligungen der Investoren so unkommentiert wie möglich zu lassen. In Mangalas Fall verschweigen Manchester City und der FC Porto die Zahlung von fast zehn Millionen Pfund. Wenn niemand in der Öffentlichkeit weiß, warum und wohin solches Geld fließt, wenn Geschäfte so intransparent ablaufen, dann entsteht ein Markt, der beinahe zwangsläufig zu Korruption, Kickbacks und Veruntreuung führt.

Gegen diese Intransparenz scheint sich Football Leaks zu stemmen und legt erneut nach. Diesmal werden die Verträge des argentinischen Nationalspielers Marcos Rojo, der nun in Diensten von Manchester United steht, genauso publik wie die des brasilianischen Nationalspielers Hulk, dessen Transfer vom FC Porto zum russischen Erstligisten Zenit St. Petersburg ausgeleuchtet wird. Tagelang diskutieren Medien und Fans über die Gehälter, Ablösesummen und Geheimklauseln. Football Leaks ist in aller Munde.

Doch erst durch einen weiteren Scoop soll die Plattform weltberühmt werden: Verantwortlich dafür ist Gareth Bale oder, genauer gesagt, eine vollkommen absurde Klausel in seinem Vertrag. Der walisische Außenstürmer wechselte im Spätsommer 2013 von Tottenham Hotspur zu Real Madrid. Der Angreifer spielte zuvor eine herausragende Premier-League-Saison und erzielte wettbewerbsübergreifend 31 Tore. In England wurde er dafür mit Preisen überschüttet und zum Premier-League-Spieler des Jahres gewählt. Solch eine Leistungsexplosion weckt schnell das Interesse von Spitzenklubs. Bei Bale meldeten sich die Handelsvertreter von Real Madrid, mit denen er sich über einen Transfer einig wurde.

Für einen Verein bedeutet ein Angebot von den Königlichen zumeist, dass er mit Geld überschüttet wird. Der spanische Rekordmeister gilt als Ablöselieferant, spätestens seit den Nullerjahren, als Real horrende Summen für Spieler wie Luís Figo, David Beckham und Zinédine Zidane ausgab. Der Vereinswechsel von Cristiano Ronaldo gilt seit dem Sommer 2009 als Weltrekordtransfer: 94 Millionen soll Real Madrid damals an Manchester United gezahlt haben. Dieser Transfer wird eine große Rolle in der Aufregung um den Bale-Kontrakt spielen.

Bevor Bale nach Spanien wechseln darf, müssen die Madrilenen noch den Präsidenten von Tottenham Hotspur, Daniel Levy, von dem Deal überzeugen. Levy, ein Geschäftsmann mit markanter Glatze, ist eine störrische Eigenmarke, er treibt die Madrilenen über Wochen nahezu in den Wahnsinn. Der Mann ist berüchtigt für seine Verhandlungskünste – und für seine Konsequenz. In den Jahren zuvor verzichtete er auch schon auf größere Einnahmen, wenn ihm die Höhe der Angebote für seine Spieler nicht passte. Bale hatte er 2007 für geschätzte 15 Millionen Euro vom FC Southampton gekauft, jetzt will er eine ordentliche

Rendite für seinen damaligen Mut und das jahrelange Vertrauen in den Waliser erwirtschaften. Bei Verhandlungen ignoriert Levy sein Gegenüber auch gern einmal aus taktischen Gründen: Auf das erste Angebot von Real habe er gar nicht erst geantwortet, heißt es. Stattdessen sagt er, Bale sei für ihn ein Superstar, einer der besten Spieler weltweit. Und deshalb: sehr, sehr teuer.

Es wird ein langes Gezerre, doch letztlich einigen sich Real und Levy auf einen Wechsel. Über die Ablösesumme wird zwischen den drei Parteien Stillschweigen vereinbart. Aber wie es im Fußball so ist, irgendwo sickert am Ende irgendein Gerücht durch, das man glauben kann oder nicht. In Bales Fall rumoren englische Zeitungen, er sei nun der teuerste Spieler der Welt. Florentino Pérez, der Pate von Real Madrid, ein Unternehmer, der seit Jahren die Geschicke des Klubs führt, fühlt sich berufen, dem Wildwuchs an Gerüchten ein Ende zu setzen: Er verkündet im spanischen Fernsehen, Bale habe 91 Millionen Euro gekostet. Viel Geld. Aber eben nicht so teuer wie Cristiano Ronaldo.

Doch dann kommt Football Leaks. Es ist lediglich ein sechsseitiges PDF, das die Online-Enthüller auf ihrer Website veröffentlichen: der Ablösevertrag von Gareth Bale. In ihm lässt sich unter Punkt 15 nachlesen, wie generalstabsmäßig die Lügenmaschine Profifußball arbeitet: Die Klausel regelt, dass Real Madrid in seinen Presseerklärungen einen offensichtlich falschen Kaufpreis von 91 589 842 Euro für Bale angeben solle. Die tatsächliche Ablösesumme für den Stürmer findet sich ebenfalls bei Football Leaks: exakt 100 759 418 Euro. Das macht Bale zum ersten Fußballer, der die 100-Millionen-Euro-Schallmauer durchbrochen hat, und zum teuersten Spieler der Welt. Rund sechs Millionen Euro teurer als Ronaldo.

Warum hat Real gelogen? Um Ronaldos Ego nicht zu beschädigen? Ist es dem Portugiesen tatsächlich so wichtig, der teuerste Spieler der Welt zu sein? Oder gibt es noch andere Gründe? Vielleicht steuerliche?

Real schweigt zu der Enthüllung. Auch von Ronaldo, Bale und Tottenham gibt es keinen Kommentar. Lediglich Bales Agent Jonathan Barnett äußert sich. Er nennt die Enthüllungen »ungeheuerlich« und fordert eine »unabhängige Ermittlung« gegen Football Leaks. Die Veröffentlichungen seien eine Missachtung der beiden Vereine und des Spielers. Doch auch von ihm kein Wort, warum die Parteien vorsätzlich logen. Kein Wort, warum sie sogar schriftlich fixierten, dass die Öffentlichkeit für dumm verkauft werden sollte. Oder ist die Lüge mittlerweile ein so selbstverständlicher Teil des Geschäfts, dass sich niemand mehr an ihr stört?

LAUTE KRITIK

Der Bale-Vertrag ist der 77. Vertrag, den Football Leaks seit Gründung der Plattform veröffentlicht – hinzu kommen Hunderte Absprachen, Werbedeals und Mails. Die Enthüller machen Ernst. Wer interne Dokumente von Real Madrid, Manchester United und einigen der berühmtesten Fußballer besitzt, muss entweder sehr gute Beziehungen in die Branche haben oder aber tatsächlich ein Hackergenie sein. Oder gibt es noch andere Zugänge zum Hochsicherheitsbereich des Spitzenfußballs?

Kurz nach der Enthüllung des Bale-Vertrages stellt die Fifa eine Studie zum Transfermarkt vor: Weltweit seien im Jahr 2015 rund 4,2 Milliarden Dollar für Transfers ausgegeben worden. Das entspricht einer Steigerung von 2,6 Prozent zum Vorjahr. Wer es bisher noch nicht wusste, bekommt es nun vom Weltverband schriftlich: Der Fußball ist ein gigantisches Geschäft.

Angesichts der Enthüllungen von Football Leaks stellt sich jedoch die Frage, auf welcher Grundlage die Fifa diese Zahlen ermittelt. Fast jeder Vertrag, der durch die Plattform veröffentlicht wird, enthält deutlich höhere Summen als jene, die die Vereine öffentlich gemacht haben, wobei die Differenzen häufig im zweistelligen Millionenbereich liegen. Und viele Verträge, das zeigt nicht nur der Fall Twente Enschede, werden der Fifa, der Uefa und den Nationalverbänden von den Vereinen vorenthalten.

Mark Goddard, der Geschäftsführer der Fifa-eigenen Firma Transfer Matching System, die alle internationalen Transfers abwickelt, gibt nach Erscheinen des Reports zu, dass die Transfersummen auch doppelt so hoch sein könnten – so genau könne er das nicht sagen, dafür fehle es einfach an Transparenz. Goddard lobt deshalb die Enthüllungen von Football Leaks: »Für uns ist jegliche Art von Informationsfluss sehr, sehr nützlich, und dieser war es auch.« Football Leaks veröffentliche Dokumente, »die wir mit unserem System nicht abbilden können«. Dennoch glaubt er, die Mitglieder der Onlineplattform seien »Schurken«. Er vergleicht sie mit WikiLeaks.

Neben diesem eingeschränkten Lob wird auch die Kritik an der Enthüllungsplattform zunehmend lauter. Mehrere portugiesische Medien berichten, die Macher von Football Leaks hätten den Sportvermarkter Doyen sowie einige Klubs erpresst. Die Enthüller sollen angeboten haben, die Leaks gegen eine Geldzahlung zu stoppen. Ist das nun eine Kampagne gegen Football Leaks, oder sind die Ideale der Enthüller doch nicht so rein, wie diese behaupten?

Nach einigen Tagen melden sich die Macher der Enthüllungsplattform selbst zu den Vorwürfen zu Wort, diesmal auf ihrer Homepage: »Es gibt sehr interessante Entwicklungen in Portugal. Scheint so, als würde Football Leaks einiges aufwühlen und genau die richtigen Leute verängstigen. Aber wir betonen erneut, dass Football Leaks niemals Doyen Sports kontaktiert hat und all die Vorwürfe, die von dort kommen, reine Fantasie sind.« Außerdem wird in dem Statement ein portugiesischer Polizeiinspektor namentlich genannt, und seine Ermittlungen als »ein verzweifelter Versuch, Football Leaks zu diskreditieren«, bezeichnet.

Eines muss man den Football-Leaks-Machern attestieren: Sie lassen sich nicht so schnell einschüchtern. Doch wer hier die Wahrheit sagt, bleibt unklar.

DATEN, DATEN, DATEN

Ende Januar 2016 erreicht eine Mail unser Postfach, die sofort unsere Aufmerksamkeit erregt: »Hallo Rafael. Wir glauben, dass diese Spielerberater seit Jahren Steuergelder hinterziehen. Sie haben dafür ein komplexes Firmensystem aufgebaut, Ihr solltet es Euch genauer angucken. Und als kleines Geschenk, weil wir uns so lange nicht gemeldet haben, findet Ihr noch zwei Verträge, die mit Deutschland zu tun haben. Viel Spaß damit! Gruß, FL«.

Angehängt sind vier Links. Wir laden die Dokumente auf einen USB-Stick herunter und lassen Virenprogramme darüber laufen, bevor wir uns den Inhalt anschauen. Wir können nicht vorsichtig genug sein. Öffnen wir unbedacht einen Anhang, könnte »FL« uns einen Trojaner oder eine andere Spionagesoftware auf die Rechner und Firmensysteme spielen. Immerhin steht weiterhin der Vorwurf im Raum, dass die Macher von Football Leaks Hacker seien. Doch das Material ist sauber, es gibt keinen versteckten Virus. Dafür wirken die Daten, die wir vor uns haben, auf den ersten Blick sehr unsortiert, wirr. Es sind Verträge, Kontoauszüge, Mails. Vieles davon auf Spanisch und Englisch, auch ein paar Dokumente auf Portugiesisch.

Wir fangen an zu lesen. Auf unseren Bildschirmen erscheinen Pfade und Ordner, wir versuchen, uns händisch durch die Daten zu klicken. Es sind rund 300 Megabyte, knapp 60 Verträge, etwa 400 Seiten. Wir teilen das Material untereinander auf. Zunächst müssen wir prüfen: Ist es überhaupt echt? Wir vergleichen einige der Agenturen mit den Eintragungen in den Firmenregistern und finden ausschließlich Übereinstimmungen. Die zeitlichen Abfolgen (Wann hat ein Transfer zwischen wem stattgefunden? Wer war am Ende der finanziell Begünstigte und hat eine Ablösesumme oder ein Honorar erhalten?) und die Logik der Dokumente zeigen ebenfalls keine Ungereimtheiten. Später werden wir auch die Parteien, über die wir in den darauffolgenden Artikeln schreiben und gegen die sich aus den Dokumenten Vorwürfe ergeben, mit unseren Inhalten konfrontieren.

Beim Durchsuchen der Daten fällt uns sofort die Transfervereinbarung des FC Bayern München mit Real Madrid zum Wechsel Xabi Alonsos vom 28. August 2014 ins Auge. Ebenso wie eine Transfervereinbarung Real Madrids mit dem FC Bayern zum Wechsel von Toni Kroos. Die Ablösesumme, so steht es in den Papieren, beläuft sich auf 25 Millionen Euro, zahlbar in drei Tranchen bis zum 15. Juli 2016. Dieser Vertrag, den auch Kroos gegenzeichnete, datiert vom 10. Juli 2014. Das war zwei Tage nach dem 7:1-Triumph der deutschen Nationalmannschaft im WM-Halbfinale gegen Brasilien und drei Tage vor dem Endspiel von Rio. Einen Arbeitsvertrag mit Real unterschrieb Kroos erst am 17. Juli.

Beim FC Bayern wollte Kroos zu den Spitzenverdienern aufrücken, doch die Klubbosse hatten ihm diese Beförderung verwehrt. Der Poker um das Gehalt von Toni Kroos beschäftigte Fans und Medien monatelang. In Madrid bekommt er nun laut diesem Arbeitsvertrag, was ihn auch in München zu einem der bestbezahlten Spieler gemacht hätte: 11,3 Millionen Euro brutto in der ersten Saison, jeweils 10,9 Millionen Euro vom zweiten bis zum sechsten Vertragsjahr. Kroos erhält sein Geld demnach nicht monatlich, sondern halbjährlich – die eine Hälfte am 10. Januar, die andere am 10. Juli.

Ein Detail, das viel über den Glamourfaktor seines neuen Arbeitgebers verrät, findet sich auf Seite drei eines Anhangs zu diesem Arbeitsvertrag. Demnach würde der Mittelfeldspieler einmalig 1 818 182 Euro brutto von Real bekommen, sollte er zu den drei Kandidaten bei der Wahl zum Weltfußballer gehören. In den Jahren darauf käme diese Summe zu seinem Festgehalt

hinzu. Den gleichen Einmalbonus und die gleiche Gehaltserhöhung bekäme Kroos, wenn er tatsächlich zum Weltfußballer
gekürt würde. Toni Kroos will sich zu den Inhalten des Vertrages nicht äußern.

Wir sind zwar von der Echtheit der Dokumente überzeugt,
trotzdem bleiben bei Unterlagen, die aus unbekannter Quelle
stammen, immer auch leichte Zweifel. Zumal wir in einem der
Verträge lesen, dass dort der Vorname von Kroos mit »y«, also
»Tony« statt »Toni«, geschrieben wurde. Ist das nur ein Flüch-
tigkeitsfehler? Kann einem Topklub wie Real ein solcher Patzer
unterlaufen, in einem Dokument, in dem es um viele Millionen
geht? (Wir werden später feststellen: Ja, er kann.)

Zur Sicherheit fragen wir ein weiteres Mal bei Kroos' Berater Volker Struth nach, der mit seiner Firma SportsTotal in Köln
ansässig ist. Wir erreichen ihn am Telefon, in Köln ist gerade
Karneval, Struth will feiern, wir stören. Öffentlich wird er nichts
zum Vertrag sagen, er will auch nichts bestätigen oder demen-
tieren, stattdessen droht er uns mit juristischen Schritten.

Anwälte. Sie werden uns in den kommenden Monaten bei
den Recherchen rund um Football Leaks sehr häufig begegnen. Mit zunehmender Finanzkraft hat sich die Fußballbranche
in den vergangenen Jahren angewöhnt, unliebsame, kritische
Berichterstattung mit rechtlichen Mitteln zu bekämpfen. Natürlich ist es das Recht jedes Einzelnen, sich mithilfe von Anwälten
gegen falsche Tatsachenbehauptungen in den Medien zu wehren. Doch juristische Schritte werden auch angedroht oder ein-
geleitet, um Druck auf Berichterstatter auszuüben. Der Profifußball nutzt die Mittel des Rechts gern zu einem anderen Zweck:
Viele Spitzenfunktionäre, Vereine, Verbände verklagen Journalisten häufig nur, um sie dazu zu zwingen, ihre Quellen offenzu-
legen. Das Prinzip ist einfach: Der Kläger behauptet, ein Artikel
sei unwahr. Gemäß dem deutschen Presserecht muss der Reporter dann beweisen, dass seine Story stimmt. Das heißt, wenn
ein Journalist seine Informationen lediglich mündlich erhalten

hat, müsste er im Zuge eines solchen Verfahrens seine Tippgeber nennen. Da der Quellenschutz jedoch ein hohes journalistisches Gut ist, verraten Reporter ihre Informanten nicht. Die Konsequenz: Deutsche Gerichte verbieten reihenweise Artikel, die wahr sind, deren Quellen aber nicht genannt werden können. Das macht das journalistische Arbeiten nicht einfacher.

Im Fall von Struth und Kroos sind wir allerdings entspannt: Wir haben schriftliche Belege. Die Verträge sind echt, von allen Parteien unterzeichnet, zudem hat ein langjähriger Informant, der im Fußball sehr gut vernetzt ist, die Zahlen und Klauseln der Verträge auf Plausibilität geprüft. Im Zweifel würden wir die Dokumente vor einem deutschen Gericht als Beweismittel vorlegen. Dann müsste die Gegenseite nachweisen, dass das Material gefälscht oder manipuliert wurde.

Neben der rein juristischen Ebene diskutieren wir in der Redaktion auch einen ethischen Aspekt: Solche Gehaltszahlungen und Details in Arbeitsverträgen zu veröffentlichen ist journalistisch heikel. Wenn wir es tun, muss ein öffentliches Interesse an den Inhalten bestehen und die betroffene Person eine zeitgeschichtliche Relevanz haben. Wir diskutieren diese Fragen kontrovers. Im Fall Kroos entscheiden wir uns dafür, die Zahlen zu veröffentlichen. Seine Gehaltsvorstellungen waren einer der Hauptgründe, warum er Bayern München verließ und so für einen der spektakulärsten Transfers des Sommers 2014 sorgte. Die Details des Vertrages – die Verhandlungen mit Madrid während der Fußball-WM, die Unterschrift so kurz vor dem Finale gegen Argentinien –, all dies ist spannend und für die Öffentlichkeit von Bedeutung. In anderen Fällen, bei anderen Unterlagen werden wir uns aus Rücksicht auf die Persönlichkeitsrechte gegen eine Veröffentlichung entscheiden.

Sehr klar ist für uns ein anderer Fall, den wir ebenfalls in den Daten finden: Es handelt sich um brisantere Dokumente, die zweifelhafte Geschäfte des niederländischen Spieleragenten Martijn Odems beleuchten. Odems, dessen Beraterfirma Orel B.V.

in Amsterdam sitzt, ist in Italiens erster Liga gut vernetzt und vermittelte 2013 den argentinischen Torwart Juan Pablo Carrizo von Lazio Rom zu Inter Mailand. Seine Honoraransprüche an diesem Deal, das ergibt sich aus den Football-Leaks-Dokumenten, hatte der Berater an eine Firma mit Sitz in Panama abgetreten. Diese Vereinbarung war streng vertraulich, auch Inter Mailand durfte davon nichts wissen.

Nach dem Carrizo-Transfer überwies der Klub Orel B.V. 300 000 Euro in drei Tranchen. Damit hatte Odems sein Honorar in den Niederlanden, doch da sollte das Geld nicht lange bleiben. Denn die Firma in Panama, mit der Odems seinen Geheimvertrag geschlossen hatte, stellte Orel B.V. für den Carrizo-Transfer drei Rechnungen über 277 500 Euro netto aus, zahlbar auf zwei ihrer Konten bei Banken in Wien und London. Der Verdacht liegt nahe, dass es bei dieser Operation um Steuervermeidung ging. Für Odems' Firma in den Niederlanden blieben von dem Honorar Inter Mailands noch 22 500 Euro übrig. Der holländische Spielerberater äußerte sich auf Anfrage nicht, warum er das Honorar, das Inter Mailand ihm ordnungsgemäß überwiesen hatte, fast vollständig an eine Firma mit Sitz in Panama weitergereicht hatte. Er sagte auch nichts dazu, ob und welchen Anteil an dem Honorar er sich von der Offshore-Firma zurückzahlen ließ.

Wir werden später feststellen: Dieses Dreiecksgeschäft ist nur ein kleiner Ausriss der geheimen, schmutzigen Geschäfte im Profifußball, in die wir durch Football Leaks Einblick gewinnen. In welchem Ausmaß Steuerminimierung im Spitzensport praktiziert wird, wie intransparent und windig viele Spielerberater und Funktionäre arbeiten, können wir zu diesem Zeitpunkt nur erahnen.

Wir schreiben Football Leaks eine weitere Mail und beschreiben, was wir in den Daten gefunden haben. Wir wollen daraus einen ersten Artikel über die Whistleblower und die Nervosität, für die sie in der Fußballwelt sorgen, verfassen. Insbesondere die Steuertricksereien der Spielerberater sind für uns hoch spannend. Wir schreiben, dass wir gern tiefer in dieses Thema einsteigen wollten und fragen, ob die Macher noch weiteres Material zu Offshore-Geschäften hätten.

Bereits zwei Stunden später kommt die Antwort: »Wir haben Tausende Dokumente über Steuerbetrügereien von Spielerberatern. Wir glauben, dass es ein System gibt, dass sie seit Jahren europäische Steuergelder veruntreuen. Sie beklauen den Fußball, die Gesellschaft, jeden Einzelnen von uns. Wollt Ihr weiter dazu recherchieren?« Und ob wir das wollen. Wir bitten um weiteres Material und fragen, ob es auch Dokumente zu deutschen Beratern gibt. Wir nennen Firmen und Personen, hängen Artikel an, die wir in den vergangenen Jahren über Spielerberater geschrieben haben. Noch einmal wollen wir deutlich machen: Wir sind solchen Themen schon lange auf der Spur, jeder weitere Beleg hilft uns.

Die Antworten von »FL« kommen jetzt im Takt von wenigen Stunden. Die Football-Leaks-Macher schreiben, dass sie ihr Material prüfen werden und uns noch einmal eine Auswahl zukommen lassen wollen. Gleichzeitig beginnen wir, mit »FL« per Mail über die größeren Fragen des Sports zu diskutieren: Was ist ein fairer Wettbewerb? Woher kommt das Geld für den Spitzensport? Was gibt der Fußball den Fans? Warum sind sie ihm manchmal so hörig?

Wir diskutieren stundenlang, tauschen Dutzende Mails aus. Die Nächte werden immer länger, da »FL« oft erst ab 23 Uhr gesprächig wird. So bleibt uns tagsüber Zeit, die Daten zu durchforsten und an unserem Artikel zu arbeiten. Der Chat mit »FL« ist spannend, mit jeder Antwort lässt sich ein bisschen mehr über die Persönlichkeit, den Charakter der Enthüller erfahren. Sie haben interessante Ansätze, wie der Sport sich verändern müsste, an welchen Stellen der Weltverband und vor allem Ermittlungsbehörden nachjustieren sollten, um den Kriminellen in dem Business Grenzen zu setzen.

Wir fragen »FL«, ob er uns ein Interview geben könnte. Telefonisch oder persönlich, wir würden dafür an jeden Ort der Welt fliegen. »Nein, das geht nicht. Zu gefährlich. Aber Ihr könnt uns Eure Fragen per Mail schicken, und wir versuchen, sie zu beantworten«, schreibt »FL«. Am nächsten Morgen verschicken wir eine Liste mit Fragen und erhalten nach rund zwölf Stunden Antworten.

»FUSSBALL IST EIN PARADIES FÜR KORRUPTION UND GELDWÄSCHE«

SPIEGEL: Von wo aus betreiben Sie Football Leaks?
FL: Wir leben in Portugal, wir sind portugiesische Staatsbürger.
SPIEGEL: Haben Sie einen Auftraggeber?
FL: Wir arbeiten vollkommen unabhängig und bekommen für unser Engagement bei Football Leaks kein Geld. Da wir den Fußball mit unseren Veröffentlichungen aber ziemlich aufgewühlt haben, müssen wir jetzt feststellen, dass wir einige mächtige Feinde gegen uns aufgebracht haben. Deshalb können wir nicht mehr über unsere Identität sagen, wir müssen uns schützen.
SPIEGEL: Warum haben Sie Football Leaks ins Leben gerufen?
FL: Wir haben seit längerer Zeit über dieses Projekt nachgedacht. Irgendwann begannen wir, Dokumente aus dem Fußballbusiness zu sammeln und auf den richtigen Zeitpunkt einer Veröffentlichung zu warten. Im vergangenen Sommer war es dann so weit: Auf dem portugiesischen Transfermarkt gab es etliche fragwürdige Spielerwechsel, wir wollten die vielen Lügen und Widersprüche entwirren. Je mehr Dokumente wir erhielten und analysierten, desto mehr wurde uns klar, dass diese intransparente Fußballbranche Hilfe braucht.
SPIEGEL: Wie viele Verträge und Dokumente sind in Ihrem Besitz?

FL: Wir haben über 500 Gigabyte Material und bekommen ständig neues dazu.

SPIEGEL: Sie veröffentlichen Arbeitsverträge von Toni Kroos, Hulk oder Gareth Bale genauso wie juristisch hochbrisantes Material, das die illegalen Machenschaften von Vereinen, Spielerberatern und Investmentfonds aufzeigt. Nach welchen Prinzipien wählen Sie das Material aus?

FL: In der Regel veröffentlichen wir die Dokumente nach dem Zufallsprinzip. Wir versuchen, jeden Tag zwei Dokumente online zu stellen. Manchmal ergeben sich daraus dann Diskussionen auf den Social-Media-Kanälen, die wir mit unseren Veröffentlichungen weiter anregen wollen.

SPIEGEL: Wer ist denn die Zielgruppe Ihrer Veröffentlichungen?

FL: Wir selbst sind große Fußballfans und wollen in erster Linie anderen Fußballfans helfen, dieses verschlossene Fußballgeschäft besser zu verstehen. Klauseln, Verträge, Beraterhonorare – all das ist im Fußball tabuisiert. Der Sport braucht eine öffentliche Diskussion, um sich von dieser Geheimniskrämerei zu lösen. Ein solch intransparentes Geschäft wie der Fußball ist ein Paradies für Korruption, Geldwäsche und Steuerbetrug.

SPIEGEL: Kritiker werfen Ihnen vor, Sie würden mit dem Veröffentlichen von Verträgen nur Voyeurismus bedienen.

FL: Jeder dieser Verträge erzählt eine eigene Geschichte, sie zeigen die unendlich vielen Klauseln zu astronomischen Honoraren und versteckten Handgeldmöglichkeiten. Diese Dokumente sind sehr wichtig, um das heutige Fußballbusiness zu verstehen.

SPIEGEL: Ein anderer Vorwurf lautet: Sie hätten die Dokumente illegal erworben, indem Sie eine Sportrechte-Agentur gehackt hätten.

FL: Wir haben niemanden gehackt, der Vorwurf ist lächerlich. Wir haben unterschiedliche Quellen, die uns mit den Verträgen und Vereinbarungen versorgen. Unser Netzwerk ist sehr stabil.

SPIEGEL: Sie legen sich mit den größten Fußballvereinen der Welt an, nerven mit Ihren Veröffentlichungen die Superstars des

Sports und deren einflussreiche Berater. Haben Sie keine Angst?

FL: Wir sind uns der Risiken, insbesondere der rechtlichen, durchaus bewusst. Die Fußballlobbyisten haben auch sehr großen Einfluss auf die Ermittlungsbehörden, wir würden deshalb auch niemals einen fairen Prozess bekommen.

SPIEGEL: Wie kommen Sie darauf?

FL: Wir haben durch unsere Veröffentlichung einer Sportrechte-Agentur viele Probleme bereitet. Die Firma arbeitet mit einem Steuervermeidungssystem, sie hat mehrere Fifa-Regeln gebrochen, durch unsere Enthüllungen wurde es unangenehm für sie. Wir sind uns sicher, dass sie auch Druck auf die Ermittlungsbehörden ausüben, um uns zum Schweigen zu bringen. Und nicht nur das: Sie haben sogar Privatdetektive engagiert, um uns zu enttarnen.

SPIEGEL: Wie äußert sich der Druck auf Sie konkret?

FL: Unsere Homepage wurde angegriffen, es wurde versucht, uns mit Löschprogrammen unter Druck zu setzen. Unser russischer Provider hat unsere Cloud geschlossen und uns anschließend Dokumente einer Sportrechte-Agentur gezeigt, die ihn massiv dazu gedrängt hat. Wir sind jetzt Opfer der Zensur.

SPIEGEL: Was wollen Sie mit Football Leaks erreichen?

FL: Wir wollen, dass das Transfersystem transparenter, dass der Einfluss von Spielerberatern und Investmentfonds, die zunehmend den Fußball beherrschen, verringert wird. Wünschenswert wäre eine öffentlich zugängliche Datenbank, in der alle Transferdetails wie Ablösesummen, Handgelder, Klauseln und Beteiligungen an Spielern aufgeschlüsselt werden würden.

SPIEGEL: Das sind sehr ambitionierte Ziele.

FL: Unser Antrieb ist es, all denen das Handwerk zu legen, die sich zu Unrecht an dem Volkssport Fußball bereichern. Wir wollen zudem eine neue Ära im Fußball einläuten: die Zeit der Transparenz.

SPIEGEL: Sehen Sie sich in einer Linie mit Portalen wie Wiki-Leaks?

FL: Julian Assange, Edward Snowden oder Antoine Deltour sind große Inspirationen für uns. Sie haben alles aufgeopfert für ihre Träume und Überzeugungen. Jetzt versuchen wir, unseren Beitrag für eine transparentere Welt zu leisten.

SPIEGEL: Wie lange wollen Sie denn noch weitere brisante Dokumente ins Netz stellen?

FL: So lange, bis wir kein Material mehr haben.

Das Interview wird von vielen anderen Medien aufgegriffen. Es ist eine Kampfansage von Football Leaks und eine Warnung, was in den kommenden Monaten noch auf die Fußballwelt zukommen wird: unkontrollierbare Enthüllungen, 500 Gigabyte, ein riesiger Datenschatz, der sich seit Johns Interview in der »New York Times« nahezu verdoppelt hat, von dem aber niemand weiß, was er eigentlich beinhaltet.

Während wir noch an unserem Artikel und dem Interview arbeiten, erscheinen auf der Football-Leaks-Site schon neue Enthüllungen: Es sind die Transfervereinbarungen, Arbeitspapiere oder Wechselmodalitäten von internationalen Superstars wie dem deutschen Nationalspieler Mesut Özil, dem kolumbianischen Stürmer Radamel Falcao und dem Argentinier Carlos Tévez. Es sind delikate Firmengeheimnisse von Spitzenklubs wie dem FC Chelsea, dem FC Arsenal, Tottenham Hotspur, Real und Atlético Madrid, die nun völlig unverhüllt im Internet erscheinen.

Der Superagent Jorge Mendes muss nahezu ununterbrochen vertrauliche Dokumente rund um seine Spielerberatungsagentur Gestifute lesen. Und Doyen Sports, der Sportvermarkter, wird mit jedem Tag gläserner, so viele Dokumente aus der Agentur erscheinen auf der Football-Leaks-Plattform. Die Fußballwelt schaut dem Treiben der Netzrebellen wie gelähmt zu, während die Medien weltweit die Dokumente analysieren und die Fans zwischen Empörung und Resignation über ihren Lieblingssport hin- und herpendeln.

Wir haben nun täglich Kontakt zu »FL«, manchmal schreiben wir stundenlang miteinander. Die Enthüller schicken uns Links zu Gerichtsprozessen rund um das Third-Party-Ownership-Verbot der Fifa, wir bekommen Dokumente aus dem Europaparlament, die die Gefahr von Investorenmodellen für den Fußball darstellen. Die Football-Leaks-Macher gehen dabei sehr strukturiert, analytisch durch die Daten, sie prüfen Firmen, Beteiligungen, versuchen, Zusammenhänge herzustellen. Nach solchen Mustern arbeiten auch Steuerfahnder, Ermittler oder investigative Journalisten.

»FL« schickt uns eine Art Organigramm, das aufzeigt, in welchem Verhältnis mehrere Spitzenfunktionäre der portugiesischen Liga zu drei Spielerberatern und einem Anwalt stehen: »Diese Leute kontrollieren den europäischen Fußball und machen dabei unentwegt miteinander Geschäfte unter dem Tisch. Spieler und Vereine werden durch sie zu Marionetten. Wir haben Dokumente, die das belegen. Wenn Du sie liest, wirst Du Dir die Frage stellen, wie man überhaupt noch an diesen Sport glauben kann«, schreibt »FL«.

Wir schlagen vor, das Material zu prüfen, aber unter einer Bedingung: Wir wollen exklusiv an diesen Daten arbeiten. Football Leaks muss zusichern, dieses Material mit niemand anderem zu teilen, andernfalls wäre das Risiko für uns zu hoch, nach wochenlanger Arbeit an dem Datenberg die Ergebnisse in einem anderen Medium lesen zu müssen. Zu unserer Überraschung antwortet »FL« innerhalb weniger Stunden: »Deal!«

Die Online-Enthüller sind keine Leute, die viele Worte verlieren. Im Anhang der Mail finden sich mehrere Links, die zu rund 700 Megabyte an Daten, etwa 800 Dokumenten, führen. Zunächst sind wir verwirrt: Viele der Daten sind auf Chinesisch. Es geht wohl um eine Vereinsübernahme und auch um eine Kooperation zwischen einer chinesischen Sportagentur und dem Spielerberater Jorge Mendes. Auf chinesische Dokumente sind wir nicht vorbereitet, wir müssen eine Lösung suchen.

Schon wenige Minuten später folgt die nächste Mail. Diesmal sind die Daten auf Spanisch und Englisch. Es geht um Steuergaunereien im südamerikanisch-niederländischen Spielerberaterkarussell. Schon bei einem flüchtigen ersten Blick sehen wir, dass es um große Namen des Weltfußballs geht: James Rodríguez, den WM-Torschützenkönig 2014, Gonzalo Higuaín, den 90-Millionen-Euro-Stürmer, oder Ángel Di María, den argentinischen Superstar, jetzt in Diensten des französischen Spitzenklubs Paris Saint-Germain. Dieses Thema werden wir direkt in Angriff nehmen, spanische Dokumente können wir lesen. »FL« schickt uns zudem ganz konkrete Hinweise auf einzelne Seiten, Verträge und Kontoauszüge, die es uns erleichtern, einen ersten Überblick über den Datendschungel zu bekommen. So wie »FL« uns durch die Dokumente leitet, wird klar, dass die Macher sich in dem Material sehr gut auskennen und auch die Details verstanden haben. Für uns beginnt nun die Recherche.

DEPRIMIERT

Anfang Februar 2016 erscheint unser erster Artikel über Football Leaks im SPIEGEL, wir enthüllen darin das Steuervermeidungssystem des niederländischen Spielerberaters Odems. Kurz darauf meldet sich »FL«: »Eure Geschichte ist gut, aber Ihr solltet Euch noch intensiver die Panama-Offshore-Geschäfte angucken. In den Dokumenten findet Ihr die wirtschaftlich Berechtigten der Firmen, Ihr werdet sehen, wie viele Interessenkonflikte es im Fußballgeschäft gibt. Die ganze Branche ist eine große Blase, die davon lebt, dass alle gut verdienen und keiner darüber spricht. Aber viele der Geschäfte sind nicht legal.« »FL« schickt uns weiteres Material, weitere Links und kündigt an, dass in den kommenden Tagen rund ein Gigabyte Daten zu Panama bei uns eintreffen würde.

Wir sichten das bisherige Material weiter. Mittlerweile sind es zu viele Daten, um sie alle auszudrucken. Wir müssen uns neue Methoden überlegen, um die Dokumente zu sortieren und aufzubereiten. Wir versuchen, mit Ordnern und Unterordnern zu hantieren, Pfade zu markieren und herauszuarbeiten. Auf diese Weise wollen wir die einzelnen Dokumente in eine klare Reihenfolge bringen. Doch immer wieder merken wir, dass wir uns in dem Datenwust verlaufen, dass wir auf Dokumente stoßen, deren Kontext wir nicht verstehen. Uns fehlt ein Werkzeug, um beispielsweise die Mails zueinander ins Verhältnis zu setzen oder Firmenstrukturen sichtbar zu machen. Uns wird klar: Um eine solch große Datenmenge systematisch auswerten zu können, müssen wir uns einen anderen Weg überlegen.

Doch auch so finden wir in den kommenden Tagen immer wieder spannende Verträge und Dokumente, aus denen wir Meldungen schreiben, etwa über die Ablösemodalitäten zwischen Manchester United und Bayer Leverkusen zu dem Stürmer Chicharito oder über die Gehaltsexplosion von Nuri Şahin nach seinem Wechsel von Borussia Dortmund zu Real Madrid. Şahin verdiente bei den Königlichen rund fünf Millionen Euro. Angesichts dieser stattlichen Summe wird klar, warum der türkische Nationalspieler 2011 als Erster das BVB-Projekt und Trainer Jürgen Klopp verließ. In Spanien konnte Şahin wohl mehr als doppelt so viel verdienen wie in Dortmund.

Bereits mit dieser Ausbeute sind wir ganz zufrieden, dabei haben wir noch keine Vorstellung davon, wie viele weitere solcher Verträge wir in den kommenden Wochen erhalten werden – Hunderte! Dank Football Leaks werden wir so tiefe Einblicke in die geheimsten Vereinbarungen und dunkelsten Ecken des Spitzenfußballs erhalten, wie wir es nie für möglich gehalten hätten. Stück für Stück können wir das Milliardengeschäft Fußball analysieren und in seinen Einzelteilen präsentieren. Wir werden zeigen können, nach welcher Logik Ablösesummen entstehen, wie Gehälter und Prämien explodieren, wie auf eine Wertsteigerung von Profis gezockt wird, wie immer höhere Millionenbeträge durch dieses Milieu geschleust werden. Jeder Vertrag, jedes Agreement, jeder Anhang wird uns neue Geheimnisse verraten. In ihrer Gesamtheit werden die Klauseln, Absprachen, Paragrafen, die wir finden, ein Sittengemälde der Fußballbranche zeichnen.

LEIBEIGENE AUF ZEIT

Das Leben des Weltmeisters folgt einem strengen Regime. Freie Arztwahl? Verboten. Bei öffentlichen Auftritten eigene Klamotten tragen? Verboten. Pressekontakte? Nur nach Absprache mit der Klubleitung.

29 Seiten umfasst der »Premier League Contract« von Bastian Schweinsteiger, den er am 13. Juli 2015 bei seinem Arbeitgeber, der Manchester United Football Club Limited, unterschrieb. Der Mittelfeldspieler, der die deutsche Nationalmannschaft ein Jahr zuvor zum WM-Titel geführt hatte, war einiges gewohnt – auch bei Bayern München gibt es eindeutige Verhaltensregeln. Doch die Verträge in Englands Premier League sind noch einmal eine Klasse für sich.

29 Seiten, Dutzende Paragrafen – aus den juristischen Formulierungen sprechen Paranoia, Kontrollwahn und Regelungseifer. Als »Pflichten des Spielers« werden auch Selbstverständlichkeiten aufgelistet – etwa, dass er »an Spielen teilnimmt, zu denen er aufgestellt worden ist« oder dass im Training Schmuck abzulegen sei, der »gefährlich für ihn oder eine andere Person sein könnte«. Vor allem aber steht das Vertragswerk für ein Rollenverständnis: hier die Marke Manchester United, die strahlen soll; dort der Fußballer, der zu funktionieren hat.

Hätte Schweinsteiger gegen eine der zahllosen Klauseln verstoßen, zum Beispiel den Medien seine Meinung über den Trainer verraten, wären die Konsequenzen glasklar gewesen – fein säuberlich abgestuft und nachzulesen im ausführlichen Sonderteil (»Disciplinary Procedure and Penalties«) seines Vertrages: Dort sind mündliche und schriftliche Verwarnungen aufgelistet, Geldstrafen (»beim ersten Vergehen maximal das

Grundgehalt von zwei Wochen«) sowie Suspendierungen bis hin zur Kündigung. Immerhin hätte Schweinsteiger das Recht gehabt, auch das war geregelt, innerhalb von 14 Tagen den Vorstand anzurufen, ihm seinen Fall zu schildern und die Disziplinarstrafe überprüfen zu lassen.

Für sein erstes Jahr in Manchester erhielt Bastian Schweinsteiger, so steht es in seinem Kontrakt, ein Grundgehalt von 7 548 357 Pfund, damals 10,5 Millionen Euro. Für diese Summe hätte er nicht ein einziges Spiel absolvieren müssen. Da wundert es kaum, dass sich Premier-League-Profis strikt an ihre Verträge halten und sich Interviews verkneifen – oder allenfalls Nullsätze von sich geben. Dass sie alles hinnehmen, selbst wenn sie, wie Schweinsteiger im August 2016, vom Trainer in die zweite Mannschaft abgeschoben werden.

Die Verträge von Spielern zu lesen – die Gehaltssummen, die Boni, die Klauseln, die geheimen Absprachen – kann unterschiedliche Reaktionen auslösen: Erstaunen, Empörung, Wut, Neid. In jedem Fall hilft die Lektüre beim Verstehen, was auf den großen Fußballbühnen dieser Welt, aber auch im Abstiegskampf in Bremen oder Hamburg wirklich geschieht, in den Köpfen von Profis und deren Beratern, im Kalkül von Trainern und Klubmanagern. Man bekommt einen Eindruck davon, wie sich Profis ihre persönliche Freiheit durch teils obszön hohe Honorare abkaufen lassen, wie sie zu Leibeigenen auf Zeit werden, zum Werkzeug von Agenten und Vermarktern.

Dabei ist kein Kontrakt wie der andere. Es gibt große Unterschiede, zwischen Weltklasse- und Durchschnittsspielern, zwischen Jüngeren, denen eine große Zukunft prophezeit wird, und Älteren, bei denen nicht sicher ist, wie lange sie den Anforderungen des Spitzensports noch genügen können. Die Verträge differieren, je nach Liga und Land, nach dem Renommee des Klubs und dem Leumund des Spielers. Manchem Schriftwerk ist anzusehen, wie verbissen sich die Parteien im Klein-Klein verhakt haben, auf der Jagd nach dem letzten Euro, dem Vorteil beim

Wiederverkauf oder dem Versuch, das Risiko eines Kreuzband-
risses abzuwälzen. Es ist ein Geschacher in drei Akten.

DAS GEHALT: SIEBENSTELLIGE ANREIZE

Wenn ein Klub und ein Spieler, vertreten durch seinen Berater, einen Vertrag aushandeln, ist die Ausgangslage relativ banal.
Der Klub möchte nur dann viel Geld ausgeben, wenn der Spieler auch spielt und die Mannschaft oft gewinnt. Der Spieler hingegen will seine Risiken gering halten: Verletzungspech, Form-
krise, ein Trainer, der plötzlich den Konkurrenten im eigenen
Team besser findet. Der Spieler wird also ein hohes Fixum fordern, er will finanziell nicht vom Verlauf der Saison abhängig
sein. Der besonnene Vereinsmanager bietet niedrige Grund-
gehälter und hohe Prämien. Ist die Mannschaft erfolgreich,
spielt sie diese Prämien locker ein, über Zuschauer-, Fernseh-
und Sponsoreneinnahmen.

Nun gibt es Profis mit einem Sonderstatus, Profis der Kategorie Kroos, Ibrahimović oder Lewandowski. Sie sind die Zug-
nummern des Business und haben beim Vertragspoker deswegen eine starke Verhandlungsposition. Sie müssen sich nicht
darauf einlassen, nach Einsätzen bezahlt zu werden. Ihre mär-
chenhaften Gagen erhöhen sich durch Erfolgsprämien zwar um
die eine oder andere Million, aber das fällt bei hohen sieben- bis
achtstelligen Grundgehältern nicht allzu sehr ins Gewicht.

In der Bundesliga nimmt Bayer Leverkusens Stürmer Javier
Hernández, genannt Chicharito, solch eine Sonderstellung
ein. Ohne ein hohes Fixum hätte man den Mexikaner, damals
27, kaum von Manchester United an den Rhein gelockt. Chicharito bezieht laut Vertrag vom 31. August 2015 monatlich
350 000 Euro; außerdem erhält er pro Saison eine »Sonderzahlung« von 1,8 Millionen Euro. Macht zusammen sechs Millionen
Euro pro Jahr, garantiert.

Hinzu kommen ein paar Zulagen, sofern er regelmäßig spielt: 12 000 Euro für jeden Sieg in einem Bundesligaspiel, 4000 Euro für ein Remis. Wenn der Torjäger in der Champions League spielt und gewinnt, werden ihm 30 000 Euro gutgeschrieben. Wie wichtig für einen Klub heutzutage die Teilnahme an der Champions League ist, verraten Chicharitos vereinbarte Prämien: je 100 000 Euro für die Bundesligameisterschaft und für den Champions-League-Sieg, aber 150 000 Euro für die Qualifikation zur europäischen Eliteklasse.

Wie groß die Unterschiede zwischen internationalem Star und nationaler Spitzenkraft bei ein und demselben Klub sein können, verdeutlicht ein Blick in den Arbeitsvertrag von Stefan Kießling – er ist ebenfalls Stürmer bei Bayer Leverkusen, Kollege und Konkurrent von Chicharito. Kießling, seit Sommer 2006 in Leverkusen, muss sich gemäß dem 2013 modifizierten Kontrakt mit einem Monatsgehalt von 140 000 Euro begnügen. Dafür sind seine Einsatzprämien enorm: Steht er mindestens 45 Minuten auf dem Rasen, kassiert er bei einem Sieg 50 000 Euro, bei einem Remis 25 000 Euro, und selbst bei einer Niederlage werden noch 12 500 Euro vergütet. Wenn Kießling 20 Pflichtspiele bestritten hat, erhält er eine Sonderzahlung von 120 000 Euro. Ob sein Trainer ihn also auf den Rasen oder die Ersatzbank schickt, macht für die Haushaltskasse der Kießlings eine Menge aus.

Der Weg von Bremen nach Wolfsburg ist nicht weit, 190 Kilometer, mit dem Auto kaum mehr als zwei Stunden. Was die Verdienstmöglichkeiten angeht, liegen zwischen den beiden Bundesligastädten jedoch Welten. Wenn sich mancher Fan fragt, was einen bei Werder Bremen glücklichen Profi wie den Brasilianer Naldo vor ein paar Jahren nach Wolfsburg und im Sommer 2016 weiter zu Schalke 04 gezogen hat, so reicht ein Blick ins Gehaltsgefüge dieser drei Klubs. Ein Vergleich von drei Leistungsträgern aus Bremen, Wolfsburg und Schalke – alle aus dem europäischen Ausland, alle Nationalspieler – illustriert die Bandbreite der Bezahlung. Der SV Werder lockte Zlatko Junuzović mit folgenden Konditionen an die Weser: 65 000 Euro Grundgehalt pro Monat, dazu 21 000 Euro für einen Sieg und 7000 Euro für ein Unentschieden. Für 20 Pflichtspiele gibt es 120 000 Euro extra – vorausgesetzt, die Mannschaft schafft den Klassenerhalt.

Beim VfL Wolfsburg wird man über das Bremer Lohnniveau milde lächeln. Hier heuerte Ricardo Rodríguez 2012 für 110 000 Euro monatlich an. Pro Punkt stehen ihm laut Vertrag 15 000 Euro Einsatzprämie zu, also 45 000 Euro für einen Sieg. Bereits nach dem 15. Pflichtspiel wird eine Prämie von 200 000 Euro fällig und nach dem 30. Pflichtspiel weitere 200 000 Euro. Selbst wenn der Schweizer erst zehn Minuten vor Schluss eingewechselt wird, gilt das Spiel als »halber Einsatz«.

Das ist – dem VW-Konzern sei Dank – viel Geld, aber nahezu prekär im Vergleich zu jenem Vertrag, den Matija Nastasić 2015 bei Schalke 04 unterschrieben hat: 250 000 Euro Monatsfixum, 30 000 Euro Einsatzprämie pro Punkt, der erspielt wird. Qualifiziert sich die Mannschaft für die Champions League, erhöht sich sein Monatslohn auf 300 000 Euro, gewinnt sie den DFB-Pokal, gibt es 200 000 Euro extra.

Noch verlockender als der Ruf aus dem Ruhrgebiet ist jener aus England. Gut gepolstert mit den Milliarden der Pay-TV-Sender Sky und BT sind die Premier-League-Klubs inzwischen das begehrteste, weil lohnendste Ziel hiesiger Profis. Allein der FC Liverpool hat sechs ehemalige Bundesligaspieler im Team. Aus Hoffenheim holte Liverpool den Brasilianer Roberto Firmino an die Anfield Road. Mit guten Argumenten: 68 085 Pfund »Basic Wage« pro Woche – viele englische Klubs berechnen die Gage wöchentlich. Aufs Jahr gesehen verdient der Stürmer gut vier Millionen Euro. Und wenn er fleißig ist, gibt es neben Erfolgsprämien (10 000 Pfund pro Sieg) auch üppige Boni: 300 000 Pfund für mehr als 30 Einsätze in einer Saison sowie einen Zuschlag von 10 000 Pfund pro Woche ab 35 Spielen.

Im Bemühen, gleichsam attraktiv, gerecht und wirtschaftlich vernünftig zu handeln, haben etliche Bundesligaklubs in den vergangenen Jahren die Gehälter mit vielen Finessen ausgestaltet, und immer mit der Botschaft: Leistung lohnt sich. So plant ein kluger Vertrag mit einem Nachwuchsspieler dessen Aufstieg schon ein. Denn Vereinsmanager fürchten es, wenn ein 19-Jähriger nach drei guten Monaten schon um die erste Lohnrunde bittet – weil der Spieler begriffen hat, dass seine Kollegen ein Vielfaches kassieren, oder weil ihn erste Abwerbeversuche erreichen.

Wie fein so ein erster Kontrakt austariert sein kann, zeigt das Beispiel eines deutschen Talents, noch jung an Jahren, aber schon Nationalspieler bei Joachim Löw. Bayer Leverkusen garantierte ihm bei der Unterzeichnung ein monatliches Grundgehalt von 70 000 Euro für die ersten beiden Spielzeiten und 100 000 Euro ab der dritten Saison. Ab 25 Saisoneinsätzen erhöhte sich sein monatliches Fixum um 1000 Euro pro Spiel. Fürs Länderspieldebüt gab es 10 000 Euro pro Monat obendrauf und für 30 Pflichtspiele in einer Saison 240 000 Euro Bonus. Ein urkapitalistisches Anreizsystem.

Das Talent war offenbar so begehrt, dass Bayer eine »Signing Fee« für die Unterschrift unter diesen ersten Vertrag zahlte: 200 000 Euro. Dieser Obolus ohne echte Gegenleistung ist bei Vereinen unbeliebt, Spielerberater hingegen gieren danach. Auf den ersten Blick scheint es egal, ob ein Profi 120 000 Euro Signing Fee erhält oder 10 000 Euro mehr Grundgehalt. Doch es macht einen großen Unterschied, wenn sich der Spieler schwer verletzt. Bei einer Krankschreibung setzt die Zahlung des Gehalts, wie bei deutschen Arbeitnehmern, am 43. Tag aus – der Verein spart. Hat er jedoch eine Signing Fee gezahlt, ist das Geld perdu.

Doch auch in dieser Beziehung spielte Bastian Schweinsteiger in einer anderen Liga. In Paragraf 7.2.1 seines Vertrages mit Manchester United steht: Im Fall einer Sportverletzung wäre »sein Grundgehalt für die ersten 18 Monate« weitergezahlt worden. England ist eben noch mal etwas anderes.

DIE NEBENABREDEN: MUSIK IM ANNEX

Die Deutsche Fußball Liga (DFL), die Dachorganisation der Vereine der Ersten und Zweiten Bundesliga, bietet ihren Mitgliedern eine Art Mustervertrag für Lizenzspieler an. Es ist nicht verpflichtend, ihn zu benutzen, aber die meisten Profiverträge, das hat die Sichtung der Football-Leaks-Dokumente ergeben, lehnen sich eng an den DFL-Entwurf an.

Einige fundamentale Themen sind nicht verhandelbar, etwa dass der Spieler keine Anteile an Klubs der Ersten oder Zweiten Liga (außer an seinem aktuellen) erwerben und halten darf, dass er keine Wetten auf eigene Spiele abschließen darf, dass er keine Siegprämien von vereinsfremden Personen annehmen darf. Und dass Doping verboten ist. Andere Klauseln könnten auch in einem ganz normalen deutschen Arbeitsvertrag stehen. So wird in den meisten Verträgen darauf hingewiesen, dass das Urlaubsgeld mit dem Gehalt abgegolten sei und dass jedem Profi pro Jahr 24 Urlaubstage zustünden, die »in der pflichtspielfreien Zeit zu nehmen und zum Zwecke der Erholung zu nutzen« seien.

Solche juristischen Klarstellungen klingen dröge, und sie sind es auch. Denn »die Musik«, wie es ein Bundesligamanager nennt, steckt nicht in den Standardverträgen. Die Musik steckt in den individuellen Anhängen. Hier geht es bunt und laut und kühn zu – etwa wenn Schalke 04 einem Profi satte 500 000 Euro für den Gewinn der Champions League verspricht. Hier wetten die Spieler auf die eine große Traumsaison, hier verwirklichen sich Berater, hier verlassen Klubbosse schon einmal den Pfad der Vernunft.

Beispiel Chicharito, der Torjäger aus Mexiko, der in Manchester und Madrid spielte und nun in Leverkusen kickt. So einen muss man schon bezirzen, damit er in die Chemiestadt kommt.

Der Stürmer wollte eine Torprämie. Bundesligamanager betrachten das eher als Folklore, in England hingegen ist solch eine Vereinbarung gängiger Bestandteil der Entlohnung. Also bekam Chicharito seine Sonderlocke: »Nach jedem 5. Pflicht-spieltor in einer Spielzeit erhält der Spieler eine Sonderzahlung in Höhe von EUR 100 000 (brutto).« In seiner ersten Saison für Bayer erzielte Chicharito in Bundesliga, DFB-Pokal und Champions League insgesamt 26 Tore. Und bekam dafür 500 000 Euro.

Chicharitos Torprämie mutet ein wenig grobschlächtig an, vergleicht man sie mit den Usancen beim FC Liverpool. Denn hier wird differenziert: Roberto Firmino etwa schießt seine ersten fünf Tore zum Freundschaftspreis von 25 000 Pfund. Bei den Treffern sechs bis zehn erhöht sich seine Torprämie auf 45 000 Pfund, bei den Treffern elf bis 15 auf 65 000 Pfund, und ab dem 16. Tor kassiert der Brasilianer 85 000 Pfund. Wohlgemerkt für jeden Schuss, der im Netz landet. Verwandelte Elfmeter, zumindest das hat sich sein Berater abringen lassen, werden nicht mitgezählt. Dafür ist aber auch jedes Abspiel von Firmino zum Kollegen, der daraus ein Tor erzielt, gutes Geld wert: 25 000 Pfund »Assist Bonus« für die ersten fünf Vorlagen, 65 000 Pfund ab der elften Vorlage.

Die Gehaltsbuchhaltung des FC Liverpool hat gut zu tun angesichts der vielen Boni, die jeden Monat ausgerechnet und ausgeschüttet werden. So bekommt Firminos deutscher Kollege Emre Can 20 000 britische Pfund für jedes Tor und jede Torvorlage. Honoriert wird auch ein Spiel ohne Gegentreffer, »Clean Sheet Bonus« heißt diese 10 000-Pfund-Prämie bei den »Reds«.

Sogar Treue ist ein Wert, den sich der Klub etwas kosten lässt: Zwar besteht zwischen Can und Liverpool ein bis 2018 gültiger Vertrag; dennoch erhielt der deutsche Spieler im Sommer 2015 und im Sommer 2016 jeweils einen »Loyalty Bonus« in Höhe von zwei Millionen Pfund. Auch sein Startelfdebüt in einem Pflichtspiel der Nationalmannschaft wurde Can mit einer Zulage von einer Viertelmillion Pfund versüßt. Bei jedem weiteren Qualifikations- oder Turnierspiel im DFB-Dress erhält er 10 000 Pfund.

Doch in den Anhängen zu den Verträgen werden nicht nur dienstliche Pflichten und finanzielle Leistungen geregelt, zuweilen greifen sie auch ziemlich ungeniert und unverhohlen ins Privatleben der Sportler ein. Ein Beispiel aus den Dokumenten von Football Leaks berührt ein Thema, das – von außen betrachtet – nach wie vor zu den größten Tabuzonen der Branche gehört. Im professionellen Verhältnis zwischen den Spielern als Arbeitnehmern und den Klubs als Arbeitgebern ist es das offensichtlich nicht mehr.

Es geht um einen südamerikanischen Nationalspieler, der Ende August 2015 von einem Champions-League-Klub an einen anderen Topverein verliehen wurde. Der Profi ist homosexuell, und das ist auch kein Geheimnis, zumindest zwischen den Verhandlungspartnern. Denn in den Mails, in denen sein Berater und der Generaldirektor des neuen Klubs letzte Vertragsdetails verhandeln, besteht der Agent ganz selbstverständlich darauf, dass der Verein dem Spieler und »seinem Partner«, dessen Vorname er erwähnt, einen Sprachkurs bezahlt. Außerdem solle der Klub für den Spieler und seinen Lebensgefährten die Hotelkosten des ersten Monats übernehmen – und sich später mit 7000 Euro monatlich an den Mietkosten der beiden beteiligen.

Das Thema Wohnen ist in vielen Verträgen so eine Sache. Fußballprofis sind moderne Nomaden, und manche Familie ist nach mehreren Vereinswechseln des Umziehens müde. Doch längere Anreisen zum Training mögen die Klubs nicht, und so schreiben einige Bundesligisten ihren Profis vor, nah am Ort ihres Einsatzes zu wohnen. Zu Paragraf 2, den »Pflichten des Spielers«, gehört bei der TSG 1899 Hoffenheim: »Der Spieler wird sich (mit seiner Familie) in Sinsheim oder in der näheren Umgebung niederlassen.« Hoffenheim ist ein Ortsteil von Sinsheim, in Sinsheim, einer Stadt mit 35 000 Einwohnern, gibt es das Stadion, ein Automuseum, Fachwerkhäuser, drei Autobahnauffahrten und sonst – na ja. Der Passus soll verhindern, dass Spieler weit entfernt wohnen, etwa in Frankfurt oder Stuttgart.

Eine ähnliche Klausel findet sich in Verträgen des VfL Wolfsburg. Denn nicht nur unter Fußballprofis macht seit Jahren der

Spruch die Runde, wonach das Beste an Wolfsburg die direkte ICE-Verbindung nach Berlin sei. Wohl auch deshalb heißt es in dem Vertrag eines Nationalspielers: »Der Spieler verpflichtet sich, schnellstmöglich eine Wohnung oder ein Haus in der Nähe der Volkswagen Arena (Umkreis max. 35 km) zu beziehen.«

Glücklich also, wer ein Angebot direkt aus Berlin, München oder Hamburg bekommt. Ein paar Beeinträchtigungen sind jedoch auch dann nicht zu vermeiden. Die Wahl des Automobils etwa ist nicht frei. Fast alle Erstligisten haben einen Autohersteller in ihrem Sponsorenpool. Und der möchte natürlich, dass die Helden des Klubs auch mit seinem Produkt zu sehen sind. Also müssen sie »bei dienstlichen Anlässen ausnahmslos und bei privaten Unternehmungen regelmäßig« die zur Verfügung gestellten Fahrzeuge benutzen. Mancher Star empfindet es als harte Einschränkung, den privaten Ferrari allenfalls bewegen zu dürfen, wenn keiner hinschaut.

Viele der Klauseln dienen in erster Linie dazu, das Image und die Marke des Vereins so positiv wie möglich darzustellen. Die Spieler sind Arbeitnehmer, sie sind die wichtigsten Repräsentanten der Klubs, sie sollen die Regeln des Arbeitgebers befolgen. Manchem Spieler muss man dies anscheinend besonders deutlich machen.

Den aus pädagogischer Sicht wohl verrücktesten Vertrag entwarf der FC Liverpool, als er 2014 den italienischen Stürmer Mario Balotelli verpflichtete, einen Hünen mit dem Image eines schwererziehbaren Kindes: wegen Prügeleien mit Teamkollegen, einem Zimmerbrand durch Feuerwerkskörper, Unmengen von Strafzetteln fürs Falschparken und zahllosen Platzverweisen nach Tätlichkeiten oder Schiedsrichterbeleidigungen. Der Premier-League-Klub vereinbarte mit Balotelli unter Paragraf 8, der Bezahlung, einen »Good Conduct Bonus«. Darin heißt es: Wenn der Spieler während einer Saison weniger als dreimal wegen schlechten Benehmens vom Platz gestellt werde, erhält er eine Million Pfund. Diesen Bonus nahm Balotelli mit – er erhielt keine einzige Rote Karte.

Allerdings war seine Leistung so mäßig, dass er lediglich 16 Premier-League-Spiele absolvierte und dabei nur ein einziges Tor erzielte. Liverpool schob ihn nach Mailand ab, am 31. August 2016 wurde er an den OGC Nizza verkauft. Auch in Balotellis neuem Vertrag mit den Franzosen ist eine lukrative Benimmklausel eingebaut, sie nennt sich »prime d'assiduité et d'éthique«, ins Deutsche übersetzt: »Prämie für Gewissenhaftigkeit und ethisches Verhalten«. Es ist ein umfangreicher Passus, in dem viel von respektvollem Verhalten gegenüber Gegnern und Schiedsrichtern, von vorbildlicher Berufsauffassung und höflichem, freundlichem Umgang mit den eigenen Fans die Rede ist. Kurzum: Gibt Balotelli in Nizza den Musterprofi, dann bekommt er zu seinem Grundgehalt von 405 000 Euro im Monat 45 000 Euro obendrauf.

DIE AUSSTIEGSKLAUSEL: SCHEIDEN MACHT REICH

14 Paragrafen auf zwölf eng beschriebenen Seiten, das ist der Lizenzspielervertrag, den der Fußballprofi Kevin Volland am 26. Juli 2013 bei der TSG Hoffenheim unterschrieb. Der gebürtige Bayer war damals 20 Jahre alt und eines der größten Offensivtalente des Landes. Etliche Klubs hatten sich um Volland bemüht, Hoffenheim war sehr glücklich über den Transfer, bis 2017 hatte der Verein den Stürmer an sich gebunden. Und doch hat dieser Vertrag etwas Merkwürdiges: Der Keim der Trennung steckt in ihm.

Der Paragraf 10c nimmt viel Raum ein, etwa drei Seiten: »Sonderkündigungsrecht« ist das Kapitel überschrieben. Paragraf 10c, Absatz 1 sagt zusammengefasst: Wenn Hoffenheim aus der Ersten Liga absteigt, darf Volland zu einem anderen Klub wechseln – für 7,5 Millionen Euro Ablöse. Wenn der neue Klub sich mit Volland für die Champions League qualifiziert, wird es etwas teurer (plus 500 000 Euro). Auch wenn Volland dort Nationalspieler wird (100 000 Euro) oder wenn Volland beim künftigen Verein 30 Pflichtspieleinsätze bestritten hat (350 000 Euro), kostet es etwas mehr. Und wenn der neue Klub – irgendwann – den Stürmer weiterverkauft, erhält Hoffenheim 20 Prozent an dem Transfererlös, der 7,5 Millionen Euro übersteigt.

Aber nicht nur der Klub soll, so steht es auf Seite acht, von einem vorzeitigen Wechsel profitieren: Auch Volland erhält dann eine Sonderzahlung von 250 000 Euro und wird mit 25 Prozent an dem Transfererlös beteiligt, der 7,5 Millionen Euro übersteigt.

Kompliziert? Es kommt noch besser. Paragraf 10c, Absatz 2 besagt, dass falls der neue Verein Bayern München, Borussia Dortmund, Schalke 04, Bayer Leverkusen oder VfL Wolfsburg heißt, die Transfersumme 9,9 Millionen Euro beträgt. Plus die oben genannten Zuschläge, plus eine Sonderzahlung für Volland in Höhe von 500 000 Euro.

Verstanden? Gut, dann Paragraf 10c, Absatz 3: »Sollte der Spieler während der Vertragslaufzeit seinen zweiten Pflichtspieleinsatz für die A-Nationalmannschaft absolvieren oder für ... eine WM-/EM-Endrunde nominiert werden«, so darf er kündigen, wenn ein Klub 15 Millionen Euro Ablöse zahlt. Plus Zuschläge, plus Sonderzahlung.

Noch im Spiel? Dann gäbe es noch Paragraf 10c, Absatz 4: Wird Volland von einem »ausländischen Verein« begehrt, beträgt seine Ablöse ebenfalls 15 Millionen Euro. Plus Zuschläge und Sonderzahlung. Beim Sonderkündigungsrecht sind der Kreativität keine Grenzen gesetzt.

Die Detailverliebtheit, in der man schon beim Abschluss eines Vertrages dessen Beendigung regelt, erscheint verrückt. Mit riesigem Aufwand und großen Scouting-Abteilungen fahnden die Klubs weltweit nach Ballkünstlern, die zur Meisterschaft, zur Champions-League-Teilnahme, zu noch mehr Einnahmen verhelfen sollen. Und wenn die Hochbegabten dann unter Vertrag genommen werden, ist jener Passus der wichtigste, in dem geregelt wird, wie man sich trennt. Doch das ist nicht verrückt, es ist nur zynisch. Fußballspieler sind eben nicht nur gewöhnliche Arbeitnehmer, sie sind das Kapital des Klubs. Und da gibt es nichts zu verschenken.

Auch aufgrund solcher lukrativen Sonderkündigungsregeln haben Profiklubs kein Interesse daran, dass ein Vertrag einfach so zu Ende geht. Jeder auslaufende Kontrakt ist ein Kapitalvernichtungspapier. Seit 22 Jahren ist das so. Damals erstritt ein belgischer Profi namens Jean-Marc Bosman ein Urteil vor dem Europäischen Gerichtshof. Es hebelte eine jahrzehntelange Praxis aus. Selbst wenn ein Vertrag ausgelaufen war, durfte der abgebende Verein – nach einem bestimmten Berechnungsschlüssel – eine Ablöse fordern. Das Bosman-Urteil beendete diese Art des Menschenhandels. Anfangs war die Branche geschockt, das System geriet ins Trudeln, doch inzwischen haben sich die Klubs, Spieler und Berater neu sortiert. Geht ein Vertrag dem Ende seiner Laufzeit entgegen, wird der Klub viel, wenn nicht alles daransetzen, ihn zu verlängern. Selbst wenn beide Parteien den Wechsel wollen: Der Spieler wird erst den Vertrag verlängern – und sich das teuer bezahlen lassen, durch eine Signing Fee, eine Sonderzahlung beim Abschied oder durch eine Beteiligung am Transfererlös.

»Verlängerungen«, erklärt ein langjähriger Klubmanager, »gehen fast immer einher mit Ausstiegsklauseln.« Ein Spielerberater werde stets darauf achten, dass der Verein beim Verkauf keine abschreckenden Fantasiepreise verlangen kann: »Die Ablöse sollte festgeschrieben und möglichst niedrig sein – und damit attraktiv für andere Klubs.« Sonderkündigungsrechte, vulgo Ausstiegsklauseln, sind vor allem bei Topkräften ein Mittel der Karriereplanung – und des Abkassierens.

Das galt 2014 auch für die Beziehung zwischen der TSG Hoffenheim und Kevin Volland. Nach nur neun Monaten einigten sich Verein und Spieler auf eine »Änderungsvereinbarung«:

Vollands Sonderkündigungsrecht wurde um ein Jahr auf Juni 2015 verschoben. Im Gegenzug erhielt der Profi »eine einmalige Sonderzahlung in Höhe von brutto 1 000 000 Euro«. Eine weitere Million stellte der modifizierte Vertrag in Aussicht, sollte Volland den Hoffenheimern auch 2015 treu bleiben.

Die Karriereplanung verlief nach Wunsch. Und ebenso das Kassemachen. Volland debütierte in der Nationalelf, blieb Hoffenheim auch 2015 treu und wurde im Juli 2016 an Bayer Leverkusen verkauft. Hoffenheim bekam eine Transferentschädigung in Höhe von 20 Millionen Euro, gemäß Ausstiegsklausel erhielt Volland über zwei Millionen Euro. Eine Punktlandung. Zwölf Monate später wäre Vollands Vertrag ausgelaufen. Und sein Wert auf null gesunken.

DIE KRISE

Die Passagen, die nun hier und im weiteren Verlauf dieses Buches in der Ich-Form geschrieben sind, sind die Erlebnisse des SPIEGEL-Reporters Rafael Buschmann. Er hat John, den Football-Leaks-Whistleblower, persönlich kennengelernt und über Monate immer wieder getroffen.

Mir schwirrt der Kopf. Seit Wochen sehen wir nur Verträge, Verträge, Verträge. Die vielen Millionen, die absurden Klauseln, die unzähligen Tricks und Lügen – ich brauche eine Pause. Es ist Mitte Februar, meine Schwiegermutter feiert ihren Geburtstag, eine gute Chance, ein wenig abzuschalten. Wir treffen uns in einer kleinen Skihütte, irgendwo im Sauerland, es ist urig, die Stimmung ausgelassen. Gegen halb zwei nachts schaue ich kurz auf mein Telefon. Eine Nachricht von »FL« leuchtet auf meinem Display auf.

Ich habe mittlerweile aufgehört zu zählen, glaube aber, dass die Anzahl der Mails, die wir in den vergangenen Wochen ausgetauscht haben, fast im vierstelligen Bereich angelangt ist. »FL« schreibt weiterhin hauptsächlich nachts, gerne deutlich nach Mitternacht. Ich schnappe mir mein Bier und verziehe mich in eine Ecke des Raumes, um die Nachricht in Ruhe lesen zu können. Das Internet ist schwach, wir sind irgendwo auf einem Berg, tiefste Provinz, von WiFi keine Spur. Es dauert eine halbe Ewigkeit, bis die Mail sich öffnet: »Rafael, ich muss ehrlich zu Dir sein, uns fängt das alles an zu deprimieren.« Schlagartig bin ich nüchtern.

»Football Leaks hat nur deshalb eine weltweite Aufmerksamkeit erlangt, weil wir ein paar Verträge von Real Madrid und anderen großen Namen veröffentlicht haben. Aber es ist nicht das, was wir wollen. Uns geht es nicht um die Stars, Promis und regulären Arbeitsverträge. Vielleicht ist das ein Aspekt, um das heutige Fußballgeschäft besser verstehen zu können. Aber unser Hauptziel ist es, versteckte Klauseln, illegale Honorare und Off-shore-Strukturen im Fußball zu offenbaren. Die ganzen kriminellen Dinge. Wir sind müde und denken ernsthaft darüber nach, das Projekt zu beenden. Seit September haben wir mit Football Leaks nicht einen Bitcoin verdient, und Geld gibt es bei uns nicht im Überfluss. Dabei erreichen uns täglich Tonnen von Mails, und wir verbringen zu viel Zeit damit, sie zu sichten. Und wofür das Ganze? Die Leute interessieren sich einfach nicht für den Schmutz im Fußball. Im Moment fühlt es sich so an, als würde uns dieses Projekt erdrücken, wir können kaum noch atmen. Viele Grüße, FL.«

Was ist passiert? Ist das nur eine Laune? Hat »FL« einen schlechten Tag? Oder sind die Netzrebellen wirklich so frustriert, dass sie nicht weitermachen wollen? Was geschieht dann mit den 500 Gigabyte Material? Ich muss mich sammeln, nachdenken. Das Internet ist hier so langsam, dass ich wahnsinnig werde. Ich gehe nach draußen. Es ist kalt, und es hat leicht geschneit. Ich laufe den Berg hinunter, etwa eine Stunde bin ich unterwegs, bis ich auf meinem Handy halbwegs passablen Empfang habe. Immerhin bleibt so genügend Zeit, um mir eine Antwort zu überlegen.

Ich schreibe »FL«, dass ich in den vergangenen Jahren mehrere Recherchen erlebt habe, bei denen auch wir frustriert erkennen mussten, dass es die Öffentlichkeit nur in Teilen interessiert, wie schmutzige Geschäfte im Fußball ablaufen. Mir fällt ein Leserbrief ein, den ich nach der Berichterstattung über den Sommermärchen-Skandal bekam und in dem stand, dass wir uns doch alle freuen sollten, dass uns die WM nur 6,7 Millionen Euro gekostet hätte. Ich erzähle »FL« von meinen Recherchen zur Spielmanipulation und darüber, wie die Bundesliga einfach

weiterlief, obwohl klar war, dass auch im deutschen Spitzenfußball Spiele verschoben wurden. Ich glaube, schreibe ich, dass der
Fußball für die Fans zur Ersatzreligion geworden ist, dass sich
einige so bedingungslos zum Sport bekennen wie früher Gläu-
bige zur katholischen Kirche. Inklusive Ablassbriefe, die heute
als Stadiontickets verkauft werden. Meine lange, etwas wirre
Antwort beende ich mit dem Angebot: »Falls Du reden willst,
können wir uns jederzeit überall treffen.«

Ich schicke die Mail um kurz vor drei Uhr ab. Während ich
langsam wieder hochschlendere – um diese Uhrzeit kann ein
Berg ziemlich steil sein – blinkt mein Telefon wieder auf: eine
weitere Nachricht von »FL«. Ich bleibe stehen, lese: »Ich glaube,
Du hast recht, wir sollten uns sehen. Ich muss Dir auch einige
Dinge erklären, die ich bislang noch nie jemandem erklärt habe.
Möchtest Du mich für ein Hintergrundgespräch treffen? Aber
Du musst versprechen, dass Du nichts über unsere Identitäten
schreiben wirst! Best regards, FL.«

Es ist Sonntagmorgen, ich schreibe »FL«, dass ich ihn entweder heute Abend oder am Montag besuchen könne. Aber: Wo
soll ich hinkommen? Nach Portugal? Nach wenigen Minuten
schickt er mir ein Passwort. Über einen anderen Kommunika-
tionsweg sendet er einen Link zu einem Verschlüsselungspro-
gramm. Ich habe zuvor lediglich die Verschlüsselungssoftware
PGP benutzt, um meine Mails zu sichern. Ich bin kein IT-Freak,
und nun sitze ich draußen in der Kälte an einer Straße, an der
seit über einer Stunde kein Auto vorbeigefahren ist, und lese mir
eine ellenlange Anleitung auf Englisch durch, um zu verstehen,
wie ich auf »FLs« Wunsch hin ein weiteres Verschlüsselungspro-
gramm installieren kann. Es ist eine Mail-Software, von der ich
zuvor noch nie gehört habe. Der Benutzername wechselt alle
paar Sekunden, die gesendeten und empfangenen Mails werden
nach wenigen Minuten automatisch gelöscht.

Es dauert mehr als eine halbe Stunde, bis ich startklar bin.
»FL« hat mir bereits eine Nachricht in meinem Postfach hinter-

lassen. Er schreibt, er würde mich gern am Montag in einer osteuropäischen Metropole sehen und bittet mich darum, den Namen der Stadt niemandem zu verraten. Er wisse noch nicht, ob er allein kommen werde, und fragt, ob es für mich okay sei, wenn er jemanden mitbringe.

Ich bin aufgeregt und neugierig. Natürlich könne er mitbringen, wen er möchte, antworte ich. Es muss für ihn so komfortabel wie möglich sein, er muss sich wohlfühlen. Ich frage »FL«, wann ich wohin genau kommen solle. Eine Antwort darauf werde ich in dieser Nacht nicht mehr erhalten.

DAS ERSTE TREFFEN

Am Sonntagmittag frage ich meinen Ressortleiter Michael Wulzinger, was er von der Einladung hält. Wir wägen die Risiken ab, bislang kann niemand mit Sicherheit sagen, ob nicht irgendwelche Kriminellen hinter Football Leaks stecken. Doch wenn man illegalen Machenschaften auf die Spur kommen will, muss man notfalls auch mit Leuten sprechen, die selbst gefährlich sind. Zur Sicherheit vereinbaren wir, dass ich mich mindestens zweimal am Tag in der Redaktion melde. Irgendwie. Ansonsten: Flug buchen und los!

Ich nehme einen frühen Flug, den Rückflug habe ich offengelassen, wer weiß, wie lange das Treffen mit »FL« dauern wird. Kurz bevor ich ins Flugzeug steige, blinkt erneut eine Nachricht auf meinem Telefon auf: »Lass uns um 14 Uhr treffen. Am besten, Du nimmst Dir ein Zimmer im Hotel xxx. Ich komme dann dorthin«, schreibt »FL«.

In der Stadt, in der wir uns treffen, haben die Straßen tiefe Schlaglöcher, verströmen die Häuser den typischen sozialistischen Charme, werden die Plattenbauten aber auch immer wieder von prachtvollen Villen unterbrochen. Arm und Reich, der Osten zeigt schon auf den ersten Metern die Widersprüche, die ihn ausmachen. Der Weg vom Flughafen in die Innenstadt ist nicht besonders lang, ich fahre an vielen Geschäften vorbei und über eine große Brücke. Mein Hotel, ein neumodischer Bunker, liegt am Rande der Flaniermeile.

Ich bin zwei Stunden zu früh da. In meinem Zimmer ist es brüllend heiß, die Heizung lässt sich nicht herunterdrehen. An der Rezeption heißt es, man werde sich darum kümmern, ein anderes Zimmer könne man mir allerdings nicht geben, das Haus sei ausgebucht. Die Saunatemperatur im Raum ist alles andere als optimal für ein erstes Informantengespräch.

Ich lege mich aufs Bett und checke noch mal die Football-Leaks-Seite. Zuletzt wurde dort eine spektakuläre Enthüllung gepostet: ein Vertrag zwischen David de Gea, Real Madrid und Manchester United. Der spanische Torwart sollte eigentlich zu den Königlichen wechseln, aber seine Transferunterlagen kamen erst wenige Minuten nach Ablauf der Wechselfrist beim spanischen Verband an. Ein unfassbarer Patzer, der zeigt, wie amateurhaft selbst bei Spitzenklubs manchmal gearbeitet wird. Durch die Enthüllungen von Football Leaks lässt sich der Fauxpas nun sogar finanziell beziffern: Durch die Schlamperei sind de Gea nicht nur ein fixes Handgeld von 10,9 Millionen Euro entgangen, sondern auch ein jährliches Gehalt von 11,8 Millionen. Bei einem Sechsjahresvertrag macht das ein Gesamtvolumen von rund 82 Millionen Euro. Alles futsch, weil irgendjemand das Faxgerät nicht bedienen konnte.

Kurz vor 14 Uhr werde ich leicht nervös, angespannt. Wie sieht »FL« aus? Groß? Klein? Ist er ein lauter oder ein eher stiller Mensch? Ist er intelligent? Und wen bringt er mit? Wie fange ich das Gespräch an? Wie nenne ich ihn überhaupt? Ich starre die Tür an und warte. Eine Frage lässt sich bald beantworten: »FL« ist kein pünktlicher Mensch. Um kurz vor 16 Uhr leuchtet mein Display: »Bin gleich da. FL«. Um 16 Uhr 50 klopft es endlich an meiner Tür. Knapp drei Stunden hat »FL« mich warten lassen.

Ich springe vom Bett auf und öffne. Ich würde lügen, wenn ich behaupten würde, dass ich mir »FL« so vorgestellt habe. Vor mir steht ein junger Mann mit wachen Augen. Schlank, schwarze Haare, leichter Bartansatz. Obwohl es draußen bitterkalt ist, trägt er nur eine dünne Jeansjacke, darunter ein T-Shirt mit dem Aufdruck einer halb nackten Frau. Sein Handschlag ist fest.

Ich fühle mich ein wenig wie bei einem Blind Date und versuche, meine Nervosität zu überspielen, indem ich ein paar blöde Sprüche über die bollernde Heizung mache. Es ist affenheiß in diesem Raum, wir beide schwitzen. Glücklicherweise lacht »FL«, ich biete ihm Nüsse und Wasser aus der Minibar an. Er will lieber ein Bier. Das ist mir schon mal sympathisch.

»Kommt noch jemand?«, frage ich.

»Für heute bleibt es bei uns beiden«, sagt »FL«.

»Soll ich dich eigentlich ›FL‹ nennen oder John?«, frage ich.

»Nenn mich John. Aber lass uns jetzt erst mal frühstücken gehen.«

ZWEI NÄCHTE, HUNDERTTAUSENDE DATEN

John geht voran, der Hotelflur ist lang und schmal. Er bewegt sich schnell, aber nicht hektisch, strahlt Selbstbewusstsein aus, ohne viel zu reden. Vor dem Fahrstuhl dreht er sich mit dem Rücken zur Hotelkamera, schaut nur auf den Boden. Er ist vorsichtig, wie sollte es auch anders sein. Schweigend fahren wir in die Lobby.

Draußen auf der Straße wirkt John nervöser als im Hotel. Er sagt, er kenne ein gutes Café ganz in der Nähe, doch bevor wir losgehen, guckt er einmal die Straße rauf und runter. Auch das gegenüberliegende Gebäude inspiziert er, vor allem die Fenster schaut er genau an. Ich stehe daneben und versuche wahlweise, seinem Blick zu folgen oder ihn zu beobachten. Es fühlt sich wie eine Ewigkeit an, bevor wir losschlendern.

Wir machen ein bisschen Smalltalk, er erzählt mir etwas über die Stadt, in der wir sind, und dass er sie gerne besuche: »Das Nachtleben ist hier einfach unglaublich!« Er reise derzeit viel herum, bleibe selten länger als zwei Nächte an einem Ort: »Alles andere ist im Moment zu gefährlich, aber das erzähle ich dir später.« John macht sehr klare Ansagen. Wie passt das Verhalten zu der frustrierten Mail, die er mir am Wochenende geschrieben hat und in der er über das Ende des Projekts sinnierte? John sagt, er wolle auf offener Straße weder über »das Projekt«, wie er Football Leaks nennt, noch über die Polizei oder Ähnliches reden.

»Und wenn dich jemand fragt, was du beruflich machst, sag nicht, was du wirklich tust. Erfinde irgendetwas anderes, sei Anwalt oder Lehrer oder so«, sagt John.

»Wer soll mich denn nach meinem Job fragen?«

»Ich kenne viele Menschen hier, und noch mehr Menschen kennen mich. Vielleicht treffen wir irgendjemanden. Dann musst du sagen, dass wir früher mal zusammen studiert haben, ein Austauschjahr zum Beispiel«, sagt John.

Wo bin ich hier eigentlich hineingeraten?

Wir haben das Café erreicht. John tänzelt durch die Tür, bleibt breitbeinig im Eingangsbereich stehen und brüllt quer durch den Laden, dass wir uns an einen Zweiertisch setzen wollen. Die Kellnerin schaut etwas irritiert. John, das werde ich später öfter beobachten, hat die Fähigkeit, einen ganzen Raum in Sekundenschnelle mit seiner Aura, seinem Witz und Charme einzunehmen. Während wir an den Tischen vorbeigehen, sagt er den Leuten, die dort sitzen, dass ihre Speisen gut aussähen oder dass der Kaffee lecker rieche. Einer jüngeren Frau macht er Komplimente zu ihrer Frisur, sie lacht und fasst sich ins Haar. In wenigen Augenblicken kommt John mit den Gästen des Cafés ins Gespräch, er hat keine Hemmungen vor Fremden.

Wir setzen uns an einen der hinteren Tische. Bei einer jungen Bedienung bestellt John einen Schokoladenkuchen und eine

Zitronenlimonade. Als die Kellnerin weg ist, flüstert er: »Mein Zuckerspiegel ist hinüber. Ich habe die ganze letzte Nacht nicht geschlafen, wir haben Hunderte neue Dokumente bekommen, viele Handgeldverträge, aber auch Unterlagen zu einem sehr dubiosen Fonds. Kann ich dir später alles zeigen.«

Wenn er sich so über den Tisch beugt, sieht es für mich so aus, als habe er nicht nur in der vergangenen Nacht nicht geschlafen. John hat keine Augenringe, das sind tiefe, graue Säcke. Trotzdem wirkt sein Gesicht sehr jung, er hat kaum Falten, dazu ein ständiges spitzbübisches Lächeln.

Ich möchte mehr über ihn erfahren, bin neugierig, wie sein bisheriges Leben verlaufen ist, warum er zu dem geworden ist, der er ist. Aber bevor ich solche heikleren Punkte anspreche, gibt John ein paar klare Regeln vor: »Du wirst nichts darüber schreiben, was ich hier tue, wie ich aussehe, wo ich mich aufhalte. Du hast das versprochen, ich vertraue deinem Wort. Du musst verstehen, ich will nicht so enden wie Julian Assange oder Bradley Manning. Eingesperrt in irgendeiner Botschaft oder einem Gefängnis, nur weil man der Welt die Wahrheit zeigen will.«

»Wir können gerne Spielregeln festlegen: Ich werde dir vorher genau sagen, welche Details, die deine Person betreffen, ich veröffentlichen werde. Du kannst dann entscheiden, was und wie viel ich über dich preisgeben darf. Aber dass wir uns getroffen haben, will ich genauso schreiben, wie ich weiterhin über eure Ziele und eure Arbeit berichten werde«, sage ich.

Johns Antwort ist knapp: »Das sind gute Regeln.«

Normalerweise mache ich solche Zugeständnisse nicht. Für einen Reporter ist es wichtig, frei und unabhängig berichten zu können, ohne Einschränkungen. Doch normalerweise habe ich es auch nicht mit einer anonymen Quelle zu tun, die auf 500 Gigabyte hoch spannendem Datenmaterial sitzt. Im Moment weiß ich nicht, wohin sich das Treffen entwickeln wird. Werde ich am Ende eine Geschichte über den Whistleblower schreiben? Oder bekommen wir zunächst Daten und halten unsere

Quelle, zu ihrem eigenen Schutz und weil sie es wünscht, weiter geheim? Wir werden sehen. Jetzt erst mal: Schokokuchen.

Die Stunden mit John im Café rasen dahin. Er ist unterhaltsam, hat eine gute Allgemeinbildung, spricht über kleine und große Themen, über Rucksackreisen in Asien und Amerika, die Flüchtlingskrise, die Eurokrise in Griechenland: »Ich glaube, alles, was auf dieser Welt passiert, hängt mit allem zusammen. Wer die Flüchtlingskrise ohne die westlichen Waffenlieferungen an die Staaten im Nahen Osten bewertet, hat nichts verstanden«, sagt John.

Zwischen uns entspinnt sich eine ausufernde Diskussion über die Ungleichheit von Einkommen, Steuersystemen, Ressourcen. Johns Einstellung lässt sich nicht einfach im politischen Spektrum verorten, aber er hat zu vielen Fragen eine klare Haltung. Er ist gegen die unkontrollierte Aufnahme von Flüchtlingen, aber dafür, dass Länder aus dem Nahen Osten für all die Menschen Verantwortung übernehmen, die aus Afghanistan, Syrien und dem Irak fliehen. John hält es für Unsinn, dass die Europäische Union Griechenland mit so immensen Finanzhilfen unterstützt, während »auf der anderen Seite Milliarden Euro griechischer Staatsbürger in irgendwelchen Briefkastenfirmen in der Karibik liegen«. Er hält offene Grenzen für einen Fehler, solange es keine Lohngerechtigkeit in Europa gibt.

Er ist ein interessanter Gesprächspartner mit streitbaren Gedanken. Es wird schnell klar, dass er sich in viele Sachgebiete eingelesen hat und dass er keine Lust hat, seine Meinung an den Mainstream anzupassen, dass er gern aneckt und auch über komplexe Themen nachdenkt. John spricht fünf Sprachen fließend, aktuell lernt er zwei weitere. Eine davon ist Russisch. Er hält Russland für ein spannendes Land, auch wenn es dort »vor Korruption nur so wimmelt«.

Ich will mehr über ihn erfahren. John erzählt, dass er in Portugal geboren wurde und dort immer noch einen Wohnsitz hat. Doch das Land treibe ihn in den Wahnsinn: »Portugal hat eine katastrophale Politik, die Wirtschaft und das Bankenwesen machen, was sie wollen. Eigentlich sind sie die tatsächlichen Lenker dieses Landes, und das geht komplett auf Kosten der jungen Menschen. Es gibt kaum Gesetze, die den Jüngeren einen geregelten Zugang zum Arbeitsmarkt erlauben, deshalb gehen viele der gut gebildeten Akademiker schon während des Studiums ins Ausland und kommen danach auch nicht mehr zurück. Das Land verschenkt seinen Nachwuchs, seine Zukunft.«

John hat auch eine Freundin, aber es ist kompliziert. Wegen der Geheimnistuerei rund um »das Projekt« musste er sie zuletzt oft versetzen, manchmal belügen. »Das mag keine Frau, aber ich muss Prioritäten setzen«, sagt John. Die vergangenen Monate vergleicht er mit einem Drogenrausch: »Mehr Adrenalin habe ich noch nie gespürt. Durch das Projekt fühle ich mich sehr lebendig und glaube, dass ich durch unsere Enthüllungen wichtige Veränderungen anstoßen kann.«

Vom Schokoladenkuchen sind nur noch ein paar Krümel übrig geblieben, die John mit seiner Gabel wie einen Fußball über den Teller schnippt. Mir fällt auf, dass die Haut rund um seine Fingernägel stark abgeknabbert ist, wahrscheinlich eine Reaktion auf den Druck, den er aushalten muss.

Ich frage ihn, wie lange er Zeit für mich hat. »Gleich werde ich dir ein paar Sachen zeigen. Danach gehen wir zusammen Champions League gucken und anschließend ein bisschen feiern. Und wenn du morgen Nacht noch hierbleiben könntest, nehme ich dich mit zu einer der besten Partys der Welt.« Keine schlechten Pläne für eine Dienstreise. Ich sage ihm, dass ich zwischendurch mal eine Mail an meine Chefs schreiben müsste, sonst würden sie denken, dass ich entführt worden wäre oder, schlimmer, mich abgesetzt hätte. John lacht laut auf, reibt sich mit seiner Hand die Augen. Die Zuckerzufuhr hat immerhin dazu geführt, dass er wieder ein bisschen Farbe im Gesicht hat.

John bittet um die Rechnung, im Café will er nicht mehr weiterreden. »Wir sind schon zu lange an ein und demselben Ort«, sagt er. Er flirtet noch ein bisschen mit der blonden Bedienung, lädt sie zu einer Party in der kommenden Woche ein. Er wechselt vom Englischen in die Landessprache, ich verstehe nichts mehr, sehe aber, dass die Kellnerin zu kichern anfängt. John tippt eine Telefonnummer in sein Handy. Die Frau bekommt noch eine Umarmung, und schon stehen wir wieder auf der Straße.

Hier wiederholt sich das Ritual, das ich schon vor dem Hotel beobachten konnte: Zweimal hintereinander wirft John einen schnellen Blick nach links und rechts, ständig checkt er die Lage. »Es gibt viele Menschen, die vieles dafür tun, damit Football Leaks aufhört zu existieren«, sagt er, »wir müssen vorsichtig sein.« John läuft an alten Gebäuden und einem großen Fluss vorbei, wenn möglich, biegt er in Seitenstraßen ab. Immer wieder schaut er nach hinten, sichert sich ab, dass ihm niemand folgt. Vor einem großen grauen Bürogebäude bleibt er stehen. Der Putz blättert von den Wänden, die große Außentreppe hat tiefe Risse, einige der Fensterbänke sind abgebrochen. Aber die Eingangstür ist mit einem elektronischen Sicherungssystem geschützt, rein kommt nur, wer eine Chipkarte hat.

Der Hausflur ist schmal und dunkel, riesige Wendeltreppen führen in die oberen Stockwerke. Der Aufzug ist außer Betrieb, zumindest deutet ein Absperrband darauf hin. In einer der oberen Etagen betreten wir eine Wohnung oder ein Büro, so genau ist das im Dunkeln nicht zu erkennen. Es riecht nach Bratenfett, von irgendwoher kommen TV-Stimmen. Vom Gang gehen fünf Räume ab, alle mit massiven Türen verschlossen. In einer Gemeinschaftsküche steht ein junger Mann und wendet Würstchen in der Pfanne. Auf eine Begrüßung reagiert er genauso wenig wie eine weitere Person, die mit gesenktem Kopf zur Toilette geht. Auch Leute von Football Leaks? John lächelt schief und sagt nichts.

Er öffnet eine Tür, die von außen und innen mehrfach gedämmt und mit weißem Leder überzogen ist. In dem etwa 15 Quadratmeter kleinen Raum liegt eine Matratze auf einer ausgeklappten Couch, auf einem Wäscheständer trocknen ein paar Unterhosen. Das einzige Fenster wird von einer blickdichten Gardine verdeckt. Kein Fernseher, keine Dekoration, keine Fotos, keine Pflanzen. Nur auf dem Schreibtisch steht ein weißes Notebook.

»Setz dich nicht auf den Stuhl, der ist nicht zum Sitzen da, sonst kracht er ein. Nimm das Bett oder den Boden«, sagt John und zeigt dabei auf einen klapprigen Sessel, auf dem alte Zeitungen und Zeitschriften liegen. Ich sehe englische, italienische, portugiesische Schlagzeilen. Es sieht aus, als würde John die Artikel über Football Leaks sammeln. Er sagt, er komme gleich wieder, und geht aus dem Zimmer. Ich blicke mich etwas genauer um, sehe Dutzende Kabel neben dem Schreibtisch, manche sind angeschlossen, andere liegen in einer Box. Unter dem Schreibtisch blinken Kästen, die wie Router aussehen. Aber so viele Router können gar nicht nebeneinander stehen. Wofür denn? Ich habe nur ein eingeschränktes technisches Verständnis, und diese Apparaturen übersteigen tatsächlich meine Vorstellungskraft. Ich werde John fragen müssen.

Nach wenigen Minuten geht die sperrige Tür wieder auf. John kommt mit einigen tragbaren Festplatten zurück. Er schließt sie an den Computer an, fummelt unten an den blinkenden Boxen herum, gibt Passwörter ein, fummelt wieder an den Boxen herum, dann an den Festplatten. Ich verliere komplett den Überblick. Auf dem Bildschirm tauchen plötzlich Dokumente auf. Tausende. Es sind Verträge von Spielern. Die Namen, die dazugehören, könnten aus der Aufstellung einer Weltauswahl stammen: Neymar, Alex Teixeira, Fernando Torres, der spanische Weltmeister von 2010, Raphaël Varane, französischer Nationalspieler bei Real Madrid, der kroatische Spielmacher Luka Modrić, der portugiesische Abwehrbrocken Pepe.

Neben dem Computer blinkt ein weiterer Kasten, wahrscheinlich der Internetrouter. Es kommen immer neue Dokumente in dem kleinen Zimmer an.

»Wer schickt dir denn das ganze Zeug?«, frage ich.

John guckt nicht zu mir hoch, stattdessen sagt er in ruhigem Ton: »Wir haben sehr seriöse, sichere Quellen. Manche unserer Quellen wissen aber nicht, dass sie unsere Quellen sind. Wichtig ist: Alle unsere Dokumente sind echt.« Die Antwort verschleiert mehr, als sie erklärt.

»Du bist also ein Hacker?«, hake ich nach.

»Nein, ich bin kein Hacker, und auch sonst niemand von uns. Ich habe auch nie Informatik studiert. Wir bekommen die Sachen, aber ich sage dir nicht, woher«, sagt John.

»Aber du hast Ahnung von Computern. Hast du dir das alles selbst beigebracht?«, frage ich.

»Ich interessiere mich für Technik, ja. Und ich lese ein bisschen darüber. Aber komm, ich will dir jetzt etwas zeigen«, sagt John.

Er klickt auf die Football-Leaks-Website, schaut sich die Dokumente an, die in den kommenden Tagen auf der Homepage erscheinen werden. »Sollte ich verhaftet werden oder mir Schlimmeres passieren, ist dafür gesorgt, dass die Veröffentlichungen trotzdem nicht gestoppt werden«, sagt John. Es gibt Sicherungskopien von seinem Dokumentenschatz, sie sind an unterschiedlichen Orten versteckt. Er zeigt mir eine Weltkarte auf dem Bildschirm mit rund einem Dutzend roter Punkte. Sollte die Football-Leaks-Site sieben Tage hintereinander nicht mit einem speziellen Code bedient werden, beginnt ein Rechner damit, all die Verträge und Vereinbarungen peu à peu an den anonymen Postkasten der Enthüllungsplattform WikiLeaks sowie an ausgewählte Medien zu versenden. Es tickt eine Art Zeitbombe.

John sitzt mit zusammengekniffenen Augen vor seinem Notebook, tippt weitere Zahlen und Codes ein. Es sieht so aus, als würde er vergessen, dass ich neben ihm im Raum bin. Er erinnert mich an Leonardo DiCaprio, der in dem Film »Catch Me If You Can« einen genialen Scheckfälscher spielt. Äußerlich ganz ruhig, aber innen brodelt es.

John sagt: »Ich könnte den Behörden allein mit meinen aktuellen Daten weltweite Steuerbetrügereien im dreistelligen Millionenbereich belegen. Aber ich hoffe, sie lassen sich noch etwas Zeit mit meiner Verhaftung.« Er lacht. Catch me if you can.

Warum macht er das alles, warum geht er solche Risiken ein? Gerade als ich ihn fragen will, blinkt es auf Johns Computer. Eine Nachricht, abgesendet von einer Adresse, die nur aus Zahlen und Zeichen besteht. Es erscheint ein Zeitungsausschnitt, es geht um den Transfer von Gareth Bale, den Football Leaks vor wenigen Tagen enthüllt hat. Nun liest John, dass drei EU-Parlamentarier eine unabhängige Untersuchung des 100-Millionen-Transfers fordern. Aus den von Football Leaks publizierten Verträgen sei hervorgegangen, dass bei dem Deal spanische Banken als Bürgen herhielten. Dabei wurden diese Banken erst im Jahr 2012 mit rund 40 Milliarden Euro aus öffentlichen Mitteln vor dem Ruin bewahrt. Die EU-Abgeordneten werfen den Instituten deswegen vor, sie hätten das Risiko für den Bale-Transfer beim europäischen Steuerzahler abgeladen. Es ist eine brenzlige Nachricht, die international für einigen Wirbel sorgt.

John ballt erst die Faust und klatscht dann in die Hände. »Dafür machen wir das! Genau dafür! Wir wollen den Menschen die Augen öffnen, ihnen zeigen, dass der ganze Fußball eine große kriminelle Vereinigung geworden ist. Kein Transfer findet mehr ohne Illegalität oder zumindest grenzwertige Trickserei statt«, sagt John.

Er guckt auf die Uhr: »Komm, lass uns feiern gehen!« John klappt seinen Rechner zu, stöpselt die Festplatten ab, drückt auf den Boxen herum und geht wieder aus dem Raum. Wohin bringt er das ganze Zeug eigentlich?

»Ich habe Hunger. Wir gehen erst etwas essen und können dabei Fußball gucken.« In wenigen Minuten fängt das Champions-League-Spiel zwischen Real Madrid und dem AS Rom an. Wir schlendern los, draußen ist es schon dunkel, John wählt fast nur Straßen, die nicht beleuchtet sind. Er kennt sich in dieser Stadt aus, keine Frage.

»Was ist dein Lieblingsklub?«, fragt er mich.

»Borussia Dortmund«, sage ich.

Wir sprechen über die großen Spiele des BVB gegen Juventus Turin in den Neunzigerjahren, den Champions-League-Sieg 1997. John kann die Aufstellungen der Borussia runterbeten, erinnert sich noch an die große Rettungstat von Jürgen Kohler gegen Manchester Uniteds Éric Cantona im Halbfinale, wir sprechen über Lars Rickens Lupfer aus dem Endspiel, Matthias Sammers Vorstöße als Libero, Júlio Césars Ruhe und Härte.

»Aber auch da war der Fußball schon kaputt. Dortmund hat Dutzende Millionen Schulden gemacht, um diesen Fußball spielen zu können. Die Bosse hätten den Verein doch fast zerstört. Wie kann so etwas sein? Wieso hat die niemand kontrolliert? Und warum hat der Fußball nichts daraus gelernt?«, sagt John. Ich kann ihm nicht widersprechen.

Wer sein Lieblingsklub ist, darf ich nicht schreiben, sonst würde man ihm vorwerfen, dieses Projekt im Auftrag dieses Vereins zu betreiben, sagt John. »Aber das ist vollkommener Quatsch, wir sind von keinem Klub abhängig, wir arbeiten für niemanden aus der Fußballbranche.«

Auf der Football-Leaks-Page finden sich auch Dokumente zu Johns Lieblingsspieler, seinem Landsmann Cristiano Ronaldo: »Er ist der beste Spieler der Welt, vielleicht sogar der Geschichte.« Und Ronaldo verdient sensationell, das konnte die Welt in den vergangenen Tagen auf der Football-Leaks-Seite nachlesen. Für ein Video- und Fotoshooting, fünf handsignierte Trikots sowie zwei Erwähnungen auf seiner Facebook- oder Twitter-Seite kassierte Ronaldo beispielsweise 1,1 Millionen Euro von einem saudi-arabischen Mobilfunkanbieter. Solche Deals zeigen, wie grotesk der Periphermarkt rund um den Fußball geworden ist. Wie jeder noch so unbedeutende Sponsor oder Investor nach einem auch noch so kleinen Fünkchen des großen Glanzes der

Superstars greift, wie die Honorare explodieren und jede Boden-haftung verloren geht. Cristiano Ronaldo wird in den kommen-den Wochen und Monaten noch sehr oft ein Beleg dafür sein, wie entfesselt, man könnte auch sagen: durchgeknallt, diese ganze Fußballbranche mittlerweile ist.

»Wir veröffentlichen alles, jedes schmutzige Detail. Natürlich auch Dokumente zu unseren Lieblingsspielern und -vereinen«, sagt John. »Niemand wird geschont.«

Kurz vor dem Anpfiff sitzen wir in einer Art Restaurant direkt unter der Großbildleinwand. Es riecht nach Fleisch und Frittier-tem, der Laden ist gerammelt voll mit jungen Menschen, es ist unfassbar laut, und der Kommentator des Matches scheint auf Speed oder einer anderen aufputschenden Droge zu sein. Viel-leicht sind die Lautsprecher aber einfach nur überregelt, denn neben der Fußballstimme dröhnt auch noch Musik.

John bestellt die serbische Schlachtplatte mit einem riesigen Berg voller Pommes frites. Dazu gibt es Bier. Viel Bier. Das Spiel beginnt, Ronaldo ist groß im Bild: »Es ist ein komisches Gefühl, Real Madrid zuzusehen und dabei all die Geheimnisse der Spie-ler zu kennen. Wir haben fast alles: Gehälter, Sponsorenverträge, Handgelder und vor allem die Konten und Kontoauszüge. Wir wissen, wohin sie ihr Geld bringen«, flüstert John.

Während wir essen, sprechen wir nur wenig, gucken stattdes-sen auf den Bildschirm. Real tut sich schwer, die Roma verteidigt gut. Es ist ein zähes Spiel, nichts für Eventfans. »Ich spiele sehr gerne Fußball, schon seit ich ein kleines Kind war. Früher habe ich stundenlang mit meinen Freunden draußen gekickt, heute treffe ich mich ein- bis zweimal in der Woche immer noch mit Kollegen und spiele. Der Sport ist großartig, er bringt so viele Menschen zusammen, lässt sie gemeinsam feiern und trauern. Wo gibt es das denn noch, dass ein Handwerker etwas mit einem Arzt unternimmt? Oder dass wildfremde Leute sich über ihr Leben austauschen? Beim Fußballspielen, aber auch auf Steh-plätzen im Stadion passiert das ständig. Das muss der Fußball sich behalten, und ich will nicht zulassen, dass dieser Sport von irgendwelchen gierigen Managern zerstört wird«, sagt John.

Zum Bier bestellt er Schnaps, das hochprozentige Zeug riecht wie ein strenges Parfüm. Nicht schön. Ich fange an, mir Sorgen um den kommenden Tag zu machen.

57. Minute: Die Roma ist deutlich besser aus der Pause gekommen, das kann ich trotz der Biere erkennen. Der Druck der Italiener wird von Minute zu Minute größer und dann, wie aus dem Nichts: Steilpass auf Ronaldo, der legt sich den Ball mit der Hacke vor, Schlenzer ins lange Eck, Führung für Real.

John dreht völlig durch. Er springt auf, reißt die Fäuste in die Luft, brüllt seine Freude heraus. Für einen, der eigentlich nicht gesehen werden will, zieht er gerade ziemlich viel Aufmerksamkeit auf sich. »Das ist einfach Ronaldo! Ein Genie! Viel besser als Messi, viel kompletter! Ich liebe es, ihm zuzugucken, seine Tore sind Kunst«, ruft John. So viel Emotionalität kommt zunächst überraschend. Aber wenn John anfängt, über Fußball zu sprechen, nimmt man ihm ab, dass er ein richtiger Fan ist, dass dieser Sport ihm wichtig ist, dass seine Gründe für Football Leaks vielleicht wirklich darin liegen, den Sport zu säubern.

John bestellt zwei weitere Schnäpse, dann holt er ein Smartphone raus und zeigt mir einige Mails. »Unsere Dokumente scheinen begehrt zu sein«, sagt er. Ein vermeintlicher Spielerberater schreibt, er wolle den gesamten Datensatz kaufen. »Ich könnte mir eine Summe bis zu 650 000 Euro vorstellen.« John schüttelt den Kopf. »Wenn ich mich verkaufe, bin ich doch nicht besser als all die anderen da draußen«, sagt er. Er zeigt mir auch einige Mails von Boulevardmedien, die ihm Geld für die Dokumente bieten: »Die wollen nur Sensationen und nicht die echten Geschichten. Ich antworte nicht einmal auf solche Anfragen.«

»Ist es nicht gefährlich, ein Smartphone zu benutzen? Du könntest doch geortet werden«, frage ich.

John lacht mich aus. Er zeigt mir ein Programm auf seinem Telefon: Während John die Reste der serbischen Schlachtplatte in sich hineinstopft, sind auf seinem Handy Koordinaten zu sehen, die einem Ort in der Nähe des Nordpols entsprechen. John glaubt, dass irgendwelche Schnüffler versuchen, seinen Standort zu ermitteln, deshalb benutzt er eine Software, die den GPS-Empfänger des Geräts manipuliert. Sachen gibt's.

Das Spiel ist zu Ende, Real gewinnt 2:0. Wir trinken noch zwei schnelle Schnäpse zum Abschluss. »Jetzt gehen wir mal ein bisschen feiern«, sagt John. Ich horche in mich hinein und denke, dass mir die Feier bis hierher vollkommen ausgereicht hat. John dagegen wirkt komplett fit, nüchtern. Das wird eine harte Nacht.

Mit einem Taxi fahren wir zu einer riesigen Betonanlage. Von außen ist laute Musik zu hören, junge Menschen strömen in Richtung eines Kellereingangs. Wir gehen schweigend nebeneinander her, die frische Luft tut gut, um wieder etwas klarer zu werden. Wir betreten eine unterirdische Kneipe, keine Fenster, tiefe Decken, von denen der Schweiß heruntertropft. Die Tanzfläche ist überfüllt, irgendwo hinter den ganzen Menschen spielt eine Liveband. Ich drehe mich um und bekomme direkt ein Bier in die Hand gedrückt. John steht in einer Gruppe, gestikuliert mit beiden Händen, alle lachen.

Wir quatschen, trinken, tanzen und kickern. Gegen fünf Uhr morgens sitze ich an einem Ecktisch und versuche, mich ein wenig zu sammeln. John setzt sich zu mir, er ist verschwitzt vom Tanzen: »Wir müssen hart arbeiten, um all den Schmutz zu säubern. Das wird nicht einfach. Wenn du willst, kann ich dir morgen fast 800 Gigabyte unseres Materials geben«, sagt John. 800? Das sind noch mal 300 Gigabyte mehr, als er zuletzt angekündigt hat. Es klingt nach einem unglaublichen Schatz, einem Datenberg, wie es ihn zuvor im Sport noch nie gegeben hat. Ich bin elektrisiert.

Trotz meiner Vorfreude muss ich John noch eine Frage stellen: »Woher kommt denn das ganze Zeug?«

Er guckt mich ein bisschen mitleidig an: »Ich werde es dir

nicht sagen. Aber wir sollten jetzt ein paar Stunden schlafen gehen.« Himmel, ja, endlich!

Wir taumeln aus dem Laden, neben uns läuft noch eine junge blonde Frau. »Wir brauchen zwei Taxis. Ich melde mich morgen bei dir, dann gehen wir zusammen frühstücken.« John winkt, steigt mit seiner Begleitung ins Auto und ist weg. Ich gehe noch ein paar Meter, stelle vorsichtshalber meinen Handywecker auf zehn Uhr und schnappe mir ebenfalls ein Taxi. Für heute reicht's.

KOPFSCHMERZEN, JOE COCKER, FESTPLATTEN

Mein Kopf fühlt sich an, als würde er explodieren. Mir ist unfassbar übel. Die Menge und Mischung des Alkohols in der vergangenen Nacht weicht deutlich von dem ab, was ich sonst so treibe, mein Körper ist eine solche Eskalation nicht gewöhnt. Ich versuche aufzustehen, aber das verdammte Zimmer dreht sich. Ich greife zu meinem Handy und schreibe John, dass ich wach sei. Er könne sich gern bei mir melden. Meinen Chefs schreibe ich, dass alles in Ordnung sei und ich wohl am nächsten Tag wieder in Hamburg sein könne.

Langsam mache ich mich fertig und gehe dann nach draußen, aber es dauert eine halbe Ewigkeit, bis ich mich wieder einigermaßen hergestellt fühle. Gegen 15 Uhr habe ich immer noch keine Nachricht von John. Ich schreibe ihm, dass ich jetzt eine Kleinigkeit essen ginge und er sich bitte melden solle. Bei dem Gedanken, die vielen Daten bekommen zu können, werde ich ein wenig aufgeregt. Das wäre ein schöner Schatz, durch den wir uns wühlen könnten, einen tieferen Einblick ins Innerste der Fußballbranche wird man wohl kaum bekommen.

Ich kaufe mir ein Stück Salamipizza, fettig, triefend, genau das Richtige gegen diesen Monsterkater. Während ich durch die Stadt spaziere, kommt mir ein Gedanke: Was, wenn John sich nicht mehr melden sollte? Wenn ich gestern irgendetwas

Falsches oder Dummes gesagt habe und er nun einfach wegbleibt? Ich werde nervös und beschließe, zurück ins Hotel zu gehen, um dort zu warten. Auf dem Bett liegend checke ich ständig unseren Chat, aber es passiert: nichts. Irgendwann schlafe ich ein.

Ein lautes Klopfen an meiner Tür weckt mich. Ich schaue auf mein Handy, es ist kurz vor 19 Uhr, draußen ist es schon wieder dunkel. Ich öffne die Tür.

»Du siehst beschissen aus«, sagt John.

Auch er ist leichenblass, rund um seine Nase ist alles grau, er trägt noch das T-Shirt vom Vortag und riecht auch so. Wir lachen. Er sagt, er habe Hunger, Zeit fürs Frühstück. Wir gehen wieder in das Café, Schokoladenkuchen und Limonade scheinen seine Muntermacher zu sein. Diesmal bleiben wir nur kurz. John sagt, er müsse noch ein paar Sachen vorbereiten. Wir fahren zum Gebäude, in dem wir auch gestern waren, und setzen uns vor seinen Laptop. Auf dem Bildschirm erscheinen Tausende PDFs und andere Dateiformate. Er sagt: »Guck dir die Sachen mal an, ich gehe duschen.«

Wo soll ich anfangen? Ich klicke mich durch die Verträge, sehe Unmengen an Material zu den Superstars der Fußballbranche, Zlatan Ibrahimović, Mesut Özil, Paul Pogba, viele Dokumente rund um die spanischen Spitzenklubs Real und Atlético Madrid, aber auch von Borussia Dortmund und Bayer Leverkusen, ein paar Verträge von Bayern München, dem VfL Wolfsburg, sehr viele Überweisungen an Spielerberater. Ohne genauer einzusteigen, weiß ich sofort: Ich will das Zeug haben.

John kommt zurück. Er sieht wieder lebendiger aus, seine Wangen haben sogar einen leicht rötlichen Ton. Ich sage ihm, dass mich das alles interessiere. Er nickt.

»Kann ich die Daten mitnehmen?«, frage ich.

»Nein, jetzt noch nicht. Sie müssen noch fertiggestellt werden«, sagt John.

Ich will nicht zu viele Fragen stellen, ihn nicht mit meiner

Neugierde verschrecken, deshalb konzentriere ich mich auf die eine wichtige: »Wann kann ich sie denn bekommen?«

»Wir werden sehen. Lass uns jetzt erst mal ein Bier trinken gehen«, sagt John. Mein Magen zuckt.

Heute Abend stehen, was für ein Zufall, zwei deutsch-portugiesische Begegnungen auf dem Spielplan: Borussia Dortmund trifft auf den FC Porto, Sporting Lissabon auf Bayer Leverkusen. Europa League, ein Muss für John. Wir gehen in einen ziemlich runtergerockten Pub, dessen Boden so dreckig ist, dass die Schuhsohlen daran kleben bleiben. Der Barkeeper sieht aus, als habe er schon als Baby Bier statt Muttermilch trinken müssen, ein total fertiger Typ. John fragt, ob er für uns das BVB-Spiel einschalten könne.

»Was wollt ihr trinken?«, fragt der Barkeeper, dessen Stimme der von Joe Cocker zum Verwechseln ähnlich ist. Wir bestellen zwei Ales, dunkles Bier. »Und was noch?«, fragt der Barmann. »Erdnüsse«, sage ich. »Zwei Wodka«, ruft John. Auf dem Bildschirm erscheint der BVB.

Wir sitzen am Tresen, abseits der restlichen Gäste. Das Joe-Cocker-Imitat hängt neben dem Zapfhahn und versucht, nicht umzufallen. »Warum hinterfragen die Medien nicht, woher das Geld für den Fußball kommt? Warum wird immer nur über die Ablösesummen geschrieben, aber nie erklärt, welche dubiosen Sponsoren dieses Geld in den Sport pumpen?«, fragt John. Er hat es heute anscheinend eilig, die großen Themen zu beackern. Ich versuche, ihm zu erklären, wie schwer es für Medien sei, an solche Informationen heranzukommen. Dass es oft völlig intransparent sei, auf wessen Gelder ein Verein zugreife. Dass die meisten Klubs auch nicht verpflichtet seien, ihre Geldgeber, Sponsoren, Einkünfte detailliert der Öffentlichkeit zu präsentieren.

Und selbst wenn Journalisten herausbekommen, wie sich ein Klub finanziert, stoßen sie dabei oft auf undurchsichtige Firmengeflechte. Das erschwert weitere Recherchen enorm, denn mit normalen Ansätzen ist es so gut wie unmöglich, an die notwendigen Informationen zu den wirtschaftlich Berechtigten eines Unternehmens zu gelangen. Solche Informationen können nur von Quellen oder Whistleblowern kommen.

Wir diskutieren, wie Mäzene wie der Chelsea-Besitzer Roman Abramowitsch riesige Summen in den Fußball bugsieren können, ohne dass jemand wirklich weiß, wie sie dieses Geld verdient haben. Ob Silvio Berlusconi früher beim AC Mailand, der Bauunternehmer Florentino Pérez bei Real Madrid und all die chinesischen Investoren, die aktuell den europäischen Markt mit ihrem Geld fluten – es scheint eine Grundhaltung dieses Sports zu sein, ohne Skrupel, Prüfung oder Fragen frisches Kapital aus jeder Richtung anzunehmen.

John erzählt, dass in seinen Daten auch ein Investmentvorhaben eines afrikanischen Despoten liege, der unbedingt in den Fußball investieren wolle. Genauso wie Mitglieder der kasachischen und türkischen Mafia oder Kriminelle aus Südamerika. »Es ist doch einfach: Im Fußball kann man aktuell die höchsten Renditen erzielen. Fast jeder junge, gut ausgebildete Spieler steigert seinen Marktwert, weil es immer mehr Klubs gibt, die immer mehr gute Spieler brauchen und sie nun auch bezahlen können. Früher gab es nur den europäischen Markt, da wurde das große Geld verdient. Heute können die Spieler auch in Russland, Brasilien, China und sogar Indien reich werden. Das bedeutet aber auch: Jeder Kriminelle kann sein schmutziges Geld in die Branche pumpen und bekommt es am Ende gewaschen und zumeist sogar mit einer Rendite zurück. Das ist doch verrückt«, sagt John.

Er fordert, dass mit der Öffnung der Transfermärkte auch die Geldflüsse besser kontrolliert werden müssten. Ähnlich wie es die amerikanischen Basketball- und Football-Profiligen tun, in denen die Verträge, die Gehälter und auch die Ablösesummen publik gemacht werden. »Im Fußball wäre es wichtig, dass zusätzlich noch die Honorare der Berater offengelegt werden«, sagt John. Er plädiert für volle Transparenz in einer Branche, die akute Transparenz-Allergie hat.

Joe Cocker serviert uns zwei neue Biere, zwei Wodka, aber keine Erdnüsse mehr: »Sind leer.« Der BVB führt mittlerweile 1:0, das Spiel plätschert so dahin. Dafür kommt John immer mehr in Fahrt: »Eintrittspreise für Stadionbesuche werden teurer und teurer, in England kann ein normaler Mensch kaum noch ein Spiel vor Ort sehen. Ganz zu schweigen von Trikotpreisen und TV-Abos, die völlig in die Höhe schießen. Der Sport, der den einfachen Leuten gehört, entfernt sich immer weiter von ihnen. Und wir alle gucken dabei zu, wie irgendwelche It-Girls und Möchtegern-Promis auf VIP-Tribünen sitzen und Popcorn essen, während die Spieler und Funktionäre die Millionen, die sie durch die Fans verdienen, so schnell wie möglich in einer Briefkastenfirma, ganz weit entfernt von den europäischen Steuerbehörden, parken. Das ist ein krankes System. Ein System, das so auf Dauer nicht überleben kann«, sagt John.

Er habe so viele Kickbackzahlungen rund um die Transfers portugiesischer Spieler gefunden, so viel Vetternwirtschaft zwischen Vereinen und Spielerberatern erkannt, dass er irgendwann einfach habe handeln müssen, sagt er. »Dann hat es Monate gedauert, um eine gute Struktur aufzubauen, um an interne Dokumente zu kommen.« Jetzt sei sein Netzwerk so stabil, dass Football Leaks auf Jahre funktionieren könne. Sofern er das Gefühl habe, dass die Öffentlichkeit das auch wolle. »Wir bekommen viele Mails, in denen uns zu unserem Projekt gratuliert wird, wir werden gebeten weiterzumachen. Aber wir sehen auch, dass es oft harten Widerstand von den Fans der Vereine gibt, über die wir etwas veröffentlichen. Ganz zu schweigen von den Angriffen, die aus der Fußballbranche kommen«, sagt John.

Er sagt, in seinen Daten fänden sich zahlreiche Hinweise darauf, dass Vereine und Spielerberater Privatdetektive auf ihn angesetzt hätten. »Aber nicht irgendwen: Russen und ehemalige englische Elitesoldaten«, sagt John. Er ruft auf seinem Handy einige Dokumente auf. Dort sind kasachische und türkische Namen zu lesen. Googelt man die Namen, kommen Treffer wie »Mafia«, »Mord« und »Organisiertes Verbrechen«. Mit diesen Leuten hat sich Football Leaks angelegt.

John sagt, er wisse nicht, wie lange er seine Anonymität noch wahren könne. Er bestellt eine weitere Runde Bier, der Wodka kommt ungebeten dazu. Sogar der weltweit größte Spielerberater Jorge Mendes soll Privatdetektive auf John und seine Kollegen angesetzt haben. Eine portugiesische Staatsanwaltschaft ermittelt, vor wenigen Tagen wurde ein Rechtshilfeersuchen an ein osteuropäisches Land verschickt. Es wird ernst. Aber vor der Polizei habe er weniger Angst, sagt John. Sorgen würden ihm die Schergen bereiten, die von Spielerberatern oder Sportvermarktungsagenturen auf Football Leaks angesetzt worden seien. Die, so John, regelten ihre Konflikte nämlich nicht nur mit Anwälten: »Und ich hab' keinen Bock darauf, in irgendeine Autobahnbrücke einbetoniert zu werden.«

Ich bin mir nicht sicher, wie real die Gefahr für ihn ist. Wird er wirklich bedroht, oder ist er nur paranoid? Ich weiß einfach noch zu wenig über Football Leaks, über die Struktur, die Hintermänner, die Motivation. Ich frage John: »Macht ihr dieses Projekt wirklich komplett freiwillig? Wer finanziert euch?«

Er setzt das Bier ab. Seine Augen sind wach, ganz klar, er guckt mich direkt an: »Es gibt keine dunkle Macht oder irgendein Mastermind hinter Football Leaks. Die Geschichte ist so, wie sie ist: Wir sind Fußballfans, und wir wollen, dass dieser Sport wieder zurück zu uns kommt. Dass dieses Ausbeuten der Branche endlich aufhört, dass wir verstehen, wo unser Geld hingeht und wer sich bereichert. Nenn das naiv oder romantisch. Für mich sind aber all diejenigen, die nichts gegen die Zerstörung des Fußballs unternehmen, Mittäter.«

Womöglich würden Snowden, Manning oder Assange ähnlich argumentieren. Nur eben bezogen auf Missstände in der Politik, beim Militär oder bei den Geheimdiensten. John spielt die Rolle des Guten, des Überzeugungstäters, des idealistischen Whistleblowers nicht, nein, er gibt sich größte Mühe, diese Rolle auch zu leben.

Wir haben lange geredet, das Spiel ist beinahe zu Ende, auf dem Fernseher sehen wir noch die letzten Pässe der Dortmunder Spieler. Abpfiff, der BVB gewinnt 2:0 gegen den FC Porto. John nimmt die Niederlage emotionslos hin. Er beugt sich über den klebrigen Tresen und fragt, ob Joe Cocker das Sporting-Leverkusen-Spiel einschalten könne, aber der Barmann ist Liverpool-Fan und, Pech, heute spielt Liverpool in Augsburg. Wir gucken also zu, wie Jürgen Klopp mit seiner englischen Mannschaft für ein Spiel nach Deutschland zurückkehrt. John streitet noch ein bisschen mit Joe Cocker und droht damit, dass wir keinen Wodka mehr trinken würden. Den Barmann lässt das kalt. Bei der nächsten Runde gibt es wieder das doppelte Gedeck.

Wir ziehen weiter. Diesmal geht es in einen Club, viele Menschen, sehr jung. Wir tanzen, wir trinken, wir feiern bis etwa drei Uhr morgens. Dann machen wir uns auf den Weg zurück. Ich muss um sechs Uhr zum Flughafen fahren und kann nicht fassen, warum ich Idiot einen so frühen Flug gebucht habe. John reißt mich aus meinen Gedanken. Er sagt recht unvermittelt, dass er aus dem Projekt aussteigen wolle. Es koste ihn einfach zu viel Energie. Genau deshalb sollte ich ihn eigentlich besuchen. Nur geredet haben wir bislang kaum darüber.

»Lass uns zu mir fahren«, sagt John. Wir steigen in ein Taxi, auf der Fahrt fallen uns beiden die Augen zu. Etwa eine halbe Stunde später sitzen wir wieder in dem kleinen Zimmer, der Laptop surrt leise vor sich hin. Irgendwo in dem Haus vergnügt sich ein Pärchen, wir hören sie deutlich. »So sollte das Leben sein!«, sagt John, schwer lallend. Er reicht mir zwei Festplatten rüber.

»Das sind mehr als 800 Gigabyte. Fangt erst mal an, euch dieses Material anzusehen, dann gucken wir mal, ob ihr noch mehr bekommt. In den Daten ist Vieles zu Ronaldos Steuersparmodellen zu finden, aber auch zu einem Spielerberaterring. Die prellen auch die Steuer«, sagt John.

»Wie wird es mit eurer Seite weitergehen?«, frage ich.

»Ich weiß es nicht. Wir werden das besprechen«, sagt John.

»Kannst du mir denn sagen, wie viele ihr insgesamt seid?«

»Lass gut sein. Und meld' dich, wenn du gelandet bist.«

Ich nehme die Festplatten, wir umarmen uns zum Abschied, er bringt mich noch vor die Tür. Draußen macht es kurz »pling«. John holt sein Handy aus der Hose, er sagt, ein neues Datenpaket sei eingetroffen. Er murmelt etwas von Adidas, dem Sportvermarktungsriesen, und auch von einem Deutschen, Dietmar Hopp. Dem Mäzen der TSG 1899 Hoffenheim. Es geht um ein Investorenmodell. John fängt sofort an zu lesen.

GÖNNEN KÖNNEN

Sein Vermögen, sagt Dietmar Hopp, liege bei etwa 7,6 Milliarden Euro. Aber was heißt das schon? Vier Wochen später können es 7,8 oder 7,4 Milliarden sein, knapp drei Prozent rauf oder runter. Denn Hopps Reichtum besteht vor allem aus seinem Zehn-Prozent-Anteil an der Softwarefirma SAP, die er vor mehr als 40 Jahren mit vier weiteren Partnern gegründet hat.

Dietmar Hopp, zu Beginn des Zweiten Weltkriegs geboren, in bescheidenen und kleinbürgerlichen Verhältnissen aufgewachsen, ist ein großzügiger Mensch. Über seine Stiftung, die von den Dividenden der SAP-Papiere genährt wird, hat er im Lauf der Jahre eine halbe Milliarde Euro gespendet, die in die medizinische Forschung, in Kliniken, in Bildung und soziale Projekte flossen, vornehmlich in der Rhein-Neckar-Region.

Und er hat einen Fußballklub groß gemacht, die TSG Hoffenheim, die heute TSG 1899 Hoffenheim heißt – vermutlich um zu bekräftigen, dass der Verein auch eine Geschichte vor Hopp hat. Rund 350 Millionen Euro pumpte der Milliardär in knapp drei Jahrzehnten in seinen Heimatverein, der 1989 noch in der Kreisliga A dümpelte und seit 2008 in der Fußball-Bundesliga spielt. Eine beispiellose Erfolgsgeschichte, die ohne Hopps Investitionen in die Mannschaft, die Geschäftsstelle, das Trainingszentrum und vor allem das Stadion undenkbar gewesen wäre. Das Kraichgau ist Dietmar-Hopp-Land. Die Straße zum neuen Stadion in Sinsheim ist genauso nach ihm benannt wie der alte Sportplatz in Hoffenheim.

Während sein gesellschaftliches und soziales Engagement dem früheren Konzernlenker Bewunderung einbringt und er dafür mit Ehrungen, Preisen und Orden überhäuft wird, spaltet sein Mäzenatentum im Fußball die Menschen. Jenseits von Sinsheim schlägt dem Milliardär vielfach Verachtung entgegen. »Sohn einer Hure« ist die Standardbeleidigung, die Fans gegnerischer Mannschaften seit fast zehn Jahren anstimmen, wenn ihnen Hopp in den Sinn kommt oder wenn sie ihn in seiner Loge erblicken. Für sie ist der Milliardär das ideale Feindbild, an dem sie ihre aufgestauten Emotionen abreagieren können: den Neid, die Wut, den Hohn. Denn Hoffenheim ist nicht nur reich. Hoffenheim ist auch erfolgreich.

Hopp versteht diese Anfeindungen nicht. Er will auch als Fußballmäzen so respektiert werden wie als Förderer der Medizin. Seit Hoffenheim in die Erste Liga aufgestiegen ist, hat er zahlreiche Interviews gegeben, in denen es um seine Rolle als allmächtiger Vereinspatron ging. Immer wieder betonte Hopp die soziale Bedeutung des Sports, den Fußball als Charakterfach, das Mannschaftsspiel als Lebensschule. Seine Millionen seien lediglich eine Anschubfinanzierung gewesen, Schritt für Schritt ziehe er sich aus dem Geschäft heraus, auf dass der Verein sich bald selbst trage. »Ich wurde beschimpft«, sagt Hopp, »dabei ging es mir nie darum, Geld zu verdienen. Ich habe übrigens auch keines verdient, sondern wollte den Menschen in dieser Region, die meine Heimat ist, etwas zurückgeben.«

Dietmar Hopp, der Wohltäter. Der Milliardär von nebenan. Eine schöne Geschichte. Aber ist es auch die ganze Geschichte?

Im Material von Football Leaks finden sich Dokumente, die Zweifel an Hopps Selbstinszenierung aufkommen lassen. Es geht um eine Firma namens Transfair Rechteverwertungsgesellschaft mbH & Co. KG. Gegründet wurde dieses Unternehmen mit Sitz im nordbadischen Wiesloch Anfang September 2012. Persönlich haftender Gesellschafter war die Verwaltungsgesellschaft des Golf Club St. Leon-Rot mbH, die sich bald darauf in DH-Holding Verwaltungs GmbH umbenannte. Deren alleiniger Besitzer war, wie die Initialen im Namen der GmbH bereits vermuten lassen: Dietmar Hopp.

Die Firma Transfair verdient Geld am Vereinswechsel von Fußballprofis. Das Wortspiel im Firmennamen erweckt den Eindruck von Aufrichtigkeit, von ethisch-moralischen Grundsätzen in einer Branche, die vielfach Züge modernen Sklavenhandels trägt. Doch das Transfair-Geschäftsmodell unterscheidet sich nicht von dem anderer Investoren – die Firma beteiligt sich an den Transferrechten von Fußballprofis und profitiert davon, dass diese mit möglichst hoher Ablösesumme an einen anderen Klub weiterverkauft werden. Mit Fairtrade hat das wenig zu tun.

Anfang Juli 2013 erschien in der »Süddeutschen Zeitung« ein Artikel, wonach die Firma Transfair sich auch an Spielern der TSG 1899 Hoffenheim beteiligen und aus einem vorzeitigen Verkauf Kapital schlagen könnte. Der Autor schilderte die möglichen Interessenkonflikte zwischen Hopp, dem Eigner und Gönner des Klubs, und Hopp, dem Investor, und er stellte die richtigen Fragen: Will Hopp aus dem Verein doch Geld herausholen? Für wen? Für sich? Für Partner? Für die TSG 1899 Hoffenheim? Und was passiert, wenn ein Spieler, in den die Firma Transfair investiert hat, Hoffenheim gar nicht verlassen oder der Verein den Spieler nicht vor Ablauf seines Vertrages abgeben will?

Das Problem für die »SZ« war wohl die Beleglage. Die Zeitung verfügte offensichtlich nicht über Dokumente, die zweifelsfrei Auskunft über die Geschäfte gaben. Der Mäzen aus Hoffenheim äußerte sich damals nicht. »Hopps Schweigen«, lautete folgerichtig die Überschrift. Seither ist es wieder ruhig geworden um Hopps Investmentvehikel Transfair.

Die Unterlagen von Football Leaks legen Hopps diskrete Geschäfte nun offen. Aus den Dokumenten geht unmissverständlich hervor, dass seine Firma sich an den Transferrechten mehrerer Hoffenheimer Profis beteiligt hat – und so am Weiterverkauf oder einer Ausleihe dieser Spieler verdient hat.

Am 25. Januar 2013 schloss Transfair mit der TSG 1899 Hoffenheim Fußball-Spielbetriebs GmbH zwei Verträge über den

»Kauf einer Transferforderung«. Demnach erwarb Hopps Firma jeweils 100 Prozent der »ökonomischen Transferrechte«, wie es in den Unterlagen heißt, an den Spielern Luis Jan Piers Advíncula Castrillón und Alexander Júnior Ponce Pardo. Für die Transferrechte an dem Peruaner Júnior Ponce zahlte Hopps Firma Transfair seinem Klub TSG 1899 Hoffenheim 415 500 Euro, für die Transferrechte an dem Peruaner Luis Advíncula 730 000 Euro.

Hoffenheim hatte Júnior Ponce am 22. Dezember 2012 vom peruanischen Erstligisten Alianza Lima gekauft. Doch für den Bundesligisten hat der Profi nie gespielt. Die Badener verliehen ihren Neueinkauf zunächst für ein halbes Jahr an den brasilianischen Verein EC Pelotas. Im Sommer 2013 verliehen sie ihn dann an seinen peruanischen Heimatverein Alianza Lima, im Sommer 2014 an den portugiesischen Erstligisten Vitória Setúbal und im Sommer 2015 an den peruanischen Erstligisten Club Universidad San Martín de Porres in der Hauptstadt Lima. Dort spielt Júnior Ponce noch immer.

Ähnlich bewegt ist die Transferhistorie Luis Advínculas. Hoffenheim hatte den Verteidiger am 8. Januar 2013 vom ukrainischen Erstligisten SK Tawrija Simferopol verpflichtet. Der Profi blieb nur ein halbes Jahr im Badnerland, dann wurde er für eine halbe Saison zum brasilianischen Zweitligisten AA Ponte Preta ausgeliehen. Es folgte ein halbes Jahr als Leihspieler beim peruanischen Spitzenklub Sporting Cristal, von dort wurde er ein Jahr zum portugiesischen Verein Vitória Setúbal verliehen, ehe 1899 Hoffenheim den Fußballsöldner im Sommer 2015 an den türkischen Erstligisten Bursaspor verkaufte.

Zeichnet man die Karrierewege und -stationen Júnior Ponces und Luis Advínculas auf ein Blatt Papier, bekommt man einen bildhaften Eindruck von der eiskalten Ökonomie des Fußballmarktes. Mittelmäßige Profis wie die beiden Südamerikaner, die es zu Tausenden gibt, werden von ihren Beratern rund um den Globus von einem Klub zum nächsten verschoben.

Wie viel Geld die TSG 1899 Hoffenheim an all diesen Transfergeschäften eingenommen und wie viel der Verein davon an Hopps Firma Transfair weiterleiten musste, geht aus den Unterlagen nicht hervor. In beiden Verträgen gibt es allerdings Beispielrechnungen für die »Transferforderungen« von Hopps Beteiligungsgesellschaft. Würde Hoffenheim 1,5 Millionen Euro für Luis Advíncula einnehmen, stünden Transfair 1,26 Millionen Euro zu. Von 1,5 Millionen Euro, die Hoffenheim mit Júnior Ponce erlöste, wären für Transfair laut der Modellrechnung 960 000 Euro fällig.

Doch diese Summen sind lächerlich im Vergleich zu denen, die die Firma Transfair am 22. Dezember 2014 mit der TSG 1899 Hoffenheim vereinbarte. Diesmal ging es um den Mittelfeldspieler Roberto Firmino Barbosa de Oliveira, besser bekannt unter seinem Kürzel Firmino. Das Geschäft lief so: Transfair zahlte Hoffenheim 20 Millionen Euro in zwei Raten, zehn Millionen sofort und weitere zehn Millionen, sobald Firmino verhökert sein würde. Dafür sicherte sich die Firma 85 Prozent der Transferrechte des brasilianischen Nationalspielers. Die restlichen 15 Prozent seiner Anteile hatte Transfair schon früher erworben, gehalten hatten sie zwei brasilianische Gesellschaften, die eine kommt aus dem Dunstkreis von Firminos Spielerberater Roger Wittmann. Eine Bitte um Stellungnahme lehnte der Agent ab: »Ich habe nicht die Absicht, mich zu internen Abläufen oder Organisationsstrukturen bei Rogon Sportmanagement GmbH & Co. KG oder zu Vertragsinhalten öffentlich zu äußern. Ich werde auch nicht eingegangene Verpflichtungen zur Vertraulichkeit verletzen oder Geschäftsgeheimnisse der Rogon Sportmanagement Gmbh & Co. KG, unserer Partner oder Auftraggeber mitteilen.«

Die Vereinbarung vor Weihnachten 2014 war ein Deal kurz vor Toresschluss. Zum 1. Mai 2015 verbot der Weltfußballverband Fifa wegen zahlreicher Missbrauchsfälle Beteiligungen Dritter an Spielertransfers, die sogenannte Third Party Ownership (TPO). Angekündigt worden war dieser Bann bereits anderthalb Jahre zuvor, dabei galt: Für alle bestehenden TPO-Vereinbarungen sicherte die Fifa Bestandsschutz zu.

Auch für den Firmino-Deal. Er wurde zum großen Los für Transfair. Am 1. Juli 2015 kaufte der FC Liverpool Firmino aus seinem Vertrag mit den Deutschen heraus. In den Football-Leaks-Unterlagen findet sich das »International Transfer Agreement« zwischen dem Premier-League-Klub und der TSG 1899 Hoffenheim. Die Ablösesumme für den torgefährlichen Offensivmann liegt demnach bei 40 Millionen Euro, niemals zuvor war ein Spieler für mehr Geld aus der Bundesliga ins Ausland transferiert worden.

Doch der Verein ist bei den Zahlungen nur eine Durchgangsstation. Bis auf einen Anteil von rund acht Millionen Euro müssen die Hoffenheimer das Geld aus Liverpool an Hopps Firma Transfair weiterleiten. Hopps Firma? Zufall oder nicht: Wenige Tage nachdem die »Süddeutsche Zeitung« im Sommer 2013 erstmals den Scheinwerfer auf Transfair gelenkt hatte, schied Dietmar Hopps Beteiligungsgesellschaft DH-Holding Verwaltungs GmbH als persönlich haftende Gesellschafterin aus. Nachlesbar im Handelsregister. Ihre Rolle übernahm die Heidelberger Firma Comaro Management GmbH, die eigens zu diesem Zweck gegründet worden war.

Alleiniger Gesellschafter und Geschäftsführer der Comaro ist Mariano Maroto López. Solange Dietmar Hopp noch Besitzer von Transfair war, besaß Maroto auch dort schon Prokura – Hopp hatte den Spanier bei der DH-Holding im Herbst 2012 neben sich zum zweiten zeichnungsberechtigten Geschäftsführer bestellt. Hopps DH-Holding residiert in der Heidelberger Straße in Wiesloch. Unter derselben Adresse findet sich auch die Firma Transfair, selbst nach Hopps offiziellem Ausstieg. Dietmar-Hopp-Land also.

Just in dieses Gebäude zog Anfang Dezember 2014, zwei Wochen vor dem Firmino-Deal mit der TSG 1899 Hoffenheim, auch die neue Eigentümerin von Transfair, die Comaro Management GmbH des Señor Maroto. Warum stieg Hopp aus der Transfair aus und machte seinen Weggefährten Maroto, der 1991 als junger Mann bei SAP angefangen und sich bis 2012 zum Global Vice President der Sparte Customer Strategy and Sales Operations hochgedient hatte, dort nun zum starken Mann? Gab es für den Gönner der TSG Hoffenheim Interessenkonflikte, die er verbergen musste? Und gibt es weitere Profis aus dem Hoffenheimer Kader, bei deren Vereinswechseln die Firma Transfair Kasse machte oder noch machen wird?

Dietmar Hopp teilte auf Nachfrage mit, dass er sich »weder zu Interna noch zu vertraulichen Vertragsinhalten oder Mutmaßungen äußern« würde. Sein Geschäftspartner Mariano Maroto López antwortete auf eine detaillierte Bitte um Stellungnahme:»Sie haben sicherlich Verständnis dafür, wenn wir die von Ihnen im vorgenannten Schreiben aufgestellten Behauptungen – gleich, ob diese bloße Spekulation oder erweislich unwahr sind – nicht kommentieren.« Die Deutsche Fußball Liga (DFL) teilte mit, dass die TSG 1899 Hoffenheim »die zu der Zeit jeweils gültigen Statuten nach den der DFL vorliegenden Informationen eingehalten« hätte.

Die DFL hat es Dietmar Hopp vor zwei Jahren gestattet, rund 95 Prozent der Stimmanteile und 99,99 Prozent der Kapitalanteile der TSG 1899 Hoffenheim Fußball-Spielbetriebs GmbH zu übernehmen. Die Begründung: Der Mäzen habe mehr als 20 Jahre lang selbstlos Kapital in seinen Heimatverein gepumpt. Für fast alle anderen Bundesligaklubs, von Bayer Leverkusen und dem VfL Wolfsburg abgesehen, gilt, dass bislang kein Geldgeber die Mehrheit der Stimmanteile erwerben darf – sie muss beim Verein selbst liegen.

Auch dieses Privileg ist ein Grund dafür, warum Fußballfans deutschlandweit rotsehen, wenn sie den Namen Hopp hören. Dass Hopp, der bekennende Großmäzen, in seinen Klub nicht nur Millionen Euro hineingesteckt hat, sondern auch an undurchsichtigen Transfergeschäften beteiligt war – davon wussten seine zahlreichen Widersacher bislang nichts.

DIE GELDREGNER

Für die Fans von Real Madrid ist der Cibeles-Brunnen ein mythischer Ort. Hier, im Herzen der spanischen Hauptstadt, feiert der Verein seine größten Siege. Ein offener Doppeldeckerbus chauffiert die Mannschaft an solchen Festtagen den Prachtboulevard Paseo de la Castellana hinunter, Zehntausende jubelnder Fans tummeln sich dann auf den Straßen. Der Höhepunkt der Feierlichkeiten ist erreicht, wenn der Kapitän der Mannschaft der steinernen Kybele, der Göttin der Fruchtbarkeit, einen Vereinsschal um den Hals gebunden und ihr Haupt geküsst hat. So war es auch Ende Mai 2016, dem Tag nach dem Sieg im Champions-League-Finale gegen Atlético Madrid: Die Plaza de Cibeles erlebte eine Orgie in Weiß, der Farbe der Königlichen.

Diese Festtage für Real Madrid sind traditionell auch Festtage für den Ausrüster des Klubs: Adidas. Überall dort, wo bei dem Triumphzug durch Spaniens Hauptstadt das Vereinswappen von Real zu sehen war, prangte auch gut sichtbar das Firmenlogo mit den drei Streifen. So hat es sich der Sportartikelkonzern aus Deutschland unter dem Stichwort »Celebrations« in einen Ausrüstervertrag mit Real Madrid schreiben lassen – ein Dokument, das sehr viel über die Exzesse des globalen Fußballgeschäfts erzählt. Denn Adidas will für seine exklusive Nähe zu Real Madrid mindestens eine Milliarde Euro zahlen. Eine Milliarde.

Die Schere zwischen den umsatzstärksten Fußballklubs der Welt und deren Verfolgern entwickelt sich seit Jahren auseinander. Als wichtige Erklärung wird immer wieder angeführt, dass die Champions League für Ungleichheit sorge und die bestehenden Verhältnisse zementiere. In der Tat hat die Uefa an einige wenige Großklubs seit Sommer 2010 hohe Champions-League-Prämien ausgeschüttet: Real Madrid kassierte 318 Millionen Euro, Barça 299 Millionen, der FC Bayern München 290 Millionen. Die sportliche und wirtschaftliche Dominanz dieses Trios ist erdrückend. Abgesehen vom FC Chelsea, der sich im Finale von München 2012 überraschend gegen den FC Bayern behauptete, hat in den letzten sechs Jahren kein anderer Klub die Königsdisziplin des europäischen Fußballs gewonnen.

Doch in Wahrheit sind es nicht in erster Linie die Champions-League-Einnahmen, die das finanzielle und bilanzielle Ungleichgewicht zwischen der Elite und dem Rest der Fußballbranche verfestigen. Hauptverantwortlich für die Geldflut, die die reichsten Klubs noch reicher macht, sind die Sportartikelgiganten Adidas und Nike. Beide Konzerne verfolgen dieselbe Vermarktungsstrategie: Sie setzen auf die bekanntesten Namen, die berühmtesten Spieler, die erfolgreichsten Vereine. Und im Wettstreit um die Klubs und Kicker mit der weltweit größten Strahlkraft pokern sie sich gegenseitig in die Höhe und fluten ihre Werbepartner mit geradezu absurden Summen.

Auffällig ist, wie wenig von diesen Geschäftsverbindungen nach außen dringt. Während die Uefa ihre millionenschweren Ausschüttungen aus den Vereinswettbewerben detailliert auflistet, halten die Sportartikelriesen ihre Sponsorenvereinbarungen mit den Topklubs und Topstars streng unter Verschluss. Kein Wunder: Die vertraulichen Klauseln und Zahlen bewegen sich immer häufiger in irrationalen Dimensionen. Bei näherer Betrachtung fragt man sich fast zwangsläufig: Wo endet die wirtschaftliche Vernunft? Und wo beginnt der Irrsinn?

Allenfalls von Vereinsseite drangen bislang bruchstückhafte Informationen über das Ausmaß der Sponsorenverträge an die Öffentlichkeit. Als Manchester United im Sommer 2014 den Vertrag mit Nike auslaufen ließ und einen Zehn-Jahres-Kontrakt mit Adidas unterzeichnete, machte der Klub eine Zahl publik: mindestens 750 Millionen Pfund, damals etwa 940 Millionen Euro, würde Manchester United dieser Abschluss einbringen, hieß es in einem Kommuniqué. Weitere Details verriet man nicht.

Über den Vertrag zwischen Adidas und Real Madrid kursierten bislang nur Gerüchte. Doch mithilfe der Football-Leaks-Daten ist nun ein tiefer Einblick in die innige Verbindung zwischen dem spanischen Rekordmeister und der Firma aus Deutschland möglich, eine Liaison, die seit knapp 20 Jahren besteht. Unter diesen Dokumenten findet sich auch ein Entwurf für einen neuen Vertrag, der vom 1. Juli 2015 an gültig sein und eine Laufzeit bis 30. Juni 2024 haben soll. Es sind Zahlen aus einer anderen Welt.

Adidas würde Real Madrid demnach ein jährliches Fixum von 70 Millionen Euro überweisen. Zudem würde der Sportartikel-Gigant den Klub mit 22,5 Prozent am Nettoerlös des weltweiten Verkaufs von Real-Madrid-Produkten beteiligen. Auch dafür gäbe es eine jährliche Garantiesumme: 30 Millionen Euro. Alle Einnahmen aus dem Vertrieb der Lizenzprodukte, die darüber hinausgehen, würden fein säuberlich abgerechnet – Adidas würde sich verpflichten, Real Madrid einmal im Quartal eine detaillierte Auflistung über den globalen Absatz vorzulegen.

Außerdem stellen die Deutschen dem Klub demnach Kleidung, Trikots, Schuhe und Bälle für jährlich bis zu acht Millionen Euro zur Verfügung. Und wenn es sportlich gut liefe bei den Königlichen, käme noch die eine oder andere Prämie hinzu. Gewönne Real Madrid zum Beispiel die spanische Meisterschaft, würden weitere 2,5 Millionen Euro fällig, nach 2020 würde sich dieser Erfolgszuschlag auf 3,5 Millionen erhöhen. Für jeden Titel in der Champions League würde Adidas fünf Millionen Euro obendrauf zahlen, vom Jahr 2020 an sogar sieben Millionen.

Wie abgehoben diese Zahlen sind, wie weit entfernt vom deutschen Fußball, verdeutlichen zwei Vergleiche. Zum einen erhielt Borussia Dortmund, nach Bayern München hierzulande der attraktivste Klub, von seinem Ausrüster Puma in der Saison 2015/16 geschätzte acht Millionen Euro. Zum anderen hätte Real Madrid in derselben Spielzeit allein mit seinen Adidas-Einnahmen den Jahresumsatz eines Klubs wie Hertha BSC

Berlin (95 Millionen) und den vier weiterer deutscher Erstligisten übertrumpft. An alle Eventualitäten scheinen die Juristen in dem fast 140 Seiten dicken Vertragsentwurf zwischen Adidas und Real gedacht zu haben, selbst noch so abwegige Wendungen wie ein Abstieg des Klubs in die Zweite Liga werden thematisiert. Sollte es tatsächlich so weit kommen, fiele der Klub vergleichsweise weich: Adidas würde auch dann noch 65 Millionen Euro jährlich garantieren.

Als Adidas mit Real im Sommer 2015 eine vorzeitige Vertragsverlängerung verhandelte, hatte der gültige Vertrag noch eine Laufzeit von fünf Jahren. Dieser war im Juli 2011 in Kraft getreten. Das Jahresfixum für Real, auf das Adidas und der Klub sich damals bis zum Sommer 2020 geeinigt hatten, lag bei 42 Millionen Euro – statt bei nun anvisierten 70 Millionen. Und die jährliche Mindestausschüttung für Reals 22,5-Prozent-Beteiligung an den weltweiten Merchandising-Erlösen lag bei zehn Millionen Euro – statt bei nun vorgesehenen 30 Millionen. Das zeigt, wie die Einnahmemöglichkeiten für den spanischen Edelklub zwischen 2011 und 2015 geradezu explodiert sind. Real Madrid konnte Adidas offensichtlich dazu bewegen, nach nicht einmal der Hälfte der Laufzeit eine gültige Vereinbarung neu zu verhandeln, um die garantierten Bezüge um fast hundert Prozent nach oben zu treiben.

In dem Vertrag von 2011 findet sich noch eine Merkwürdigkeit: eine Einmalzahlung für Real Madrid, ein sogenanntes »Advanced Payment«. Die Summe: 40 Millionen Euro. Im streng vertraulichen Entwurf gibt es dazu einen seltsamen Passus. Demnach hatte Adidas diese 40 Millionen Euro »in cash« zu bezahlen. Die Madrilenen wollten so viel Geld in bar? Aus diesem Papier geht auch hervor, dass Adidas schon einmal, im Sommer 1998 zum Abschluss eines großen Ausrüstervertrages, eine Einmalzahlung »in cash« mit Real Madrid vereinbart hatte – auch 40 Millionen, damals aber Dollar. Kann es tatsächlich sein, dass die spanische Dependance von Adidas, die mit Real Madrid ins Geschäft kam, zweimal mit großen Geldkoffern anrückte? 40 Millionen Dollar sind nicht gerade eine Summe, die seriöse Geschäftspartner »in cash« über den Tisch schieben.

Real Madrid reagierte pikiert auf eine Bitte um Stellungnahme zu den Vertragsinhalten. »Ihre Nachfrage scheint auf Informationen zu basieren, die auf illegalem Weg erlangt worden sind«, hieß es in einer Antwort. Eine Veröffentlichung bedeutete einen »Rechtsbruch«, gegen den der Verein sich mit juristischen Schritten zur Wehr setzen werde. Adidas antwortete auf einen umfassenden Fragenkatalog: »Vertragliche Inhalte unterliegen grundsätzlich der Vertraulichkeit und werden folglich von uns nicht kommentiert.«

So ist das regelmäßig bei Adidas: Fragen nach Geschäftsmethoden wie einer 40-Millionen-Barzahlung perlen an dem Unternehmen ab wie Wasser an der Teflonpfanne. Ungleich aktiver zeigt sich die Kommunikationsabteilung, wenn es um Imagepflege geht, um das junge, dynamische Erscheinungsbild der Firma. Auf dem Campus im fränkischen Herzogenaurach arbeiten Mitarbeiter aus mehr als 80 Nationen, Geschäftssprache ist Englisch, das Durchschnittsalter liegt bei Anfang 30, Bodenständigkeit soll dort mit Weltläufigkeit verschmelzen, Seriosität mit Lässigkeit. Und nirgendwo soll bitte schön der Eindruck entstehen, bei Adidas mache sich irgendjemand die Hände schmutzig – nur weil die Firma jahrzehntelang eine extrem einträgliche Nähe zu den Mächtigen des Sports pflegte, die in den letzten Jahren entweder als Steuerhinterzieher im Gefängnis landeten wie Uli Hoeneß; als Anführer eines korrupten Weltverbandes vom Hof gejagt wurden wie Fifa-Präsident Joseph Blatter; oder sich als Strippenzieher einer mutmaßlich gekauften Fußball-WM entzaubert haben wie die einstige Lichtgestalt Franz Beckenbauer.

Es gab Zeiten, in denen Adidas quasi das Synonym für undurchsichtige und trübe Geschäfte war. Die prägende Figur dieser Epoche war Horst Dassler, der Sohn des Firmengründers Adi. Bis zu seinem frühen Tod im April 1987 hatte der Filius ein weltweites Geflecht von Günstlingen und Abhängigen in fast allen Sportarten geknüpft, die sich kommerziell ausbeuten ließen.

Horst Dasslers Schmiergeldmaschine und die seiner Nachfolger war die Rechteagentur ISL, die er Anfang der Achtzigerjahre in der Schweiz gegründet hatte. Diese Firma, die Mitte 2001 bankrottging, setzte in den knapp zwei Jahrzehnten ihres Bestehens neue Maßstäbe in der Korruption von Sportfunktionären – allein zwischen 1989 und 2001 soll die Agentur laut Schweizer Gerichtsunterlagen rund 140 Millionen Franken Bestechungsgeld gezahlt haben.

Alles Geschichte, sagen sie heute in Herzogenaurach, der Konzern Adidas sei mit dem Familienunternehmen von damals nicht mehr zu vergleichen. Aber läuft jetzt tatsächlich alles sauber?

Die Adidas-Gruppe hat mit zahlreichen Fußballstars hoch dotierte Werbeverträge abgeschlossen. Für den Konzern firmiert dabei die Tochter Adidas International Marketing B.V., die in einem schmucklosen Gewerbegebiet im Südosten Amsterdams ihren Sitz hat. Es ist kein Zufall, dass Adidas sich vor vielen Jahren entschied, seine weltweit tätige Marketingabteilung in die Niederlande zu verlegen – die Infrastruktur hat hohes Niveau, die Unternehmensbesteuerung niedriges.

Oft überweist Adidas International das Geld nicht auf die Konten der Spieler. Es fließt an Firmen, denen die Profis ihre Persönlichkeitsrechte, die sogenannten Image Rights, übertragen haben. Diese Unternehmen schütten in der Regel ihre Gewinne an die Spieler aus. Auch diese Konstruktion hat vor allem ein Ziel: die Abgabenlast zu senken. Denn so wird auf die Adidas-Zahlungen nicht der Spitzensatz der Einkommensteuer fällig, sondern nur die wesentlich günstigere Körperschaftssteuer.

In den Football-Leaks-Dokumenten finden sich Dutzende Verträge und Vertragsentwürfe zwischen Adidas International und Topstars. So soll der Konzern für den früheren Weltfußballer und brasilianischen Nationalspieler Kaká, damals in Diensten von Real Madrid und dem AC Mailand, zwischen 2010 und 2014 jährlich mindestens 1,5 Millionen Euro auf ein Konto der Firma Tamid Sport Marketing in Mailand überwiesen haben; 500 000 Euro jährlich soll Adidas für Spaniens Nationaltorwart David de Gea, der bei Manchester United spielt, an eine Firma namens Bedamarse Limited im englischen Örtchen Bowdon zahlen; und die 635 000 Euro, die de Geas Mannschaftskamerad Juan Mata in der Saison 2016 / 17 von Adidas International bekommen soll, fließen demnach an die Firma Depormata 88 im spanischen Oviedo.

Verdächtig wird es dann, wenn in den Adidas-Verträgen als Inhaber der Werberechte Unternehmen auftauchen, die ihren Sitz in einer Steueroase haben. So war es zwischen den Jahren 2007 und 2009 bei Lionel Messi. Damals überwies Adidas International Marketing B.V., das ergibt sich aus Dokumenten der Staatsanwaltschaft von Barcelona, knapp vier Millionen Euro an zwei Firmen namens Sports Consultants sowie Jenbril, um mit dem argentinischen Superstar werben zu können. Sports Consultants hatte seinen Sitz im zentralamerikanischen Kleinstaat Belize, Jenbril war in Uruguay registriert. In beiden Ländern zählt Steuermoral nicht zu den Grundtugenden. Messis Vater kontrollierte die Firmen. Im Sommer 2016 verurteilte ein katalanisches Gericht Vater und Sohn Messi wegen Steuerhinterziehung zu 21 Monaten Gefängnis auf Bewährung und einer Geldstrafe in Millionenhöhe. Sie wurden für schuldig befunden, auch die Adidas-Zahlungen am spanischen Fiskus vorbeigeschleust zu haben. Die Messis haben Berufung gegen das Urteil eingelegt, sie seien »beispielhafte Bürger«, ließen ihre Anwälte nach dem Rechtsspruch wissen.

Und Adidas International, der Vertragspartner Messis, der dessen Werbemillionen nach Belize und nach Uruguay geschaufelt hatte? Wusste die dortige Geschäftsführung, dass Vater Messi die Firmen Sports Consultants und Jenbril kontrollierte? Gehört es nicht auch zu der Verantwortung des Sportartikelherstellers, Verträge mit Firmen abzulehnen, die Werberechte an Fußballprofis in Europa halten, aber in Steuerparadiesen jenseits Europas residieren? Die Staatsanwaltschaft in Barcelona ging bei ihren Ermittlungen gegen Vater und Sohn Messi davon aus, dass Adidas über deren Firmenkonstruktion im Bilde war. Adidas äußerte sich damals auf Nachfrage nicht zu diesem Verdacht.

In den Unterlagen von Football Leaks taucht ein weiterer Fall auf, der Adidas ins Zwielicht rückt. Es geht um Luis González, genannt Lucho, einen offensiven Mittelfeldspieler, der bis 2012 beim französischen Spitzenklub Olympique Marseille spielte. Im Juli 2010 nahm Adidas International den Argentinier für zwei Jahre unter Vertrag. González erhielt ein jährliches Fixum von 100 000 Euro, Olympique Marseille war für Adidas nur ein Klub der Kategorie C (zur Kategorie A gehörten damals Manchester United, Juventus Turin, der AC Mailand, Real Madrid und der FC Barcelona – hätte González dort gespielt, hätte er von Adidas 400 000 Euro jährlich bekommen).

Als Vertragspartner unterschrieb González persönlich. Doch das Geld floss nicht auf sein Konto. Stattdessen erhielt Adidas International vier Rechnungen über jeweils 50 000 Euro von einer Firma namens The General International Company, die 2008 in Panama gegründet wurde und dort ihren Sitz hat. Als Präsident von General International firmiert ein Argentinier, er ist der Spielerberater von González. Adidas International zahlte die 200 000 Euro für den Spieler, der damals in Frankreich einkommensteuerpflichtig war, also an eine Firma im Steuerparadies Panama. Der Fall Messi war für den Drei-Streifen-Konzern keine Ausnahme.

Ende des Jahres 2008 versuchte der Adidas-Konzern, alle Werbeverträge mit seinen Vereinen und Fußballstars von der niederländischen Firmentochter Adidas International auf die Konzernzentrale in Herzogenaurach zu übertragen. Das geht aus einem drei Seiten langen Schreiben hervor, das zwei hochrangige Adidas-Manager damals an Real Madrid schickten. Sie kündigten darin auch »steuerliche Konsequenzen« an: Von allen Zahlungen der Adidas AG würde der deutsche Fiskus künftig zunächst einmal 15,83 Prozent als Quellensteuer einbehalten.

Das gab Ärger. Der Stürmer Gonzalo Higuaín verweigerte der Adidas-Gruppe in einem Brief seine Unterschrift zur geplanten Vertragsänderung, die »schädliche Auswirkungen« für ihn haben würde – Higuaín meinte damit die Verringerung der Netto-summe, auf die er sich mit der niederländischen Adidas International Ende April 2007 geeinigt hatte. Damals war der argentini-sche Stürmerstar bei Real Madrid und hatte einen langfristigen Werbedeal mit der Adidas-Marketingtochter unterzeichnet, der ihm als Stammspieler durchschnittlich 575 000 Euro im Jahr ein-brachte. Adidas International überwies das Geld nicht an den Spieler, sondern an eine Firma namens Supat B.V. in den Nie-derlanden, an die Higuaín seine weltweiten Vermarktungsrechte abgetreten hatte.

Widerstand gegen die Änderung der Vertragskonditionen leistete auch Real Madrid. Im April 2009 beugte sich Adidas dem Druck seines wichtigsten Werbepartners. Alles bleibe beim Alten mit den Sponsorendeals, schrieb der Chefjurist von Adi-das International in Amsterdam in einer Mail an Real Madrid, »wir würden uns gerne für die Unannehmlichkeiten entschuldi-gen, die wir verursacht haben könnten«.

Higuaín kehrte Adidas dennoch den Rücken. Im Frühling 2011 schloss er sich Nike an, was ihm im besten Fall 800 000 Euro jährlich bescherte. Auch der US-Konzern lässt fast alle Werbe-deals mit Vereinen und Spielern über eine Tochtergesellschaft laufen, die in der Nähe von Amsterdam registriert ist: die Nike European Operations Netherlands B.V. Wie zuvor schon Adi-das, so überwies Nike die Werbehonorare für Higuaín ebenfalls an die Firma Supat mit Sitz in der niederländischen Stadt Delft.

Supat als Inhaber von Higuaíns weltweiten Werberechten hatte eine Verbindung zu einem anderen niederländischen

Unternehmen, das dubiose Geschäfte mit südamerikanischen Fußballbarstars in Europa machte: der Firma ITB International, die unweit des Amsterdamer Flughafens Schiphol gemeldet war. Nach außen hin war die ITB International eine Spielerberateragentur, sie vertrat auch argentinische Profis bei Verhandlungen mit Klubs oder Firmen und kassierte dafür Honorare. Doch in Wahrheit agierten die Mitarbeiter der ITB International, das belegen Dutzende der Football-Leaks-Dokumente, nur als Strohmänner für eine Firma im karibischen Steuerparadies British Virgin Islands: der Paros Consulting Ltd. Der Deal lief so: Von ihren Vermittlungshonoraren behielt ITB International nur einen Anteil unter zehn Prozent ein, den Rest leiteten die Holländer weiter auf Konten der Paros Consulting in Europa. Die Firma Paros, auch das geht aus dem Material von Football Leaks zweifellos hervor, wird von argentinischen Spielervermittlern kontrolliert – Vermittlern, die auch mit Higuaín bestens vernetzt sind.

In den Unterlagen der Paros finden sich zwei seltsame Zahlungsaufforderungen im Zusammenhang mit Higuaíns Nike-Deal. Es geht um insgesamt 199 500 Euro, die die Paros der ITB International am 4. November 2013 in Rechnung stellte, zahlbar auf ein Paros-Konto im diskreten Bankenstandort Liechtenstein. Zweck der Überweisungen, so steht es auf den Rechnungen: »halbjährliche Zahlungen« für Higuaíns Nike-Vertrag. Warum leitete die ITB International, die offiziell mit Higuaíns Nike-Vertrag nichts zu tun hatte, fast 200 000 Euro für ebendiesen Vertrag in die karibische Steueroase weiter? Die Firma Supat kommentierte diesen Vorgang nicht, ITB International gab ebenfalls keine Stellungnahme ab. Auch Gonzalo Higuaín, über seinen Klub Juventus Turin zu den Hintergründen der Zahlungen befragt, äußerte sich nicht. Nike antwortete, der Konzern »kommentiert keine vertraulichen Vertragsinformationen«.

DER DATENBERG

Während ich im Taxi um die Ecke biege, steht John immer noch vor der Haustür und starrt auf sein Smartphone. Er wird mir später sagen, dass er bis mittags durchgemacht und in den Dokumenten gelesen habe. Auch ich spüre noch keine Müdigkeit, vielmehr fühlt sich mein Körper an, als würde er nur noch aus Adrenalin bestehen. Unfassbar, dass John mir die Boxen mit den Daten einfach in die Hand gedrückt hat! So viele exklusive Inhalte! Auf dem Weg zum Flughafen rasen mir tausend Gedanken durch den Kopf: Was werden wir alles auf den Festplatten finden? Wie können wir einen so riesigen Datenwust auswerten?

Das Gedankenkarussell wird von einer Magenachterbahn abgelöst. Mir ist schlecht, das Bier, der Wodka, oh Mann! Es gibt Informanten, mit denen geht man schick essen, andere Quellen ziehen Gespräche im Büro vor, John will also feiern. Hart feiern. Nun gut, Reporter müssen sich auf die Lebenswelten der Protagonisten einlassen, um sie zu verstehen, sage ich mir. Ich habe John als Grenzgänger kennengelernt, mit vielen Brüchen in der eigenen Persönlichkeit. Vieles scheint ihm egal zu sein, gleichzeitig wirkt er besessen von seinem Projekt. Gedanken über seine Zukunft, die Gefahr, der er sich aussetzt, und auch den Preis, den er wohl irgendwann dafür zahlen muss, scheint er beinahe mühelos beiseitezuschieben. John ist nicht nur smart, er ist auch intelligent, hat eine schnelle Auffassungsgabe und ist beeindruckend eloquent. Er kann Menschen rasch für sich einnehmen, ihnen schmeicheln, seine Wünsche durchsetzen.

Über die Struktur von Football Leaks weiß ich hingegen kaum mehr als vor meinem Treffen mit John. Es erscheint mir unglaubwürdig, dass John dieses Projekt alleine führt, dafür sind die Daten, die auf der Football-Leaks-Website erscheinen, zu vielfältig. Wie soll ein einziger Mensch all diese Zugänge haben? Aber wer ist John dann? Ein Mittelsmann, der im Auftrag von jemandem handelt? Soll ich mit Daten gefüttert werden, um jemandem zu schaden? Ich werde diese Fragen mit meinen Kollegen in der Redaktion diskutieren müssen.

Am Flughafen angekommen, packt mich die Panik. Sind die Festplatten überhaupt verschlüsselt? Was passiert, wenn mich der Zoll anhält und wissen will, was ich da außer Landes schaffe? Ich habe in meinem Reporterleben schon Dutzende Akten bekommen und bin mit ihnen herumgeflogen. Aber dieser Fall ist heikler: Es läuft ein Ermittlungsverfahren gegen Football Leaks. Wäre es justiziabel, wenn man das Material bei mir fände? Andererseits bin ich Journalist, es ist meine Aufgabe, Missstände an die Oberfläche zu befördern, auch wenn sie geheim bleiben sollen. Meine Gedanken überschlagen sich, mir läuft der Schweiß von der Stirn, obwohl es unglaublich kalt ist.

Das Boarding beginnt in wenigen Minuten, ich habe keine Zeit mehr, um die Festplatten zu prüfen. Was nun? Ich lasse es also drauf ankommen, auch wenn ich mich fühle wie ein Drogenkurier. Die Kontrolleure am Flughafen gucken grimmig, ich muss meinen Laptop herausholen und meine Kosmetika aufs Gepäckband legen. Es ist das normale Prozedere, für die Festplatten in meinem Gepäck interessiert sich niemand. Wenige Minuten nachdem ich im Flugzeug Platz genommen habe, schlafe ich ein. Erst als in Hamburg der Mann neben mir meinen Arm schüttelt, weil er endlich aussteigen möchte, schrecke ich auf. Gleich werde ich meinen Chefs einen noch größeren Datenberg überreichen können, als wir uns erhofft hatten. Jetzt geht die Arbeit erst richtig los.

ÜBERFORDERT

Zwei kleine schwarze Festplatten liegen vor uns. Wir sitzen im Büro und beschließen, dass wir sie zunächst in einem Versteck lagern und immer dann in ihnen suchen, wenn wir etwas Zeit haben. Wir haben zwar in der Vergangenheit auch schon Akten mit bis zu 100 000 Seiten Papier bearbeitet, bislang aber keine Erfahrung mit solch großen Datenmengen wie den Football Leaks gesammelt. Neuland.

Nun sitzen wir oft bis spätnachts in unseren Büros, wühlen in den Dokumenten, drucken uns spannend erscheinende Verträge aus, googeln nach Namen und Zahlungen und berichten uns am nächsten Tag von unseren Funden. Es ist eine aufregende Suche, doch sie ist noch unsystematisch. Uns fehlt eine echte Struktur. Es sind einfach zu viele, zu ungeordnete Dokumente. Mit unserer Suchart, Ordner für Ordner zu lesen, greifen wir immer nur nach einzelnen Fäden. Wir hangeln uns an ihnen entlang und verstricken uns dann, anstatt sie zu verknüpfen. Die Daten sind zudem in sich komplex, die Dokumente in verschiedenen Sprachen abgefasst. Viele Namen sagen uns überhaupt nichts, um etwas über die genannten Personen zu erfahren, bräuchten wir Kollegen, die sich in den jeweiligen Ländern auskennen.

Wir überlegen, woher wir Hilfe bekommen könnten. Der SPIEGEL hat vor einigen Monaten gemeinsam mit mehreren europäischen Medienhäusern ein Recherchenetzwerk gegründet, das auf investigative Themen spezialisiert ist: die European Investigative Collaborations (EIC). Für den SPIEGEL koordinieren Jürgen Dahlkamp, Jörg Schmitt und der stellvertretende Chefredakteur Alfred Weinzierl die Arbeit in dem Verbund. Als wir ihnen von unseren Recherchen berichten, geht alles ganz schnell.

Ende April 2016 laden wir alle Recherchepartner nach Hamburg ein, stellen die Daten vor, zeigen erste Themenschwerpunkte auf. Stefan Candea, der Koordinator des EIC, überlegt gemeinsam mit IT-Spezialisten der jeweiligen Partnermedien, wie man die Daten durchsuchbar machen könnte. Sie entwickeln erste Ideen, dann ziehen sich die »Techis«, wie die Computerexperten genannt werden, in einen eigenen Raum zurück, um über eine Methode nachzudenken, wie alle Journalisten aus den verschiedenen Ländern Zugang zu dem Material bekommen könnten. In einer Konferenzpause blicken wir uns an und können kaum glauben, welche Größe das Projekt gerade annimmt: In dem Raum sitzen rund 40 Personen aus zwölf Ländern. Wir alle sind nun ein Team und werden in den kommenden sieben Monaten Hunderte Geschichten in dem Material finden und aufschreiben.

Die Reporter diskutieren über Sicherheitsvorkehrungen. Football Leaks hat mächtige Gegner, wie sichern wir die Daten und unsere Recherchen vor Hackerangriffen? Wie sieht es mit juristischem Schutz aus? Wir beschließen, dass jedes Reporterteam in seinem Verlag um höchste Verschwiegenheit bitten muss und idealerweise in einem eigenen, von der jeweiligen Redaktion getrennten Datenraum arbeiten sollte.

Die Kollegen verlassen Hamburg, wir werden von nun an jeden Freitagmorgen um neun Uhr eine Konferenzschaltung mit ihnen haben, werden uns in den kommenden Monaten in Mechelen, Paris, Lissabon und Hamburg treffen, um den weiteren Verlauf des Projekts zu besprechen und zu planen. Es wird eine aufregende, aber auch sehr anstrengende Zeit.

Der SPIEGEL stellt uns einen eigenen Raum zur Verfügung, abgeschottet vom Rest der Redaktion. Nur neun Personen haben Zugang, die Computer sind nicht ans Firmennetz angeschlossen, man braucht mehrere Passwörter, um die Systeme zu starten. Angesichts dieser Sicherheitsvorkehrungen schwanken wir zwischen Belustigung und einem Anflug von Paranoia. Auf der einen Seite: Es ist nur Fußball. Auf der anderen Seite: Es geht um ein Milliardengeschäft. Jede Veröffentlichung kann einen Deal verkomplizieren, einen Verein oder Funktionär verärgern. Das kann Gegner auf den Plan rufen, denen wir es nicht zu einfach machen möchten.

Das gilt insbesondere für unsere Partner von »The Black Sea«, einem Konsortium mehrerer Journalisten aus der Schwarzmeerregion. Sie werden bei ihren Recherchen nicht nur äußerst einflussreichen Geschäftsmännern begegnen, die seit Jahren ein Vermögen mit krummen Deals erwirtschaftet haben, sondern auch Mafiabossen und anderen Ganoven. Die Reporter erzählen uns, wie oft sie bereits bei anderen Geschichten unter Druck gesetzt wurden, manchen von ihnen gar mit Gewalt gedroht wurde. Der Schutz für Journalisten ist in vielen Ländern völlig unzureichend.

UNSER NEUES ZUHAUSE

Der Datenraum ist karg. Sechs Arbeitsplätze mit Hochleistungsrechnern, die genug Kraft haben, um den großen Datenschatz zu stemmen. Dazu je ein Laptop, zwei Drucker, zwei Aktenschränke, ein Flipchart und eine große Tafel. Das war's. Hier werden wir in den kommenden Monaten Hunderte Stunden verbringen, werden uns durch Dokumentenberge arbeiten, mit unseren Anwälten tagen und mit den EIC-Partnern diskutieren. Der Raum wird unser zwischenzeitliches Zuhause.

Die ganze IT läuft über einen separaten Server, der nicht mit unseren Firmennetzen verbunden ist. Wir bekommen eine spezielle Software, Intella. Es ist eine Suchmaske, die auch Steuerfahnder und Ermittler verwenden. Intella ermöglicht es uns, Mails, Verträge, Dokumente, Namen, Orte, Kontoauszüge und alles Mögliche mehr in direkte Beziehungen zueinander zu setzen.

Wir erstellen Listen mit Namen von Spielern, Funktionären, Vereinen, Spielerberatern und lassen sie durch das System laufen. Wir haben noch keine wirkliche Vorstellung, was in dem

Football-Leaks-Material schlummert, auf welche Geschichten wir stoßen werden, aber irgendwo müssen wir anfangen.

Der Drucker läuft auf Hochtouren. Wir drucken Hunderte interessanter Verträge aus, sortieren sie nach Themen, nach Listen, suchen nach einer Ordnung, die uns hilft, Herr über die Masse der Dokumente zu werden. Die IT baut parallel eine interne Plattform auf, über die wir alle unsere Ergebnisse mit den anderen EIC-Partnern austauschen können. Es ist ein abgeschotteter, verschlüsselter Bereich im Internet, wir stellen dort unsere Funde, Ideen, Gedanken und Texte zur Diskussion.

Jeder Fund wird mit einer Art Wikipedia-Eintrag versehen, wir können dort Belege, Verträge, Mails und andere Dokumente direkt verlinken und so dafür sorgen, dass zu diesen Themen immer mehr Mosaiksteine hinzugefügt werden. Ronaldo, Doyen, die Spielerberater – so entstehen die großen, aber auch Hunderte kleinere Geschichten. Jeder EIC-Partner sucht neben den großen Storys auch nach Inhalten, die speziell für sein Themengebiet und oftmals auch für sein jeweiliges Erscheinungsland interessant sein könnten.

Innerhalb der SPIEGEL-Redaktion ziehen wir uns als Football-Leaks-Team immer mehr zurück. Wir besuchen kaum noch Konferenzen in unseren Stammressorts, nehmen wenig bis gar nicht Teil am Redaktionsleben. Die Arbeit an den Daten erdrückt uns nahezu, wir sitzen oft von acht Uhr morgens bis weit nach Mitternacht im Datenraum und versuchen, die einzelnen Hinweise zu einem Gesamtbild zusammenzufügen. Es ist ein Puzzle mit 18,6 Millionen Teilen, so viele Dokumente finden wir in Johns Daten.

Dass eine Redaktion und ein Verlag eine solche Arbeit unterstützen, dass sie voll hinter solchen Großrecherchen stehen, ist gerade in einer Zeit, in der auch Medienhäuser finanzielle Probleme haben, nicht selbstverständlich. Unsere Kollegen aus den anderen Ressorts sind neugierig, manche wollen wissen, was wir da den ganzen Tag treiben und warum nicht einmal die

Reinigungskraft Zutritt zu unserem Datenraum hat. Jede Frage bringt uns in ein Dilemma: Auf der einen Seite wollen wir nicht wichtigtuerisch wirken, was aber schnell passieren kann, weil unsere Sicherheitsmaßnahmen auf Außenstehende möglicherweise überzogen wirken. Auf der anderen Seite dürfen wir aber tatsächlich nicht zu viel über unsere Recherchen verraten, weil die Arbeit an den Daten äußerst sensibel und vertraulich ist. In einer solchen Phase der Recherche ist es besonders wichtig, seine Quelle zu schützen, zumal wenn gegen sie Ermittlungen laufen und sie Angst vor Privatdetektiven hat. Auch deswegen können wir nichts über unsere Arbeit sagen.

Ganz zu schweigen von unserer andauernden Sorge, dass wir zu langsam arbeiten und möglicherweise ein anderes Medium die Daten früher auswertet. Denn in Wahrheit wissen wir nicht, ob John uns, wie vereinbart, die Daten exklusiv überlassen hat. Hat er sie vielleicht doch auch an unsere Konkurrenten weitergegeben? Er versichert zwar, dass nur wir das Material besitzen, aber ein Restzweifel bleibt. Vielleicht sind solche Gedanken nur die Auswirkungen der selbst gewählten Isolation, eines Gefühls, das sich verstärkt, je länger wir nicht mit unseren Kollegen, Freunden und Familien über dieses Projekt reden können.

Im Rechercheteam einigen wir uns darauf, weiterhin so wenig wie möglich mit anderen über unsere aktuelle Arbeit zu sprechen. Jeder hat die Sorge, einen Fehler zu machen, zu viel zu erzählen, etwas unbedarft auszuplaudern. An der Recherche hängen nun rund 60 Journalisten, die alle viel Zeit und Mühe investieren, um am Ende einen großen Scoop, eine wichtige Enthüllung zu präsentieren. Das will niemand gefährden.

Die meisten Kollegen verstehen das, dafür sind wir dankbar. Im SPIEGEL finden ständig geheime, investigative Recherchen statt, sie sind Teil unserer Magazin-DNA. Wir haben auch Erfahrungen mit großen Datenmengen, schon vor rund 20 Jahren haben unsere Kollegen Steuer-CDs ausgewertet und unter anderem die »Liechtenstein-Connection« beschrieben. Auch die Botschaftsdepeschen, die uns einen Einblick hinter die Fassade des politischen Diplomatensprechs ermöglichten, WikiLeaks und die NSA-Affäre waren Datenungetüme und streng vertrauliche Recherchen. In unserem Haus wird oft an solch komplexen Themen gearbeitet, aber einen so riesigen Datenschatz, wie wir ihn von Football Leaks erhalten haben, 18,6 Millionen Dokumente, dazu noch mit so verzwickten, verworrenen, teilweise widersprüchlichen Inhalten – das ist neu für uns.

Unsere IT muss uns regelmäßig zu Hilfe kommen, muss uns ständig neue Handgriffe und Tools zeigen, damit wir sinnvoll durch das Material pflügen können. Es ist eine Phase, in der neben Freudenschreien über neue Funde auch zahlreiche Flüche durch unseren Datenraum fliegen. Während wir in dem Material graben, meldet sich immer wieder John. Er wirkt zunehmend aufgewühlter, angeschlagener, dünnhäutiger. Wir schreiben Mails, erklären ihm, an welchen Geschichten wir sitzen, in welche Richtung unsere Recherchen gehen. Er sagt, es gebe mittlerweile viel mehr Material. Er habe auch Daten über Atlético Madrid, den spanischen Spitzenklub, der in diesen Tagen Bayern München im Halbfinal-Hinspiel der Champions League bezwungen hat. John schreibt, der ganze Klub sei fremdgesteuert, der glorreiche Aufstieg Atléticos »sehr teuer erkauft«. Er habe das alles schwarz auf weiß, wir könnten uns das Zeug abholen.

VERHÖKERTE LIEBLINGE

Saúl Ñíguez Esclápez, besser bekannt unter seinem Kurznamen Saúl, ist einer der begabtesten Mittelfeldspieler der Welt, das wissen die Fußballfans spätestens seit Ende April 2016. Im Halbfinal-Hinspiel der Champions League standen sich Atlético Madrid und der FC Bayern München gegenüber, und Saúl, damals 21, entschied die Partie mit einer Aktion, an die sich alle, die sie gesehen haben, auch in Jahren noch erinnern werden.

Tief in der Hälfte der Münchner setzte der junge Spanier zu einem Dribbling an, ließ die Bayern-Spieler Thiago, Juan Bernat, Xabi Alonso und David Alaba ins Leere laufen und überwand Torhüter Manuel Neuer mit einem Schuss aus dem Strafraum. Der Schuss war eher ein Schlenzer, ein unhaltbarer allerdings, weil der Ball, mit dem Innenrist des linken Fußes und mit viel Effet getreten, in der Luft genau die Kurve beschrieb, die Saúl ihm geben wollte. Vom linken Innenpfosten prallte er ins Tor. Dann brach Ekstase aus im Stadion Vicente Calderón – die wenigen Sekunden zwischen Ballannahme und Tor waren Sehnsuchtsmomente für die Atlético-Fans. Seither ist Saúl neben dem Stürmer Antoine Griezmann das wohl größte Idol der »Colchoneros«, wie die Fans des Vereins sich nennen, weil ihre rot-weiß gestreiften Trikots farblich den Matratzen (spanisch: colchón) ähneln, die früher in dem Land üblich waren.

Saúl hat einen Vertrag bis Ende Juni 2021 mit Atlético Madrid. Der Spieler wird von Klubs wie dem FC Barcelona heftig umworben, auch aus der Premier League sollen Offerten vorliegen. Saúl hat schon öffentliche Treueschwüre geleistet. So lange Diego Simeone Trainer bei Atlético sei, so lange werde er nicht wechseln. Die Wahrheit ist: Atlético wird sein Supertalent vor

Ablauf des Vertrages verkaufen. Nicht weil der Spieler es will. Doch es gab da ein Geschäft.

Als Saúl 16 Jahre alt war, trat Atlético Madrid 40 Prozent seiner Transferrechte an eine irische Investorengruppe ab. Im Gegenzug kassierte der Klub 1,5 Millionen Euro. Dieser Vertrag ist ein Lehrstück dafür, wie eiskalt und zynisch das Fußballbusiness ist. Wie selbst Spitzenklubs der Champions League ihre Identität und ihre Glaubwürdigkeit verkaufen, sich von profitorientierten Geldgebern knebeln lassen. Mit seiner Unterschrift verhökerte Miguel Ángel Gil Marín, Geschäftsführer von Atlético, die Zukunft eines damals minderjährigen Talents. Bliebe der Spieler bei seinem Stammverein, würden die Investoren ihren Einsatz zurückbekommen, verzinst mit zehn Prozent. Aber natürlich wollen sie mehr. Für die Finanziers ist Saúl nichts anderes als eine Aktie, die heiß und heißer wird.

Sportlich ist Atlético Madrid in den letzten sieben Jahren einer der erfolgreichsten Vereine Europas gewesen, der Klub gewann 2010 und 2012 die Europa League, hatte 2014 ein echtes Sahnejahr: Atlético holte sich die spanische Meisterschaft und erreichte zudem das Finale der Champions League. Wirtschaftlich sieht es hingegen düsterer aus. Noch im Sommer 2015 drückten den Verein Verbindlichkeiten in Höhe von 520 Millionen Euro, die Steuerschulden lagen bei etwa 45 Millionen Euro. Vieles davon sind Altlasten. Der frühere Präsident Jesús Gil y Gil lenkte den Klub 16 Jahre lang wie ein Sonnenkönig. Einmal kam er mit einem angeleinten Krokodil ins Stadion, ein andermal, als Atlético 1996 überraschend den Titel in der Primera División gewonnen hatte, ritt der skandalumtoste Bauunternehmer auf dem Rücken eines Elefanten durch die spanische Kapitale. Gil liebte es dekadent, vor Marbella hatte er einen ausrangierten Flugzeugträger geankert. Als der schrille Patron, der 18 Monate seines Lebens hinter Gittern verbrachte, 2004 starb, wurde sein Sarg auf dem Spielfeld aufgebahrt. Seinem Klub hinterließ Gil ein finanzielles Desaster.

Als sein Vater Atlético noch wie ein Despot regierte, stieß Gils Sohn Miguel Ángel zu dem Verein hinzu. Das war zu Beginn der Neunzigerjahre. Heute ist Gil jr. der Hauptaktionär und hält mit seiner Familie 55 Prozent der Anteile. Der Ruf des Vereins hat sich seit seinem Amtsantritt erheblich verbessert, Atlético setzt erfolgreich auf sein klassisches Underdog-Image. Angeführt vom argentinischen Trainer-Raubein Simeone wirkt der Klub geradezu magnetisch auf all diejenigen, denen der Stadtnachbar Real zu showbesessen ist. Atlético, das steht für Kampf, Verbissenheit, Härte, auch gegen sich selbst. Die Wiederbelebung des Klubs ist vergleichbar mit der von Borussia Dortmund unter Jürgen Klopp.

Als einer der Hauptgründe für den Aufschwung der letzten Jahre wird die Transferpolitik angeführt. Atlético gilt als Klub, der mit geschickten Personalrochaden zuletzt satte Gewinne machte. So verkaufte der Verein den argentinischen Stürmer Sergio Agüero 2011 für 36 Millionen Euro an Manchester City, den kolumbianischen Angreifer Radamel Falcao 2013 für 43 Millionen Euro an den AS Monaco und dessen Landsmann Jackson Martínez 2016 für 42 Millionen Euro an den chinesischen Verein Guangzhou Evergrande. Alles gut also bei Atlético?

Football Leaks entzaubert die romantische Story von dem Arbeiterklub, der es unerschrocken mit dem Establishment aufnimmt und der sich auch dadurch nicht beirren lässt, dass ihn jedes Jahr die besten Spieler verlassen. Die Wahrheit ist: Atlético hängt am Tropf von Investoren. Seit 2010 hat der Verein – wie bei Jungstar Saúl – externe Finanziers an den Transferrechten von mehr als einem Dutzend Spielern beteiligt. Die Investoren haben mit dafür gesorgt, dass die Lieblinge der Fans verkauft werden mussten, sie waren es, die von den Transfers am meisten profitierten. Das war in diesem Ausmaß bislang geheim, und Atlético-Geschäftsführer Gil gab sich größte Mühe, dass dies auch so blieb. Aus seiner Sicht gibt es dafür nachvollziehbare Gründe: Hätten die Fans erfahren, dass der Hauptaktionär des

Traditionsklubs die Spieler quasi verpfändet, um den laufenden Betrieb zu finanzieren, hätte sich womöglich massiver Widerstand formiert. Das mag kein Fußballfunktionär.

Also machte Gil im kleinen Kreis weiter, ein Hinterzimmergeschäft nach dem anderen, jeder Vertrag streng vertraulich, ohne Öffentlichkeit und lästige Debatten. Am 29. Dezember 2011 verpfändete Atlético gegen eine Einmalzahlung von zehn Millionen Euro ein Drittel der Transferrechte seines kolumbianischen Superstürmers Radamel Falcao. Das Unternehmen, das Atlético mit dem Geld versorgte, kam aus Malta: die in diesem Buch bereits beschriebene Firma Doyen Sports Investments Limited. In der Einleitung des Vertrages wird deutlich, wer die Spielregeln bestimmte. Dort heißt es: »Atlético Madrid benötigt finanzielle Hilfe für seinen gewöhnlichen Geschäftsbetrieb und ist deshalb auf mehrere Kreditinstitute zugegangen. Bei der gegenwärtigen Finanzkrise und Marktlage ist es für den Klub extrem schwierig, eine Bankfinanzierung zu finden, weshalb der Klub sich schließlich und als letzte Zuflucht an Doyen gewendet hat.«

Doch die große Mehrheit seiner Beteiligungsverträge schloss Atlético Madrid mit der irischen Gesellschaft Quality Football ab. Hinter dieser Firma stehen zwei der einflussreichsten Strippenzieher des internationalen Fußballbusiness: Peter Kenyon und Jorge Mendes. Schon wieder Mendes, der findige Berater, der Ronaldo zur Weltmarke machte. Kenyon dagegen saß von 1997 bis 2003 in der Führungsetage bei Manchester United, in den letzten drei Jahren leitete er die Geschicke des englischen Rekordmeisters. Nach dem Einstieg des russischen Oligarchen Roman Abramowitsch beim FC Chelsea wechselte Kenyon 2004 als Vorstandschef nach London. Dort blieb der smarte Geschäftsmann fünf Jahre, ehe er bei der Firma CAA Sports anheuerte, einem der weltweit größten Sportvermarkter. Seit 2014 arbeitet er auch als Berater von Atlético Madrid.

In einem Prospekt vom Juni 2011 schmückten sich Mendes und Kenyon für Investoren, Mindesteinlage waren 250 000 Euro.

Der internationale Transfermarkt erscheint in diesem Dokument als eine brummende und durch nichts zu erschütternde Wachstumsbranche, in der sich der Einsatz ganz von selbst vermehrt – zehn Prozent Rendite im Jahr verhieß die Broschüre als Mindestausschüttung. Wo gibt es seit der Finanzkrise noch solche Gewinnaussichten?

Das angeworbene Geld floss zunächst einmal auf die britische Kanalinsel Jersey, ein Steuerparadies mitten im rauen Ärmelkanal. Dort landete es in unterschiedlichen Fonds, die von Mendes' Agentur Gestifute und von Kenyons damaligem Arbeitgeber CAA Sports betrieben wurden. Doch die Third-Party-Ownership-Deals mit den Klubs wickelte eine Firma aus einem anderen Niedrigsteuerland ab: Quality Football. Mendes und Kenyon berieten dieses Unternehmen mit Sitz in Dublin, sie entschieden, welche Summen für welchen Spieler investiert werden sollten. Die Millionen flossen dann von Jersey über Dublin an die Klubs.

Das verschachtelte Firmengeflecht von Mendes und Kenyon wirft zahlreiche Fragen auf: Wer waren die Finanziers? Wie viel Geld bewegte der Fonds? Bei welchen Klubs? Für welche Spieler? Durch das Material von Football Leaks kommt man den Antworten näher. Anwälte der Fonds führten Listen, die sie regelmäßig pflegten und in denen sie die einzelnen Beteiligungen aufführten. Daraus geht hervor, dass die Fonds im August 2011 knapp über 84 Millionen Euro in 36 Profis investiert hatten. Im Juni 2015, kurz nach dem TPO-Verbot, steckten 88 Millionen Euro in 40 Spielern. Im August 2016 führten die Investoren noch Beteiligungen in Höhe von rund 45 Millionen Euro an 27 Spielern auf.

Es gab mehr als zwei Dutzend Anleger aus der ganzen Welt. Einer war ein Schauspieler, der durch Harry-Potter-Filme berühmt geworden war. Andere wiederum, ob Unternehmen oder Privatpersonen, kamen aus der Fußballbranche – und müssen sich deshalb die Frage nach Interessenkonflikten gefallen lassen. Zu den Finanziers gehörte etwa die Ehefrau eines damaligen Premier-League-Trainers. Stand Dezember 2011 zählte zu den Anlegern auch eine Firma mit großer Nähe zu einem Verein der US-amerikanischen Major Soccer League. Mit im Boot bei Mendes' TPO-Deals war auch ein Milliardär, der später Anteile an einem englischen Premier-League-Klub kaufte.

Besonders fragwürdig an Mendes' TPO-Geschäften ist das Investment von Yildirim Ali Koç. Der Geschäftsmann entstammt einer der wohlhabendsten Familien der Türkei, er war sowohl Aufsichtsrat als auch Vizepräsident von Fenerbahçe Istanbul. Im Portfolio eines der Fußball-Fonds auf Jersey, in den Koç Geld investiert hatte, fand sich 2011 auch ein Profi von Beşiktaş Istanbul, einem erbitterten Rivalen von Fenerbahçe. Es sind Verflechtungen wie diese, die in Fußballromantikern die Wut hochkochen lassen. Koç äußerte sich auf Nachfrage nicht.

Quality Football dealte mit Spielern der portugiesischen Erstligisten Sporting Lissabon, dem FC Porto, dem SC Braga sowie dem Rio Ave FC. Die meisten und lukrativsten Geschäfte machten Jorge Mendes' Fonds indes mit Spielern von Atlético Madrid. Auf seine offensichtlich doch sehr engen Bande zu dem mächtigen Agenten aus Portugal angesprochen, betonte Atlético-Geschäftsführer Gil reflexhaft immer wieder seine vermeintliche Distanz. So behauptete er im November 2015 gegenüber der Londoner Zeitung »Financial Times«: »Ich habe nur einen TPO-Deal mit Jorge Mendes gemacht.«

Gil muss die Fans von Atlético Madrid für Idioten halten. Die Wahrheit ist: Seit 2010 beteiligte Atlético Madrid die Mendes-Fonds an den Transferrechten von mindestens 20 seiner Spieler. Dadurch flossen insgesamt zunächst rund 58 Millionen Euro in die Kassen des damals notorisch klammen Klubs. Doch der Preis für die Geldspritzen war hoch. Atlético hatte die Hoheit über seine Transferpolitik geopfert – und die Fans der Möglichkeit beraubt, sich dauerhaft mit ihren Lieblingen zu identifizieren. Kaum war ein neuer Star geboren, stand er schon wieder zum Verkauf.

Einer der ersten Atlético-Profis, an dem die Investoren sich beteiligten, war Sergio Agüero. Für eine Einmalspritze von 2,5 Millionen Euro sicherte sich ein Mendes-Fonds Ende Januar 2011 exakt zwölf Prozent der Transferrechte an dem argentinischen Stürmer. Was folgte, war absehbar: Sechs Monate später wurde Agüero für 36 Millionen Euro an Manchester City weitergereicht. Der Gewinn für die Finanziers inklusive Nebenvereinbarungen und Boni: 2,66 Millionen Euro.

Trainer Diego Simeone, der 2011 zu Atlético stieß, hat seit seiner Verpflichtung aus zahlreichen seiner Spieler Stars geformt, doch statt dieses Potenzial langfristig für die eigene Mannschaft zu sichern, verhökerte Klubbesitzer Gil sie. Für zwei Millionen Euro vermachte er Quality Football bis zu 50 Prozent an Diego Costa, für sechs Millionen 50 Prozent an Arda Turan, für fünf Millionen 50 Prozent an Eduardo Salvio. Atlético Madrids Geschäftsführer Miguel Ángel Gil Marín äußerte sich nicht zu den zahlreichen TPO-Deals. Auch Jorge Mendes und Peter Kenyon ließen schriftliche Anfragen zu den Geschäften ihrer Fonds unbeantwortet.

Auch bei Saúl, dem aktuellen Idol der »Colchoneros«, wird es kommen wie bei Costa, Turan oder Salvio. In den Unterlagen der Mendes-Fonds steht die Mindestsumme, für die der Jungstar verkauft wird: 45 Millionen Euro. Macht für die Investoren nach Abzug ihrer Anschubfinanzierung von 1,5 Millionen Euro mindestens 16,5 Millionen Gewinn – eine Wertsteigerung von 1000 Prozent. Es gibt, vom Handel mit Kokain einmal abgesehen, nicht viele Geschäftsfelder, auf denen sich vergleichbare Renditen erzielen lassen.

Wie Saúls Verkauf laufen soll, lässt sich in dem Beteiligungsvertrag zwischen Atlético und dem Fonds von Jorge Mendes vom 16. März 2011 nachlesen. Der Klub muss seine irischen Geschäftspartner spätestens fünf Tage nach Eingang eines

Angebots detailliert darüber informieren, welche Ablöse-summe im Raum steht, von welchem Verein, in welchen Tranchen gezahlt werden soll und was der Spieler zu dem Angebot sagt. Stimmen die Finanziers zu, doch der Wechsel kommt nicht zustande, gilt ein Knebelpassus: Atlético erhält dann zwar den 40-prozentigen Anteil an Saúls Transferrechten zurück, muss den Investoren aber die entgangenen Einnahmen für den Vereinswechsel erstatten. So sieht sie aus – die moderne Form des Menschenhandels im Profifußball.

WIDERSPENSTIG

John und ich schreiben uns mittlerweile in sechs unterschiedlichen Chats. Alle verschlüsselt, alle auf verschiedenen Plattformen, teilweise benutzen wir abgesprochene Kürzel und Codes. John achtet mit großer Sorgfalt darauf, seine Anonymität zu wahren. Seine Mailadressen bestehen aus Zahlen, Buchstaben und Zeichen, alles wild durcheinander. Unsere Mailwechsel sind durch die unterschiedlichen Anbieter nie stringent, manchmal wechselt John mitten im Gespräch die Plattform. Er hinterlässt mir dann ein kurzes Zeichen, auf das wir uns zuvor geeinigt haben. Daraufhin lösche ich den Chat und wechsle ebenfalls. In manchen Programmen vernichtet sich das Gespräch auch von allein.

Für mich ist das eine neue Welt, für John ist es Alltag. Sein oberstes Gebot lautet: bloß keine Spuren hinterlassen. Als SPIEGEL-Reporter bin ich trainiert, meine Quellen bestmöglich zu schützen, sie nie zu verraten, auch wenn die Polizei oder ein Richter mich zu ihnen befragen sollte. Nur unter solchen Bedingungen ist investigativer Journalismus möglich, unsere Informanten müssen sich sicher fühlen, um uns ihre Geheimnisse anzuvertrauen. Aber ein solches virtuelles Katz-und-Maus-Spiel, wie John und ich es betreiben, habe ich vorher nie erlebt. Zumal ich mir oft die Frage stelle: Vor wem genau verstecken wir uns? »Polizei, Staatsanwälten, Doyen, aber vor allem: der Mafia«, schreibt John. Er könnte auch antworten: vor jedem. Und nach allem, was wir zuletzt in seinem Material gesehen haben, kann ich ihm noch nicht einmal widersprechen.

John schreibt mir oft, manchmal zwei Dutzend Mal am Tag. Er findet sehr viel in den Daten, kommt bei der Suche sogar schneller voran als unser Team. Oft ist er ein nützlicher Hinweisgeber, damit wir uns bestimmte Zusammenhänge wie Firmengeflechte oder Verschachtelungen hinter Fonds und Konten näher ansehen. Sein Wissen über wirtschaftliche und finanzielle Zusammenhänge ist enorm. Selbst Nicola Naber, die Volkswirtin und Dokumentationsjournalistin in unserem Team, eine ausgewiesene Expertin für alle europäischen Steuergaunereien, ist oft beeindruckt, was John aus den Daten herausliest.

Wo hat er das gelernt? Oder trägt er die Informationen nur von Dritten an uns weiter? Wir sind immer noch skeptisch, was Football Leaks eigentlich ist und wer wirklich dahintersteckt. Oder ist John einfach nur ein junger Mann mit genialischen Zügen, der dem Fußball gerade alle Schwächen aufzeigt? Der die Lücken dieses Systems findet und sie aller Welt offenbart? Wir diskutieren in unserem Team beinahe jeden Tag darüber, ohne dass wir der Antwort auch nur einen Schritt näherkommen.

Die Mails, die in dieser Zeit von John eintreffen, zeichnen aber auch das Bild eines Getriebenen, der langsam die Kontrolle über sich und sein Leben zu verlieren scheint. Wenn er das Gefühl hat, dass wir einer seiner Spuren nicht genügend Beachtung schenken, hakt er immer wieder nach, fragt sehr fordernd, warum wir das nicht so spannend fänden wie er. Es ist ein unangenehmer Druck, gegen den wir uns wehren. Ich erkläre ihm, dass wir nur in dem Tempo arbeiten könnten, das für das Team, für unser Netzwerk das richtige sei. Dass wir strategisch vorgehen müssten, da wir uns sonst in dem Material verirrten. Und dass er uns zwar seine Daten überlassen habe, aber er nicht unser Auftraggeber sei. Wir müssen unabhängig arbeiten dürfen. Und tun es auch.

John reagiert darauf, wie Rebellen eben reagieren: Er stellt die Sachen, die er spannend findet und denen wir nicht auf Anhieb folgen, einfach auf die Football-Leaks-Homepage. Das verkompliziert unsere Arbeit ungemein. Wir müssen ständig die Sorge haben, dass wir einen Inhalt, an dem jemand aus dem Team tage- oder wochenlang gearbeitet hat, verlieren, weil es John nicht schnell genug vorangeht und er die betreffenden Dokumente kurzentschlossen auf eigene Faust enthüllt.

Immer wieder fragen mich die Kollegen, ob wir John nicht »einfangen« könnten. Ich habe es bereits mit rationalen Erklärungen, mit Bitten und Flehen versucht, doch John kann sehr bockig sein, wenn er sich etwas in den Kopf gesetzt hat. Zudem hat er für all die Veröffentlichungen auf seiner Seite eine recht einfache Erklärung: »Das Team hat entschieden, dass wir das jetzt raushauen müssen. Ich bin überstimmt worden.« Wie soll ich dagegen argumentieren, wenn ich noch nie jemanden aus diesem Team kennengelernt habe?

Seit unseren ersten beiden Partytagen treffe ich John häufig, aber unregelmäßig in unterschiedlichen Städten wieder. Wir unterhalten uns über Fußball, über das Projekt, über Frauen, über alles Mögliche. Unser Verhältnis wird vertrauter, auch wenn John zu den Details und Hintergründen von Football Leaks weiterhin schweigt. Immer wieder erläutere ich ihm die Schwierigkeiten investigativer Recherche, welche Hürden wir nehmen müssten, wie schwierig die Prüfung des Materials sei, wie komplex vor allem die Geldflüsse bei vielen der Spitzenfußballer aufgebaut seien und dass wir uns auch externen Rat von Steuerprüfern, Anwälten, Wirtschaftsexperten einholen müssten, um die Strukturen zu entschlüsseln und zu verstehen. Er nimmt meine Erklärungen zur Kenntnis, nickt, und macht dann trotzdem, was er will.

Oft stellt John die Dokumente spätnachts auf seine Seite, sodass ich keine Chance habe, ihn im letzten Moment davon abzuhalten. Wenn ich morgens aufwache, sind die Social-Media-Dienste schon voll mit irgendwelchen Football-Leaks-Meldungen, die anderen Medien greifen die Nachrichten kurz darauf auf. Nach solchen nächtlichen Leaks sind Dokumente, an denen wir gearbeitet haben, für uns verloren, sie haben keinerlei Exklusivität mehr. Einatmen, ausatmen, weitermachen. Wir versuchen, damit halbwegs entspannt umzugehen. Was bleibt uns anderes übrig?

Trotzdem erwische ich mich immer häufiger dabei, wie ich mitten in der Nacht wach werde, mein Handy in die Hand nehme, mir die Football-Leaks-Seite anschaue und meinen Twitter-Account checke. Einmal findet mich meine Frau morgens um vier Uhr in der Küche. Sie ist nur vage darüber im Bilde, woran ich arbeite, ich habe ihr nur gesagt, dass es um ein sehr großes Datenpaket und irgendetwas mit Fußball gehe. Normalerweise hat sie viel Verständnis für meine Arbeit, doch diese Recherche geht nun schon über Monate, ich bin wenig zuhause, manchmal auch schwer gereizt, alles nicht so easy.

Nun sieht sie mich mit hochrotem Kopf auf unserer Arbeitsplatte in der Küche sitzen und wütend auf mein Handy eintippen, weil John einen weiteren Vertrag hochgeladen hat und ich schon ahne, dass unsere französischen EIC-Partner von »Mediapart« in wenigen Stunden einen Wutausbruch bekommen werden.

Meine Frau fragt leise, aber deutlich: »Ist es das wert?«

Ich denke nach und sage dann: »Ich hoffe schon.«

Sie guckt mich lange an, wir schweigen. Ihr Blick sagt: »Es ist nur Fußball, 22 Spieler, ein dämlicher Ball, reg dich mal wieder ab und komm zurück ins Bett.« Aber ihre Stimme sagt, dass sie sich Sorgen macht und ich bitte auf mich aufpassen soll.

EINGESPERRT

Es ist Anfang Mai, als John mir das nächste große Datenpaket anbietet. Wir verabreden uns in einer europäischen Stadt, einer Metropole. Es ist warm, eher Sommer als Frühling, und die ganze Stadt riecht nach Grillfleisch. An beinahe jeder Ecke sind Barbecues aufgebaut, fliegende Händler bieten Würste und Steaks an. Ich bleibe diesmal vier Tage. In Johns letzten Nachrichten wirkte er zerrissen, als habe er noch mehr Angst vor seinen Gegnern, als drehe er langsam wirklich durch. Ich will mir Zeit nehmen, um mit ihm über alles zu sprechen.

Wir treffen uns in einem Café. John kommt fast zwei Stunden zu spät, was ich von ihm schon kenne und was mich mittlerweile nicht mehr stört. Doch als er sich zu mir an den Tisch setzt, erschrecke ich mich: Er sieht nicht gut aus, ganz und gar nicht. Diesmal ist es nicht nur Schlaflosigkeit, es sind nicht nur die Spuren einer durchzechten Nacht. Vielmehr hat sich eine Traurigkeit in sein Gesicht gegraben, die Anfang des Jahres noch nicht da war. Seine Haut ist gräulich, die Augenringe sind noch tiefer, er trägt einen Dreitagebart, der in alle Himmelsrichtungen sprießt. Johns Schuhe haben schmutzige Kappen, der Stoff seiner Hose ist an einer Seite so dünn, dass er jeden Moment reißen könnte. Für John scheint es momentan Wichtigeres zu geben als sein Äußeres.

»Mein Freund, wie kommt ihr voran?«, begrüßt er mich. Er versucht, smart zu wirken, aber seine Stimme klingt viel dunkler, als ich sie kenne, von der Euphorie, der Energie unseres ersten Treffens ist heute nichts mehr zu hören. John sieht aus wie jemand, der große Sorgen hat.

»Was ist los mit dir?«, frage ich.

»Alles scheiße«, platzt es aus ihm heraus. Er guckt nur auf den Tisch, seine Schultern sind weit nach vorne gebeugt. Wo ist dieses Energiebündel vom Februar nur hin? Was ist mit ihm passiert?

Er bestellt eine Cola und einen Brownie. Kein Flirten mit der Bedienung, kein blöder Witz, kein Lachen. Nur eine Bestellung.

»Ich habe echt die Schnauze voll«, sagt John.

»Vom Fußball? Von der Liebe? Vom Projekt? Wovon?«, frage ich.

»Von allem. Echt allem. Es hat alles keinen Sinn mehr. Wir sind am Limit. Die greifen ständig unsere Website an, versuchen, uns lahmzulegen. Ich kann nicht mehr pennen, weil ich immer glaube, dass gleich irgendwer in mein Zimmer stürmt und mich plattmacht. Wir sind mittlerweile mehr damit beschäftigt, Hackerangriffe auf unsere Systeme abzuwehren als mit allem anderen. So macht das einfach keinen Spaß mehr«, sagt John.

»Wer greift euch an?«, frage ich.

»Zu viele, und es sind Profis. All diejenigen, über die wir etwas veröffentlicht haben, haben mittlerweile spezielle Firmen eingeschaltet, die uns ausfindig machen sollen, die unsere Systeme lahmlegen. Wir haben Schwierigkeiten, das alles abzublocken.« Der Brownie wird gebracht. John bricht abrupt ab.

Kommt das alles wirklich überraschend für ihn? Er legt sich mit den einflussreichsten, mächtigsten Menschen des wichtigsten Sports der Welt an und erwartet: was? Dass sie ihm kampflos das Feld überlassen? Dass Multimillionäre sich nicht ungestraft so auf der Nase herumtanzen lassen, dass sie ihre Geschäfte weiterhin betreiben wollen, ohne dass ihnen Online-Piraten dazwischen fahren: Das müsste jedem klar sein.

John stochert in seinem Brownie herum, in seinem Mund landet aber nur wenig davon. Er ist dünner geworden, fällt mir nun auf. Und beinahe jeder seiner Finger ist bis aufs Fleisch zernagt.

»Erzähl mir lieber mal von euren Recherchen«, sagt John.

Ich hole aus, rede über unseren Datenraum, über unser Team, den Austausch mit den internationalen Kollegen. Wir haben mittlerweile einen ersten Überblick über das Material bekommen, grob, immer noch ziemlich unsortiert. Aber wir können schon einige Themen identifizieren, bekommen ein Gefühl dafür, in welche Richtung mögliche Veröffentlichungen gehen könnten. Ich erzähle John, dass sich das EIC-Team in wenigen Wochen zu einem Meeting in Paris treffen wird. Dort sollen Kleingruppen gegründet werden, die sich um einzelne Themen kümmern und tiefer in die Detailrecherche einsteigen sollen.

Wir reden über Firmen, über Konten, über Geldflüsse. John wirkt wie ein wandelndes Football-Leaks-Lexikon. Mit der Geschwindigkeit, mit der er Organigramme in die Luft zeichnet, können andere nicht über triviale Themen wie den letzten Urlaub sprechen. In diesen Augenblicken wirkt er wieder deutlich befreiter, gelöster. Die Inhalte des Projekts lassen ihn wieder aufleben. Und für den Moment scheint er auch mit unseren Ergebnissen halbwegs zufrieden zu sein. Es geht voran, das freut ihn. Auch wenn er weiterhin nörgelt, wir sollten schneller arbeiten.

»Jetzt sag, was dich bedrückt«, versuche ich es noch einmal.

»Ach, jetzt habe ich gerade gute Laune. Lass uns über etwas anderes reden, wir haben noch ein paar Tage, um den ganzen Rest zu besprechen«, sagt John.

»Worauf hast du Lust?«

»Ich muss was abholen, gar nicht weit von hier. Kommst du mit?«

»Klar.«

Wir zahlen, nehmen eine S-Bahn und landen nach einer Stunde vor einer Wüste aus Plattenbauten. Riesige Ungetüme, grau und gleich. John orientiert sich kurz, kneift seine Augen zusammen, guckt nach links, nach rechts. »Das da ist es«, sagt er. Wir betreten einen der Blöcke, im Flur riecht es modrig. John macht ein paar schnelle Schritte und steigt in den Fahrstuhl. Er drückt einen Knopf, aber nichts passiert. Im Fahrstuhl hängt ein Schild, das wir beide nicht lesen können, weil wir die Sprache nicht beherrschen. Also probieren wir ein bisschen herum, ich drücke die beiden Türen von innen zu, John gleichzeitig auf den Knopf: Jetzt fahren wir. Allerdings, und das hätten wir wissen müssen, darf man die Türen während der Fahrt nicht loslassen. Sonst verkeilt sich der Aufzug. Wir stecken fest.

Es gibt keine Klingel, der Aufzug ist maximal 1,5 mal 1,5 Meter breit, ein Schuhkarton, der mit jeder Minute kleiner zu werden scheint. Ich habe keine Platzangst, aber bei dem Gedanken, dass wir hier an einem Drahtseil hängen, das möglicherweise noch zu Zeiten der Sowjetunion das letzte Mal gewartet wurde, und wir weder klingeln noch uns irgendwie anders bemerkbar machen können, wird mir ein bisschen flau. John setzt sich auf den Boden, winkelt seine Knie an, legt sein Gesicht in seine Hände. In der Haltung wirkt er winzig.

»Was machen wir jetzt?«, frage ich.

»Keine Ahnung. Der Scheiß passt hier zu meinem ganzen Leben«, sagt John.

Ich klopfe vorsichtig an die Türen. Stille. Ich drücke die Türen fester zusammen. Nichts.

»Vielleicht ist das ein Zeichen. Vielleicht werde ich am Ende in so einer Zelle landen«, sagt John. Dann, nach einer Pause, fährt er fort: »Das System Fußball frisst sich selbst auf. Durch Kriminelle, durch krumme, gierige Typen. Ich kann es belegen, aber am Ende bin ich der Böse. Diese Welt ist doch bescheuert. Wir sollten uns alle stellen. Zur Polizei gehen, sagen, dass wir nichts Falsches tun wollten, nur die ganze widerliche Branche säubern. Weil das wichtig ist! Und dann soll ein Gericht über uns entscheiden. Dann wären wir zumindest sicher vor den Typen. Im Knast können sie uns nichts, oder? Aber weißt du was, der Fußball ist so mächtig, wir lesen doch auch ständig in unseren Daten, wie Investoren und Funktionäre Polizisten beeinflussen. Wie sie mit ihnen zusammenarbeiten. Jeder ist heutzutage Fußballfan. Jeden kann man mit ein paar Stadiontickets und unterschriebenen Trikots, mit denen er vor seinen Freunden angeben kann, glücklich machen. Wie sollen wir denn in dieser Welt einen fairen Prozess bekommen?«

Er redet vollkommen wirres Zeug. Ich kapiere nur einen Bruchteil davon. Außerdem kann ich mich nur schwer konzentrieren, weil wir hier an einem beschissenen Seil hängen, mehrere Meter in der Luft.

»Alter, bitte, hör jetzt mal kurz auf zu heulen und hilf mir«, sage ich. Eigentlich ist das keine Art, mit Informanten zu sprechen. Aber ich kriege Atemnot in diesem Fahrstuhl, und die Lösung dieses Problems hat ausnahmsweise einmal Vorrang vor Football Leaks.

»Steh auf und drück mal auf den Zu-Knopf«, sage ich, so ruhig ich kann, die beiden Türen immer noch zusammenschiebend und auf ein knackendes Geräusch lauernd, von dem ich glaube, hoffe, dass es der Kontaktschalter ist. John erhebt sich in Zeitlupentempo. Er drückt den Knopf, ich die Türen, noch mal, anders, noch mal, der Fahrstuhl ruckelt, dann drückt John auf den Etagenknopf. Wir fahren.

Er lächelt. »Wenn das mit dem Journalismus mal nichts ist, kannst du Fahrstuhlmonteur werden. Und wenn ich aus dem Knast komme, werde ich dein Azubi«, sagt John. Ein Scherz, er kann also noch Witze machen. Wir lachen hysterisch.

Auch wenn ich es in diesem Moment noch nicht ahne: Die Szene im Aufzug wird später sehr dabei helfen, dass wir unser Projekt in Ruhe fortführen können.

DER SAMMLER

Wir steigen aus, und ich versuche, dem Impuls zu widerstehen, den Fußboden zu küssen. »Runter nehmen wir die Treppe«, sage ich. John nickt. Wir gehen durch eine etwa fünf Meter hohe Holztür. Sie klemmt, und wir müssen uns gemeinsam anstrengen, sie aufzuwuchten. Was will John hier bloß?

Im Raum, den wir betreten, sitzen zwei junge Frauen, maximal Mitte 20. Es ist so heiß wie in einer Sauna, und das liegt nicht nur daran, dass eine der Frauen quasi nur in einem etwas breiteren BH vor ihrem Schreibtisch sitzt. Die Sonne ballert so stark auf die großen, hohen Scheiben, dass der Raum zum Glutofen wird. Wo zur Hölle sind wir hier gelandet?

John sagt irgendetwas in einer mir völlig fremden Sprache und reicht der Leichtbekleideten einen Zettel. Sie steht auf, zupft an sich herum und geht in den hinteren Raum. John setzt sich auf ihren Stuhl und starrt auf den Monitor. Erst als die andere Frau etwas zu ihm sagt, lächelt er und setzt sich ein bisschen weiter weg. Der Typ ist echt neugierig und reagiert auf Computer wie ein Raubtier auf seine Beute.

Die Leichtbekleidete bringt einen riesigen Karton. Sie schwitzt, das Ding muss schwer sein, John versucht, ihr zu helfen. Nacheinander holt er heraus: vier Flaschen Portwein, insgesamt elf Bücher, eine große Landkarte. Ich will den Wein anfassen, aber er haut mir auf die Finger. »Du hast da Schmiere von den Türen dran, das geht nicht.«

So etwas hat das letzte Mal meine Mutter zu mir gesagt. Ich gucke mir den Wein von weiter weg an. Er ist fast 30 Jahre alt und kommt aus Portugal. Ich kenne mich mit Weinen nicht sonderlich gut aus. Kann man so etwas überhaupt noch trinken? Auf einem der Bücher steht: »Dresden, 1779. Verborgenes Reich«.

John bezahlt, holt kleine Filztücher aus seinem Rucksack und wickelt die Sachen darin ein. Für den Weg nach unten nehmen wir die Treppe.

»Was ist das für ein Zeug?«, frage ich.

»Ich bin Antiquitätensammler«, sagt John in einem Ton, als würde er vermelden, dass morgen wieder die Sonne aufgeht.

»Das ist ein Witz«, sage ich.

»Nein, das mache ich seit vielen Jahren. Ich verdiene damit Geld. Die Sachen habe ich jetzt günstig angekauft, ihr Wert ist aber deutlich höher. Ich kann sie jetzt schon für das Vierfache verkaufen.«

»Wir sprechen über den Portwein?«

»Über den Portwein.«

»Wo verkaufst du das Zeug denn?«, frage ich.

»Im Internet.«

Wo auch sonst. Wir fahren zurück in die Stadt. Im Gepäck: Antiquitäten und noch mehr Fragezeichen.

MÜDE REBELLEN

Wir treffen uns auch an den darauffolgenden Tagen, gehen zusammen spazieren, kickern, Billard spielen und feiern. Johns Nächte werden immer wilder, länger, alkoholreicher. Er flüchtet vor sich selbst, das sieht jeder Hobbypsychologe. Das Nachtleben und der Alkohol sind eine Ablenkung, bieten einen Ausweg, zumindest für ein paar Stunden. Wir versuchen, über seine Probleme zu reden, aber immer, wenn er sich öffnen könnte, wechselt er das Thema. Ich verstehe nicht, warum, hake nach, aber er lässt mich ständig abblitzen.

Das ändert sich erst am letzten Abend meines Besuchs. Wir sind in einem Pub, unweit der Hauptstraße. Draußen knutschen Verliebte, während grölende Touristen auf Bierbikes über eine Kreuzung fahren. Wir sitzen drinnen, auf den Bildschirmen wird das Champions-League-Halbfinale gezeigt. Ein Festtag für Fußballfans, aber John guckt, als sei er auf einer Beerdigung. Ich hole uns Bier.

Von Weitem betrachtet sieht John noch verkrampfter aus. Er blickt sich die ganze Zeit um, wischt sich hektisch über die Stirn und Augen. Ich beobachte ihn von der Theke aus. Der Barkeeper gibt mir zwei Biere, halbe Liter. Ich stelle Johns Glas auf unseren Tisch. Er nimmt es in beide Hände, riecht dran, hebt es hoch, schaut von unten drunter, stochert mit dem Finger im Schaum.

»Stimmt was nicht mit dem Bier?«, frage ich.

John sagt: »Es könnte sein, dass mir jemand irgendein Gift reingeschüttet hat. Das wäre doch der einfachste Weg, um mich loszuwerden.«

Ich warte auf ein Lachen, aber John lacht nicht. Er meint das ernst. Er probiert einen kleinen Schluck.

»Gestern hast du noch normal getrunken«, sage ich.

John holt sein Handy raus. Er sagt, vor ein paar Stunden seien ihm neue Daten zugeschickt worden. Von einer Anwaltskanzlei, die einen Champions-League-Klub betreut. John zeigt auf seinem Handy den Screenshot eines Chats. Die Anwälte diskutieren darüber, ob das Third-Party-Ownership-Verbot der Fifa irgendwie zu umgehen sei. Er wischt über den Bildschirm, ein anderer Ordner öffnet sich. Es ist ein Mailverkehr zwischen einem Kasachen und einem Russen, es geht um John und Football Leaks. Der Russe soll sich »darum kümmern«, schreibt der Kasache. Sie nennen Orte, an denen sie suchen wollen. Johns Gegner rücken näher.

Ich kann mir in der Geschwindigkeit, in der John über sein Handy scrollt, weder die Namen merken, noch die Mails genauer durchlesen. Aber John guckt mich mit weit aufgerissenen Augen an. »Die machen Ernst, Mann. Die sind hinter uns her«, sagt er ein wenig zu laut. Seine Hand zittert. Der coole, smarte John hat sich verabschiedet. Hier sitzt gerade jemand, der begreift, dass man sich nicht aus Abenteuerlust mit einem solchen Menschenschlag anlegen sollte. Dass das, was er tut, Konsequenzen nach sich zieht. Schwere Konsequenzen.

John sagt: »Heute Abend gehen wir nicht feiern. Wir fahren zu mir, ich muss etwas mit dir unter vier Augen besprechen.«

Er nimmt einen Schluck Bier und fängt an, mir weitere Dokumente auf seinem Telefon zu zeigen. Irgendetwas über einen Investor, der große Summen in Panama und Belize, zwei beliebten Steueroasen, parkt. Eine ganze Reihe von Dokumenten über einen finanzstarken Afrikaner, der sein Geld in den Fußball pumpen will. John sagt, das sei ein Warlord, der sein Vermögen mit Blutdiamanten gemacht habe.

Irgendwo ist ein Tor gefallen, aber John nimmt das Geschrei der Fußballfans überhaupt nicht wahr. Für ihn zählen jetzt nur noch seine Daten und die vielen schmutzigen Geschäfte des Fußballs. Plötzlich prügeln sich zwei Männer im Eingangsbereich des Pubs, ein Tisch fällt um, eine Frau schreit. John guckt nicht mal hoch, er starrt immer nur auf sein Handy und liest und liest. Kurz vor Ende der zweiten Halbzeit springt er unvermittelt auf. Ich bringe gerade zwei neue Biere, aber John will los.

Er ruft ein Taxi. Bevor er einsteigt, kontrolliert er, ob die Person am Steuer auch jene Person ist, die auf dem Ausweis auf dem Armaturenbrett als Fahrer ausgewiesen ist. John notiert sich den Namen. Er lenkt den Taxifahrer an einem Park vorbei, an mehreren Cafés, es geht hin und her, ich habe das Gefühl, dass wir mehrfach an ein und demselben Restaurant vorbeikommen. Fahren wir im Kreis? Ich traue mich nicht zu fragen, da John, schwitzend und kurzatmig, dem Fahrer Anweisungen gibt. In einer Seitenstraße lässt er den Wagen stoppen.

John geht durch einen langen Hinterhof, und obwohl es beinahe Mitternacht ist, dröhnt in diesem Moment Adeles Hit »Hello« aus einem Fenster. Wir bleiben kurz stehen, ich muss lachen, John nicht. Dabei könnte das der Soundtrack zu seinem aktuellen Leben sein.

John bleibt vor einer Eingangstür stehen, die er mit einem elfstelligen Zahlencode öffnen muss. Im Flur gibt es kein Licht, an den Wänden ist Schimmel, viele der Fenster sind eingeschlagen. John läuft ein paar Treppen hoch, dann bleibt er vor einer zweiten Haustür stehen, die erst aufgeht, nachdem er eine Chipkarte vor einen kleinen Sensor hält. Beim Hineingehen stolpere ich fast über einen randvollen Aschenbecher, auf dem Boden liegen Socken, an einer Tür hängt ein Höschen.

John betritt einen der hinteren Räume und öffnet seinen Laptop, noch während er seine Jacke auszieht. Auf dem Schreibtisch stehen zwei verkrustete Müslischalen, an denen Mikrobiologen wohl viel Freude hätten. Johns Rechner fährt quälend langsam hoch, während John ungeduldig mit seinen Fingern auf den Schreibtisch klopft. Fünf Minuten vergehen, zehn, fünfzehn, und auf dem Bildschirm ist lediglich das Ladezeichen zu sehen. John fängt an, mit seinen Fäusten auf dem Gerät herumzutrommeln, es zu schütteln. Junkies, die keinen neuen Stoff bekommen, rasten so ähnlich aus.

John erklärt, das sei das größte Problem. Deshalb müsse er jetzt mal unter vier Augen mit mir reden: »Unsere verdammten

Rechner können die aktuelle Datenmenge nicht mehr bewältigen. In den vergangenen zwei Monaten hat sich das Volumen unserer Dokumente annähernd verdoppelt. Wir haben jetzt deutlich über ein Terabyte, und es wird täglich mehr.« Es ist das größte Leck, das es in der Geschichte des Sports gibt.

Endlich meldet der Laptop: betriebsbereit. John schließt sofort vier Festplatten an. Ein weiteres Kabel wird in ein Gerät gestöpselt, das John zwischen seinen Router und seinen Laptop schaltet.»Damit kann keiner zurückverfolgen, wo und wie wir uns einloggen«, sagt er. Auf seinem Bildschirm erscheinen Links, Pfade und Dokumente. Er klickt einen Ordner mit der Bezeichnung»Mafia« an. Daraufhin schmiert der Rechner ab.

Football Leaks, Johns Baby, ist mittlerweile zu groß geworden, um damit noch schnell arbeiten zu können. Mit der Football-Leaks-Homepage lassen sich nur ein bis zwei Dokumente pro Tag hochladen, sagt er. Wenn überhaupt. Mehr schaffen die Systeme nicht.»So macht es keinen Sinn«, sagt John. Er bräuchte leistungsfähigere Computer, größere Festplatten, mehr Arbeitsspeicher, eine Software, mit der man die Daten besser durchsuchen könnte. Und auch eine neue, übersichtlichere Homepage. Eigentlich fehlt es an allem. John schüttelt den Kopf.

Er sagt, er habe gehofft, dass sich die großen Verbände, die Uefa oder die Fifa, bei ihm melden würden:»Sie waren doch an unserem Material interessiert. Warum haben sie uns nie angeschrieben?« Er hat sogar einigen Reportern in Mail-Interviews den Hinweis gegeben, dass er sich vorstellen könne, mit den Verbänden zusammenzuarbeiten.»Wir hätten ihnen helfen können. Hätten sie wirklich Interesse an Aufklärung, hätten sie sich nur bei uns melden müssen«, sagt John. Er atmet tief durch und nimmt einen großen Schluck von dem Schnaps, den er sich gerade in ein Teeglas eingegossen hat.

»Was willst du jetzt machen?«, frage ich.

»Wir haben wirklich überlegt, uns der Polizei zu stellen. Alles abzugeben, alle Daten, Ende.«

»Und warum macht ihr das nicht?«, frage ich.

»Weil dann alles hinüber wäre. Wir, aber auch das Projekt«, sagt John.

Wir diskutieren über die möglichen Konsequenzen. In welchem Land würde er sich überhaupt stellen? Und was wollte er denn gestehen? »Nichts. Nur dass die Daten hier sind. Mehr kann mir keiner vorwerfen. Vielleicht wandern wir auch aus. Lassen uns eine Weile irgendwo in Asien oder Südamerika nieder«, sagt John. Das klingt weder durchdacht noch vernünftig.

Ich schlage ihm vor, dass er seine Seite auch einfach für eine Zeit schließen könnte. Als ersten Schritt sozusagen. Das hätte den doppelten Vorteil, dass Johns Gegner nach einer Weile glauben könnten, die Sache hätte sich von selbst erledigt, und die Verfolgung vielleicht einstellen würden. Und dem EIC würde solch eine Pause die Möglichkeit geben, weiter an der Auswertung des Materials zu arbeiten. »Gleichzeitig könntet ihr ein bisschen zur Ruhe kommen, durchschnaufen und euch überlegen, was ihr wirklich in Zukunft tun wollt«, sage ich.

John steht auf und geht aus dem Zimmer. Er sagt, er komme gleich wieder, nach etwa 45 Minuten ist er zurück. »So machen wir das. Wir gönnen dem Projekt jetzt erst einmal eine Pause.« Wir schweigen.

»Ich glaube, darüber werde ich einen Artikel schreiben. Ich muss dem Leser erklären, warum ihr diesen Schritt macht«, sage ich.

»Dann schreib bitte auch, dass wir in Zukunft nicht mehr wollen, dass nur einzelne Verträge oder Beraterhonorare sichtbar werden, sondern dass wir Geschichten zu den jeweiligen Fällen erzählen lassen wollen. Wir wollen, dass all die komplexen Strukturen auch für den einfachen Fan greifbar werden«, sagt John. Er baut uns damit die goldene Brücke, über die wir am Ende mit unseren EIC-Enthüllungen laufen werden.

Wir einigen uns darauf, dass in meiner Story stehen wird, dass die Football-Leaks-Seite mindestens das nächste halbe Jahr eingefroren bleibt. Keine neuen Dokumente, keine neuen Skandale, keine Veröffentlichungen mehr mitten in der Nacht. Stattdessen Stille.

»Du hast heute im Aufzug die Nerven bewahrt, du wirst auch dem Druck aus der Fußballbranche standhalten. Davon bin ich überzeugt«, sagt John. Er lacht wieder und wirkt ein wenig befreiter.

Wir bleiben noch eine Weile in dem kleinen Zimmer sitzen, müde, schweigend. John kopiert einige Daten, zieht ein paar Verträge und Mails auf eine neue Festplatte. »Ihr werdet euch in dem Material schon zurechtfinden«, murmelt er.

»Was wirst du in den kommenden Wochen tun? Hast du irgendwelche Pläne?«, frage ich. John hält kurz inne, nimmt die Hände von der Tastatur, kratzt sich an der Wange und dreht sich auf seinem Bürostuhl langsam zu mir um.

»Ich glaube, ich werde wieder mehr Zeit mit meiner Freundin verbringen und auch mehr Sport treiben. Ich habe in den letzten Wochen ein bisschen zugelegt, der Stress war schuld. Das muss jetzt wieder weg«, sagt John und tätschelt sich dabei die kleine Wölbung unter seinem T-Shirt.

»Wirst du noch Fußball gucken, oder hast du jetzt erst mal genug davon?«, frage ich.

»Genug von Fußball? Bist du irre? Ich liebe diesen Sport, das kann mir niemand nehmen. Niemand! Und da ich jetzt mehr Zeit haben werde, werde ich mir alles angucken: jedes Spiel der Europameisterschaft und natürlich auch das Champions-League-Finale. Ich hoffe, Real Madrid gewinnt. Cristiano Ronaldo soll allen zeigen, dass er der beste Fußballer der Geschichte ist!«

DER GOLDENE SCHUSS

Ende Mai ist es so weit: Das Finale der Champions League steht an. Es ist weltweit der bedeutendste Festtag im Fußballkalender, von Endspielen um die Europameisterschaft oder Weltmeisterschaft einmal abgesehen. Wie wichtig das Finale ist, zeigen ein paar Zahlen: In über 200 Länder wird das Spiel zwischen Real und Atlético Madrid übertragen, in der Spitze werden 380 Millionen Menschen weltweit dem Spektakel zusehen. Es gibt kein vergleichbares Sportevent, nicht einmal der amerikanische Super Bowl erreicht solche Werte.

Das Endspiel findet diesmal im Mailänder San-Siro-Stadion statt, Schwarzmarkttickets werden für über 3000 Euro gehandelt. Wer auf legalem Weg an eine Eintrittskarte kommen wollte, hätte bereits zwei Monaten zuvor an einem Losverfahren der Uefa teilnehmen müssen. Diejenigen, die – ohne zu wissen, ob am Ende ihre Lieblingsmannschaft im Finale stehen würde – als Sieger aus der Verlosung hervorgingen, mussten für die Tickets je nach Kategorie zwischen 70 und 440 Euro bezahlen.

Doch das Champions-League-Finale ist nicht nur ein Fußballspiel, es ist ein Event, eine riesige Show, inklusive Eröffnungszeremonie, einem Auftritt der Sängerin Alicia Keys und ihres Kollegen, des Schmusebarden Andrea Bocelli, und Hunderten VIPs aus Politik, Wirtschaft und Showbiz, die in den Logen des Stadions Roastbeef essen, Champagner trinken und ihre Netzwerke pflegen. Was das mit Fußball zu tun hat? Nun: Mit diesem einen Spiel werden 350 Millionen Euro in Mailand umgesetzt. Das ist die Währung, die alle verstehen. Und da das Geschäft hinter den Kulissen so prächtig funktioniert, wollen auch die Akteure auf dem Rasen etwas davon abhaben.

Real und Atlético Madrid, zwei große Namen aus einer Stadt, ewige Rivalen, stehen sich zwei Jahre nach dem Finale von Lissabon erneut gegenüber, die Fallhöhe der Partie könnte nicht größer sein. Auf dem Platz ist davon allerdings nur wenig zu sehen. Man merkt den Spielern an, dass sie nach einer langen Saison müde sind, dass ihnen die Spritzigkeit fehlt. Nie gab es so viele Spiele in einer Spielzeit wie heute. Die Partie ist eine zähe Sache, ein Abnutzungskampf. Nach 90 Minuten steht es 1:1, nach 120 Minuten ebenso – es geht ins Elfmeterschießen. Von solchen Momenten lebt die Showbranche Fußball. Die Kameras schwenken den Spielern in die Gesichter, zeigen ihre Erschöpfung, einige der Kicker lassen sich auf den Rasen fallen und von den Masseuren die Müdigkeit aus den Muskeln schütteln.

Cristiano Ronaldo, der Superstar, der Mann, der Real Madrid verkörpert, steht an der Außenlinie, leerer Blick, den Mund leicht geöffnet. Den ganzen Abend hat man nicht viel von ihm gesehen, das bissige Atlético-Pressing der Simeone-Schüler hat ihn völlig aus dem Spiel genommen.

Trotzdem lässt er sich als letzter Schütze im Elfmeterschießen aufstellen. Als derjenige, auf den es ankommt. Und natürlich, wie sollte es anders sein in diesem Sport, der wie kein anderer von Bildern und Emotionen lebt, verschießt Atlético seinen vorletzten Elfmeter – jetzt liegt es also an ihm, CR7, dem geborenen Leader.

Ronaldo hat einmal gesagt, dass er diese Situationen liebe: den größtmöglichen Druck. Er geht von der Mittellinie bis zum gegnerischen Strafraum, strammer Schritt, gerader Rücken, die Kameras halten voll auf ihn. Ob Ronaldo in diesem Moment wohl durch den Kopf geistert, wie viele Millionen dieser Elfmeter gleich bewegen wird? Wie viele Menschen er mit diesem einen, diesem goldenen Schuss, gleich mit Geld überhäufen könnte? Mit so viel Geld, wie es viele andere Menschen in ihrem ganzen Leben nicht verdienen werden?

Die Football-Leaks-Daten zeigen, wie eng sportliche und wirtschaftliche Erfolge verwoben sind. Wie viel ein Elfmetertor ausmachen kann. Wie sich die Welt der Stars von der ihrer Fans entkoppelt hat.

Die Real-Größen Sergio Ramos, der in der Saison 2015/16 ein Grundgehalt von 19,3 Millionen Euro erhielt, Gareth Bale, Grundgehalt 10,9 Millionen Euro, und Karim Benzema, ebenfalls 10,9 Millionen Euro, bekommen im Fall eines Champions-League-Gewinns wie jeder andere Profi bei Real eine Prämie von 600 000 Euro, so kolportiert es die spanische Presse. Macht bei 25 Kaderspielern eine Summe von 15 Millionen Euro.

Ronaldo, der Mann für die besonderen Momente, ist aber auch ein Mann für die besonderen Verträge. Er bekommt zu diesem Zeitpunkt zwar schon mit knapp 33 Millionen Euro das mit Abstand höchste Gehalt, für den Champions-League-Titel lässt er sich von Real – als Einziger seiner Mannschaft – noch zusätzlich fürstlich entlohnen: mit 3,68 Millionen Euro. Die Prämie wird in seinem Vertrag als »variable Zahlung« bezeichnet.

Aber Ronaldo ist noch nicht der größte Profiteur.

Denn während der Portugiese am Elfmeterpunkt steht, dicke Backen macht und tief ausatmet, schaut ihm sein Trainer angespannt zu. Zinédine Zidane, der ehemalige Weltklassefußballer, Weltmeister von 1998 und vier Jahre später selbst Champions-League-Sieger mit Real, war als Spieler eine Jahrhundertfigur. Als Trainer dagegen ist er ein Anfänger mit knapp drei Jahren Berufserfahrung. In seinem ersten Lehrjahr hat er an der Seite Carlo Ancelottis assistiert, im zweiten und dritten übernahm er erstmals bescheidene Verantwortung auf der Bank: beim Reserveteam Real Madrids.

Doch als sein Vorgänger Rafael Benítez entlassen wurde, war plötzlich Zidanes Traumjob frei. Der neue Arbeitsvertrag, den Zidane am 5. Januar 2016 unterzeichnete, erweckt den Eindruck, als hätte Real nicht nur einen früheren Starspieler, sondern auch einen Startrainer engagiert. Darauf zumindest lassen die Zahlen schließen, auf die sich beide Seiten in dem sieben Seiten umfassenden Kontrakt geeinigt haben. Auch diese Vereinbarung findet sich im Bestand von Football Leaks.

Schon die Laufzeit des Vertrages ist für einen Trainerneuling ungewöhnlich lang: zweieinhalb Jahre bis Ende Juni 2018. Noch ungewöhnlicher ist die Höhe des Gehalts. Bereits als Ancelottis Assistent und als Trainer des Reserveteams hatte der Franzose eine außergewöhnlich hohe Gage für sich ausgehandelt: 600 000 Euro pro Jahr. Nun vereinbart Zidane mit Real Madrid für das erste Halbjahr bis Ende Juni 2016 ein Gehalt von drei Millionen Euro brutto. Für die beiden folgenden Spielzeiten lässt Zidane sich jeweils 5 781 818 Euro zusichern. Hinzu kommen dieselben Prämien, die auch die Spieler für Siege und Unentschieden kassieren.

Doch das ist noch nicht alles. Es gibt zwei Klauseln in dem Dokument, aus denen sich herauslesen lässt, wie wichtig der Vereinsführung von Real Madrid der Gewinn der Champions League ist. Die Königlichen definieren sich seit Jahrzehnten insbesondere über ihr Abschneiden in der Königsklasse. Die Weltmarke Real kann nur weltweit glänzen, wenn der Klub regelmäßig die wichtigste Vereinstrophäe gewinnt.

Zidane hat das für sich genutzt wie kein anderer. Einerseits lässt er sich für jeden Titelgewinn in der Champions League eine Sonderzahlung von 1,5 Millionen Euro festschreiben. Andererseits setzt er folgende Bedingung durch: Sollte sein Team das Finale in Mailand gewinnen, würden sich seine Jahresbezüge für die beiden darauffolgenden Spielzeiten bis Ende Juni 2018 verdoppeln. Aus 5 781 818 Euro pro Saison würden 11 563 636 Euro.

Während Ronaldo also am Elfmeterpunkt steht, geht es für Zidane um nicht weniger als rund 13 Millionen Euro. Der Stürmer steht am Elfmeterpunkt, breitbeinig, einmal noch die Schultern ausschütteln, kurze Schritte, Schuss, der Ball fliegt ins Tor. Eiskalt.

Ausnahmezustand. Auch bei Zidane. Mit solch geringem Aufwand, das darf man wohl so sagen, hat bislang noch kein anderer Trainer, geschweige denn ein Novize, die Strahlkraft der Champions League dermaßen für sich in Geld ummünzen können. Als der Franzose seinen Vertrag unterschrieb, waren es noch sechs Partien bis zum Endspiel.

Doch die Pointe dieses durchgeknallten Abends setzt ein anderer: Rafael Benítez, Zidanes Vorgänger auf Reals Trainerbank. Als der Spanier am 4. Januar 2016 seinen Arbeitsvertrag mit Real mit einem dreiseitigen Schreiben und einer Abfindung über 10,15 Millionen Euro, zahlbar innerhalb einer Woche, auflöste, verhandelte er mit Weitblick. Im Kleingedruckten der Vereinbarung findet sich unter Punkt drei ein Zusatz zur Champions League: Sollte der Klub im Mai den Titel gewinnen, würden weitere 600 000 Euro für Benítez fällig.

Auch er darf sich bei Cristiano Ronaldo bedanken. Der Portugiese hat mit einem einzigen Schuss Prämien im Wert von über 30 Millionen Euro bewegt.

DER ZUFLUCHTSORT

In den vergangenen Wochen habe ich John häufiger getroffen. Mal für einen Tag, mal für zwei, selten länger. Er reist wieder viel herum, schläft und isst mehr, tanzt und feiert aber trotzdem, als gäbe es kein Morgen. John ist ein Lebemann, und nun, nachdem er die Football-Leaks-Seite in einen Ruhemodus versetzt hat, genießt er das wieder mehr. Es ist Ende Juni, und seine Angst, dass ihm Privatdetektive, Auftragskiller oder andere finstere Gestalten zu Leibe rücken, ist gesunken.

Er spricht mit mir viel über den Inhalt der Football-Leaks-Dokumente, über den Fußball im Allgemeinen, über Frauen und natürlich über seinen Handel mit Antiquitäten. Ständig hat er neue Auktionen im Blick und überlegt, bei welchen Angeboten er zuschlagen soll. Zwischendurch, und ich habe nach wie vor keine Ahnung, wie oder woher die Sachen kommen, drückt er mir Festplatten in die Hand. Manchmal sind sie schwarz, manchmal weiß. Mal sind mehr Daten darauf zu finden, mal weniger. Mal ergänzen sie unsere bisherigen Dokumente, mal ist es völlig neuer Stoff.

Während meine Kollegen tief in den Datensatz eintauchen und einen Fund nach dem anderen ausbuddeln, muss ich mich für die nächsten Wochen aus dem Datenraum verabschieden. Neben den Treffen mit John werde ich in Frankreich sein, um über die Europameisterschaft zu berichten. Ich habe schon lange vor dem Datenprojekt zugesagt, das Turnier als Reporter zu begleiten. Über die deutsche Nationalmannschaft berichte ich seit über zehn Jahren, jetzt kann ich mich nicht einfach so davonstehlen, nur weil Football Leaks mich gerade mehr reizt.

Aber dieser Spagat ist unangenehm: Auf der einen Seite schreibe ich Geschichten rund um die Auftritte von Mario Götze, Thomas Müller, Julian Draxler, auf der anderen Seite telefoniere ich fast täglich mit meinen Kollegen und höre, welche spannenden Geschichten sich aus dem Datenpaket herauskristallisieren. Meine Neugierde, meine Lust, jetzt auch in dem Material zu wühlen, gehen nahezu ins Unermessliche.

Das Wichtigste an dieser Phase ist aber: dem Wunsch zu widerstehen, aktuelle Storys aus dem Datensatz zu veröffentlichen. Ein Beispiel: Jérôme Boateng wird vor Beginn der Fußball-EM von Alexander Gauland, einem Politiker der »Alternative für Deutschland«, verunglimpft. Der irrlichternde Böse-Nachbar-Vergleich, den Gauland in einem Interview zieht, wäre eigentlich nicht der Rede wert, trotzdem spricht ganz Deutschland darüber. Das Thema wird zu einem großen Aufreger.

Wir haben schon vor einigen Wochen in unserer Datenbank nach Boateng gesucht, das Intella-System hat auch einen spannenden Treffer ausgespuckt. Es sind zwar keine Breaking News, aber es ist eine schaurige Anekdote, die deutlich macht, dass nicht nur die AfD, sondern auch der Fußball ein Rassismusproblem hat.

Hauptdarsteller der Geschichte ist ein großer deutscher Sponsor. Rund ein halbes Jahr vor der Fußball-WM in Brasilien werden ihm von einer Vermarktungsagentur mehrere deutsche Nationalspieler für eine Kampagne angeboten. Es geht darum, ein Produkt in Südostasien zu promoten, in Ländern wie China, Thailand, Indonesien, Vietnam, Südkorea, den Philippinen. Der Vertreter des Sponsors ist interessiert, die Vermarktungsagentur schlägt ihm sechs Spieler vor. Fünf von ihnen sind weiß-, einer dunkelhäutig. »Bitte nimm Jérôme Boateng von der Liste, der Rest liest sich gut«, antwortet der Marketingmann der Sponsorenfirma. Der einzige Schwarze fliegt raus.

Wir diskutieren darüber, ob und wie man die Story weiter recherchieren und verarbeiten könnte. Schließlich entscheiden wir: Wir können aktuell nichts daraus machen. Wir würden der Öffentlichkeit zum einen verraten, dass wir als EIC an den Football-Leaks-Daten arbeiten, zum anderen würden wir jedem unserer Partner ein riesiges Einfallstor liefern, genauso mit anderen Spielern, Funktionären, Inhalten aus dem Datensatz umzugehen, weil sie für ihre jeweiligen Länder interessant sind. Das ganze EIC würde zu einem Sack voller Flöhe werden, wir hätten keine Kontrolle mehr über die Daten und in letzter Konsequenz auch nicht mehr über das Projekt. Wir verzichten also zunächst einmal auf Boateng. Später dann auch auf Henrich Mchitarjan, Paul Pogba, Mario Balotelli und immer wieder: Cristiano Ronaldo.

Es wird zu unserem täglichen Mantra: Wir veröffentlichen gemeinsam im Dezember, nur die Ruhe. Wir gehen damit das Risiko ein, dass bis dahin womöglich die eine oder andere spannende Geschichte schon von jemand anderem erzählt werden wird. Wir hoffen, dass unser großer Scoop diesen Verzicht wert ist.

Aber bei all der Zerrissenheit: Manchmal ist eine solche räumliche Entfernung zu einer Recherche auch sinnvoll. Man kann in Ruhe nachdenken. Ich sitze in Paris im Stadion, Nordirland trifft auf Deutschland, letztes Spiel der Gruppenphase. Es ist eine sterbenslangweilige Partie. Die armen Nordiren versuchen das, was alle Außenseitermannschaften bei diesem Turnier versuchen: Sie igeln sich vor ihrem Tor ein und hoffen, dass ihnen im Angriff Gott, Allah, Fortuna oder ein krummer Fuß von Mats Hummels weiterhilft. Anders würden sie im Leben kein Tor schießen. Dieser Gruselkick ist eigentlich kein Fußballspiel, genauso wenig wie viele andere Partien bei diesem aufgeblähten, überverkauften Turnier, aus dem nur wenige besondere Augenblicke herausstechen werden.

Nach der 30. Minute ist die Partie dann schon gelaufen: Mario Gómez macht das erste und einzige Tor des Spiels, und jeder weiß in diesem Augenblick, dass Deutschland nicht nur dieses Match, sondern damit auch die Gruppenphase gewinnen wird.

Etwa Mitte der zweiten Halbzeit schweifen meine Gedanken völlig ab. Ich schaue mich im Stadion um, sehe, wie die Fans jubeln, ihre Schals schwenken, im nordirischen Block drehen sie völlig durch. Immer wieder wird dort der Sommer-Gassenhauer »Will Grigg's on fire« angestimmt, überraschenderweise brüllen auch die deutschen Fans das Lied mit. Während sich da unten auf dem Rasen 22 Spieler abmühen, rennen, schwitzen, verwandeln die Fans diese Farce von Fußballpartie in ein Open-Air-Festival. Laut, bunt, schön.

Es sind Menschen, die Hunderte, Tausende Kilometer angereist sind, um völlig überteuerte Tickets, Trikots, Würste, Bier und Mützen zu kaufen und dann während eines nutzlosen Fußballspiels gemeinsam zu singen. Ich frage mich: Was werden unsere Enthüllungen über ein entfesseltes, gieriges, oft korruptes und fast immer scheinheiliges Fußballbusiness mit diesen Fans anstellen? Werden sie von ihren Helden enttäuscht sein? Wütend? Werden sie sich abwenden, weil sie ein solches System nicht weiter finanzieren wollen? Ist ihnen Glaubwürdigkeit überhaupt wichtig?

Jahrelang führten Paten den Weltfußball. João Havelange, Sepp Blatter, Horst Dassler und all die Brüder im Geiste, die sich daraus entwickelten: Chuck Blazer. Jack Warner. Franz Beckenbauer. Dazu die Unmengen an Spielerberatern, Investoren und Glücksrittern unterschiedlicher Couleur. Jeder, der seine Augen nicht komplett verschließt, hat eine Ahnung davon, wie verlogen, korrupt und ausbeuterisch diese Branche ist. Wie sie auf Kosten von Fans und ganzen Staaten in die eigene Tasche wirtschaftet. Das System Fußball ist nicht erst seit heute krank. Doch jetzt kann man sehen, wie krank es wirklich ist.

Nach den großen Doping- und Korruptionsaffären im Rad- und Schwimmsport, im Gewichtheben, Ringen und in der Leichtathletik sind diese Sportarten mittlerweile fast aus der öffentlichen Wahrnehmung verschwunden. Die Sender steigen bei der Live-Berichterstattung aus, selbst bei den Olympischen

Spielen schwindet das Interesse spürbar. Die Menschen wenden sich ab, weil der Sport seine Unschuld verloren hat. Und damit seine Glaubwürdigkeit. Die Fans haben das Gefühl, von Sportlern wie Lance Armstrong und Jan Ullrich, von Marion Jones und Carl Lewis persönlich betrogen worden zu sein. Dazu das russische Doping, der Blutpanscher Fuentes, die vielen Spritzen in Mülltonen. Die Lust, den Athleten zuzujubeln, ist verflogen.

Und im Fußball? Trotz all der Fifa-Korruptionsskandale, trotz der vielen verschwundenen Millionen, trotz der Wettbetrugs- und Spielmanipulationsaffären, die ständig neu hochkochen und viele Spiele verdächtig erscheinen lassen, strömen Menschen Woche für Woche in Scharen ins Stadion, in die Stammkneipe, zum Public Viewing, um ihren Helden zuzujubeln. Um sie und auch sich anzufeuern, gemeinsam zu trinken, zu singen, zu feiern. Um am nächsten Montag bei der Arbeit zu erzählen, wie großartig das Wochenende war. Und sie tun es nicht nur in England, Frankreich, Deutschland, sondern in vielen, vielen Ländern dieser Welt.

Wollen diese Menschen überhaupt, dass wir sie mit der Realität belästigen? Fußball ist das womöglich letzte verbindende Element, das in unserer Gesellschaft noch unterschiedliche Gruppen zusammenbringt. Das können weder Kirche noch Politik leisten. Doch beim Fußball begegnen sich alle Berufsschichten, Kulturen, Geschlechter, Wünsche und Hoffnungen. Da kann man gleichzeitig politisch korrekt sein und den Gegner als »Arschloch« beschimpfen. Da kann man ausrasten, sich gehen lassen, und keiner nimmt es einem übel. Wollen Fußballfans sich diesen Zufluchtsort nehmen lassen? Wollen sie überhaupt verstehen, dass dieses entfesselte Business ihre Sehnsucht nach Pathos und Emotionen ausbeutet? Dass sie systematisch hinters Licht geführt werden?

FUSSBALLROMANTIK

Halbfinale. Die EM neigt sich dem Ende entgegen, Deutschland trifft in Marseille auf Frankreich, Portugal spielt einen Tag früher gegen Wales. Mein Handy blinkt ununterbrochen. John ist völlig außer sich. Er mag ein Online-Rebell sein, aber er ist vor allem auch ein Fußballfan und, trotz aller Kritik an seinem Heimatland, ein Patriot. Unentwegt schickt er mir Nachrichten: YouTube-Clips mit portugiesischen Schlachtgesängen, Fotomontagen, auf denen die Spieler des portugiesischen Nationalteams Kronen aufhaben, die ganze Begeisterung und Kreativität der Fans, die sich im Internet entlädt.

»Wenn Deutschland und Portugal ins Finale kommen, treffen wir uns in Frankreich«, schreibt John.

»Ist das eine gute Idee? Vielleicht sucht die Polizei nach Dir«, schreibe ich zurück. Immerhin gibt es ein Ermittlungsverfahren und ein Rechtshilfeersuchen gegen Football Leaks.

»Mir egal! So etwas erlebt man doch nur einmal im Leben. Portugal wird Europameister, ich habe Dir das schon vor Wochen gesagt!«, schreibt John.

Tatsächlich. Sein EM-Finaltipp war Portugal gegen Frankreich. Ich hatte auf Polen und Deutschland getippt. Nachdem Portugal Polen aus dem Turnier geworfen hatte, musste ich mir schon einigen Spott von John anhören.

»Die Tickets sind sehr teuer. Ich muss mir etwas überlegen«, schreibt er.

John hat sich fast jedes Spiel bei diesem Turnier am Fernseher angeschaut, drei Spiele am Tag. Das Abendspiel, so schreibt er mir, hat er meistens mit Freunden in der Stadt geguckt. Kurz vor dem Nachmittagsspiel, gegen 15 Uhr, ist er dann duschen gegangen und hat die erste Partie mit Müsli im Bett geschaut. »Im Moment ist es toll. Hier ist es warm, die Sonne scheint, ich relaxe nur. Es geht mir gut, das Leben ist wieder schön«, schreibt er.

Aber jetzt braucht er ein Abenteuer und will nach Frankreich kommen. Bei einem solchen Großturnier herrschen höchste Sicherheitsvorkehrungen, das gilt insbesondere für die Einreise. Ich habe Sorge, dass John verhaftet werden könnte, nicht nur, weil das für ihn selbst gravierende Konsequenzen nach sich ziehen würde, sondern auch, weil das für unser Projekt eine große Gefährdung wäre, die alles verkomplizieren könnte.

»Die Hotel- und Flugpreise sind auch irre hoch«, schreibe ich. »Das stimmt. Mal sehen. Aber das wäre schon geil! In Paris gibt es eine große portugiesische Gemeinde, ich würde gerne mit ihnen diesen historischen Sieg feiern«, schreibt John.

Portugal gewinnt tatsächlich das Halbfinale, steht damit im Endspiel. John schreibt mir noch in der Nacht, dass er gar nicht so viel feiern könnte, wie er müsste, um all sein Glück auszudrücken. Er ist ein hoffnungsloser Fußballromantiker, der zwar die schmutzigen Seiten des Fußballgeschäfts kennt und hasst, das Spiel selbst trotzdem hemmungslos liebt.

Ich sitze am Abend im Stadion in Marseille und sehe, dass Frankreich zu stark ist, Deutschland verliert das Halbfinale und ist raus aus dem Turnier. Adieu.

»Mein Freund, Kopf hoch, immerhin seid Ihr Weltmeister. Aber jetzt musst Du Portugal die Daumen drücken, das bist Du mir schuldig«, schreibt John. Es ist schön, ihn wieder so unbeschwert zu erleben.

Am nächsten Morgen nehme ich einen Flug nach Paris zum Endspiel. Air France, eine Fluglinie, die ich nach diesem Turnier konsequent meiden werde, schafft es nach all den Verspätungen und Ausfällen, noch einen draufzusetzen: Mein Koffer geht verloren. Ich werde ihn wochenlang nicht wiedersehen. Zudem habe ich etwas Falsches gegessen oder mir einen Virus eingefangen, mein Magen spielt verrückt. Auch deswegen bin ich erleichtert, als John schreibt, dass er doch nicht nach Paris kommen wird. Der Trip sei ihm zu teuer. Immerhin eine gute Nachricht an diesem Tag.

Vor dem Finale chatten wir viel, er erklärt mir – oder glaubt zumindest, es zu tun – die Taktik der Portugiesen und die exakten Schwachstellen der Franzosen. Bei solchen Gesprächsthemen kommen mir die komplizierte Verschlüsselung und höchste Geheimhaltung, mit der wir uns weiterhin schreiben, etwas absurd vor. Bevor ich das Mail-Programm öffnen kann, muss ich einen Authentificator, eine Art Passwortgenerator, der zufällige Codes liefert, einschalten. Ich muss damit zwei unterschiedliche »Türen« öffnen, bevor ich endlich eine Nachricht schreiben kann. Allein die Anmeldung dauert oft mehrere Minuten. Ich habe mittlerweile drei verschiedene Apps, die entweder Passwörter erzeugen oder sie wiederum für mich abspeichern, weil ich mir diesen ganzen Wust aus Zahlen, Zeichen und Buchstaben längst nicht mehr merken kann. Und die ganze Mühe für so tiefschürfende Einsichten wie diese:»Renato Sanches muss die Lücken zwischen Pogba und Matuidi nutzen, Pogba steht immer sehr hoch. Dahinter sind große Räume, das habt Ihr Deutschen nicht gesehen«, schreibt John. Ich antworte:»Pepe ist zu langsam für Griezmann. Im Zentrum könnte es heiß werden für Euch.« Falls ein Geheimdienst oder eine Polizei unsere Chats tatsächlich mitliest, wünsche ich viel Spaß bei der Auswertung solcher Dialoge!

PORTUGAL, KÖNIG EUROPAS

Cristiano Ronaldo dreht durch. Komplett. Der Superstar zieht sein Shirt aus und hüpft einbeinig über den Rasen, weil das Knie, an dem er sich im Finale verletzte, nicht belastet werden darf. Ronaldo hat zwar nur einen kleinen Teil dieses Endspiels auf dem Spielfeld bestritten, dafür hat er an der Seitenlinie mit seinen Mitspielern gelitten, in einer Inbrunst, wie sie nur Menschen haben, die einen Traum teilen: Europameister zu werden.

Ronaldo dirigierte, brüllte, kämpfte mit seinen Mannschaftskollegen, während sie den Gastgeber Frankreich niederrangen. Jetzt tobt dieser Weltklassespieler vor Freude, wischt sich zwischendurch Tränen weg, drückt und schüttelt jeden, der ihm in den Weg kommt. Ronaldo ist am Ziel: der erste internationale Titel mit seinem Heimatland. Ronaldo ist Europas König, er wird in diesem Jahr alle Preise gewinnen, das ist jetzt schon klar.

Was mir in diesem Augenblick ebenfalls klar wird: Ronaldos Geheimnis, die Multimillionen-Euro-Geldrutsche, die für ihn auf den British Virgin Islands arbeitet und über die ich mittlerweile so viel auf unserer internen Plattform lesen konnte, wird den Glanz dieses Helden deutlich abschwächen. Ronaldo mag ein Spitzenfußballer sein, ein Spitzensteuerzahler ist er nicht. Und seine Fallhöhe wird mit jedem Sieg größer.

Ich schaue auf mein Handy.

»Das ist einer der schönsten Tage meines Lebens! Campeões!!!«

John flippt aus.

Er wird mir die ganze Nacht über Nachrichten schicken. Er schreibt auch, dass er heult und er sich nicht mehr daran erinnern könne, wann er das zuletzt getan hat. Wie kann einer, der den Fußball so sehr liebt, so viel Mut haben, sich mit dieser Branche dermaßen anzulegen? Vielleicht wirklich gerade deshalb? Er ist mir ein Rätsel.

Um 4 Uhr 32: »Ich raste aus! Wir werden 24 Stunden feiern!«

Um 4 Uhr 41 Uhr: »Wenn ich wieder nüchtern bin, musst Du zu mir kommen. Ich muss Dir etwas zeigen.«

Am Morgen telefoniere ich mit meinen Chefs. Mittlerweile habe ich auch Fieber, dieser verdammte Magen. Und frische Socken gibt's auch nicht mehr, verdammte Air France.

Das Turnier hinterlässt Spuren, auch bei uns Reportern. Ich fühle mich nach all den Wochen leer geschrieben und will eigentlich nur noch schlafen. Michael Wulzinger sagt, ich solle einen Tag durchschnaufen, lange im Bett bleiben, ein bisschen in Paris spazieren gehen. Meinen Kopf freibekommen. Aber dann sollte ich mal schauen, dass ich John besuchen könnte.

Natürlich.

Ich buche einen Flug für den nächsten Tag. Der Rückflug bleibt offen.

BRAUN GEBRANNT UND GUT GELAUNT

Wieder Osteuropa. Wieder eine Metropole. Es ist unglaublich heiß, deutlich über 30 Grad. Auf dem Weg in mein Apartment fahre ich an einem riesigen Fluss vorbei. Viele Menschen sitzen am Ufer, grillen, spielen Frisbee, manche plantschen auf aufblasbaren Reifen. Meine Magenkrämpfe kann auch diese Idylle nicht beruhigen. Ich lege mich erst mal ins Bett.

Kaum bin ich eingeschlafen, klopft es an meiner Tür. Es ist das erste und wird auch das einzige Mal bleiben, dass John pünktlich ist. Ausgerechnet heute. John hüpft durch die Tür, wir umarmen uns zur Begrüßung. Er ist braun gebrannt, hat anscheinend nicht nur gefeiert, sondern auch viel Sport getrieben, seine Schultern sind breiter, seine Arme sehen trainierter aus. Und seine Augen lachen wieder, zeugen von neuer Energie.

Beim Frühstück erzählt John, Schokoladenkuchen und Limonade, mir, Zitronentee ohne Zucker, was er in den letzten Wochen so getrieben hat. Und mit wem. Ich habe das Gefühl, ich höre dem Großen Gatsby zu, so wild, so spannend und abgedreht sind Johns Geschichten. Zum ersten Mal nennt er auch Namen von Freunden, er sagt, ich müsse sie mal kennenlernen.

»Haben sie etwas mit dem Projekt zu tun?«, frage ich.

»Ach, hör doch mal auf damit«, sagt er und lacht.

Es ist wohl zwecklos, herausfinden zu wollen, was dieses Football-Leaks-Konstrukt eigentlich genau ist.

»Aber ich habe neue Daten. Ziemlich spannend. Die muss ich dir geben, sonst versteht ihr vielleicht einige Zusammenhänge nicht. Diesmal geht es um die Premier League und um die Spieler von Mino Raiola. Beispielsweise der Vertrag von Zlatan Ibrahimović: einfach unglaublich. Daran kannst du sehen, wie die Engländer mit ihrem Geld herumschmeißen«, sagt John. Meinem Magen geht es direkt besser.

»Aber vorher müssen wir noch etwas erledigen«, sagt John.

»Bitte nichts Antiquarisches«, sage ich.

»Doch! Komm, wir müssen los!«

»Wehe, es gibt da einen Aufzug.«

Wir nehmen ein Taxi und fahren fast zwei Stunden, bis wir zu einer Art Schrebergartensiedlung kommen. Kleine Häuser, Flachdächer, winzige Gärten, umrundet von hohen Zäunen. Viel Kindergeschrei. John läuft eine kleine Straße ab, er begutachtet die Klingelschilder und Briefkästen. Plötzlich bleibt er stehen, winkt mich windmühlenartig zu sich. Wir klingeln. Ein kleines Mädchen, nicht älter als vier Jahre, kommt an den grünen Zaun, von dem die Farbe tellergroß abspringt.

»Ist dein Papa zuhause?«, fragt John.

Das Mädchen guckt verstört. John versucht es noch einmal, diesmal nicht auf Englisch. Das Mädel schüttelt den Kopf. John hakt ein weiteres Mal nach. Nun nickt das Mädchen und rennt ins Haus. John guckt mich triumphierend an, als habe er gerade den Da-Vinci-Code geknackt. Minuten später kommt eine alte, dicke, sehr faltige Frau mit Kopftuch aus dem Haus. Ihre Worte klingen, als würde sie uns ausschimpfen. Ich zucke etwas zusammen, John nickt nur. Wir stehen immer noch hinter dem Zaun. Die Oma geht wieder ins Haus. Jetzt ist auch John etwas irritiert.

»Sind wir hier überhaupt richtig?«, frage ich.

»Das werden wir gleich sehen«, sagt er, den Blick nicht von der Tür abwendend.

Die Kleine kommt wieder heraus, hinter sich zieht sie eine Tüte. Plötzlich fängt John an, mit den Händen zu fuchteln, zu rufen, ein bisschen herumzuhüpfen. Die Oma sagt etwas zu der Kleinen, sie bleibt stehen. »Oh Mann, die macht das noch kaputt«, stöhnt John. Er öffnet langsam die Pforte, wir gehen durch einen schmalen Gang, der so eng ist, dass wir ihn nur nacheinander betreten können. Das Mädchen mit der Tüte wartet. John bleibt vor ihr stehen, öffnet seinen Rucksack, holt zwei weiße Handschuhe heraus und zieht sie mit großer Ernsthaftigkeit an. Er beginnt, die Tüte zu inspizieren.

»Halt' sie mir mal auf«, sagt er.

Ich halte.

Herausgeholt werden: eine alte Flagge, zwei Dutzend Bücher, ein Amulett, noch eines, aber diesmal zum Aufklappen, eine kleine Flasche, undefiniert. John wickelt jeden Gegenstand einzeln in seine Filztücher und verstaut sie im Rucksack. Die Oma guckt, als bekäme sie gerade Besuch von Aliens. Ich gucke ähnlich. John zahlt, wir gehen.

»Wer kauft denn so ein Zeug?«, frage ich.

»Du hast keine Ahnung«, sagt John.

»Die, die das verkauft haben, haben auch keine Ahnung. Ich habe hier gerade in fünf Minuten eine zehnfache Wertsteigerung erzielt. Die Sachen sind richtig begehrt. Oligarchen, Araber, aber vor allem Chinesen sind völlig verrückt nach unversehrten historischen Schätzen. Das ist ein riesiger Markt.«

Nun. Immerhin hat er eine Beschäftigung, von der er gut leben kann.

Wir fahren zurück. Diesmal führt er mich zu einer Art Lagerhalle. Es ist zwar kein riesiger Raum, aber groß genug für Hunderte Bücher, Schallplatten, Alben, Kerzenständer, Amulette, Schwerter. Ich glaube, da hinten in der Ecke liegt sogar eine Rüstung, aber ich bin mir nicht sicher. Es sieht aus wie auf einem Mittelalter-Trödelmarkt.

An einer der Wände steht ein Computer, links daneben ein Bett, neben der Tür ein Schrank. Der Rest: Antiquitäten, überall. In der Lagerhalle, die aus mehreren Räumen besteht, sind auch weitere Zimmer, sogar eine Küche. Es hat etwas von einem Labyrinth. John krabbelt auf allen vieren unter den Tisch. Er fummelt an einem Schalter herum, kommt hoch und hat zwei Festplatten in der Hand.

»Hier hast du ganz viel Zeug zur Premier League, die sind da echt irre. Guck dir nur mal den Vertrag an, den Mino Raiola für Ibrahimović herausgeholt hat, unglaublich! Und du findest auf der Platte ganz viel neues Material über die niederländisch-argentinische Spielerberater-Clique, die ihre Kohle an der Steuer vorbeischiebt. Das wird euch helfen, ihr System besser zu verstehen«, sagt John. Einige Wochen später wird er mir noch mal eine weitere Ladung mit Premier-League-Dokumenten geben. Darunter wird auch der Vertrag des Weltrekordtransfers Paul Pogba sein. Ebenfalls ein Raiola-Mann.

Ich fahre zurück ins Apartment. Mittlerweile bin ich ein mittelmäßig begabter Experte im Verschlüsseln von Festplatten. Unser IT-Chef Stephan Heffner hat mir in den vergangenen Monaten gezeigt, wie man Daten auf Festplatten nahezu unsichtbar machen kann. Es ist kein Hexenwerk, aber je nachdem, wie groß die Datenmenge ist, ist es ziemlich zeitaufwändig. Man muss sogenannte Container bauen, diese mit einem separaten Programm verschlüsseln, wobei man in die Container noch zusätzliche Verstecke basteln kann. Dort kommen dann die sensiblen Daten hinein. In den Hauptcontainer lege ich Fotos, alte Texte, also ganz gewöhnliche Dokumente. Sollte mich der Zoll oder die Polizei am Flughafen kontrollieren und zwingen, die Festplatten vor ihnen zu entschlüsseln (in manchen Ländern ist das erlaubt, und wer sich widersetzt, landet leicht in Untersuchungshaft), dann kann ich den unproblematischen Container vorzeigen, und die sensiblen Daten bleiben weiterhin verborgen. Langsam mag ich Technik.

DAS GANZ GROSSE GELD

Als Manchester United am 1. Juli 2016 bekannt gab, dass der Klub den Stürmer Zlatan Ibrahimović unter Vertrag genommen habe, war diese Nachricht keine Neuigkeit mehr. Ibrahimović selbst hatte seinen Wechsel öffentlich gemacht, und zwar schon einen Tag zuvor. »Es ist Zeit, dass die Welt erfährt: Mein nächstes Ziel ist Manchester United«, hatte der Stürmer mit dem ihm eigenen Sendungsbewusstsein via Twitter am 30. Juni verkündet.

Dass er seinen Vertrag mit dem englischen Rekordmeister tatsächlich erst einen Tag später schriftlich fixierte, schien Ibrahimović nicht sonderlich zu interessieren – der schwedische Stürmer lässt sich nur ungern vorschreiben, wann er was zu sagen hat, schon gar nicht von irgendwelchen Krawattenträgern aus der PR-Abteilung seines neuen Vereins.

Ibrahimović galt im Sommer 2016 als eine der heißesten Personalien auf dem internationalen Transfermarkt. Er war zwar schon 34 Jahre alt, aber er hatte offensichtlich nichts von seiner Klasse eingebüßt: In seiner letzten Saison für Paris Saint-Germain hatte der Stürmer in 51 Pflichtspielen 50 Tore erzielt, und wie bereits zweimal zuvor war er unangefochten Torschützenkönig der französischen League 1 geworden.

Das Wichtigste aber war: Ibrahimović kostete keine Ablösesumme. Er hatte seinen Vertrag in Paris auslaufen lassen, was seine Verhandlungsposition erheblich verbesserte. Denn wer keine Ablöse kostet, kann ein höheres Handgeld und Grundgehalt verlangen. Bei den Vertragsverhandlungen im Fußball gibt es kaum Regeln, aber diese scheint wie in Stein gemeißelt zu sein. Jeder Verein, jeder Spieler, jeder Berater hält sich daran.

Einen Monat vor Ibrahimovićs Transfer nach Manchester

hatte Mino Raiola, sein Agent seit Beginn seiner Karriere, in der italienischen Sportzeitung »Gazzetta dello Sport« die Bemerkung fallen lassen, bis auf Pep Guardiolas Verein Manchester City hätten sich bereits sämtliche Großklubs Europas bei ihm gemeldet. Das ist das Geplänkel, das ein Verhandlungsprofi wie Raiola perfekt beherrscht: laut klimpern, bis es große Taler regnet. Und wenn er dann noch einem Intimfeind eine mitgeben kann: umso besser!

Denn Guardiola, das muss man wissen, ist in den Augen Ibrahimovićs ein Kleingeist, seit der Trainer den Stürmer in seiner Zeit beim FC Barcelona kalt stellte und an den AC Mailand weiterreichte. Ibrahimović findet vielmehr: »Wer mich kauft, kauft einen Ferrari. Und wer einen Ferrari hat, tankt Super. Guardiola tankte Diesel und machte eine Tour ins Grüne. Er hätte besser einen Fiat kaufen sollen.« An Selbstvertrauen hat es Ibrahimović, der sich selbst auch gerne mal als »Gott« bezeichnet, noch nie gemangelt.

Nun war der schwedische Superstürmer also bei Manchester United und José Mourinho gelandet. Ibrahimović kennt ihn als Trainer bereits von seinem früheren Klub Inter Mailand und schwärmt von dieser Zusammenarbeit in den höchsten Tönen: »Er ist das genaue Gegenteil von Guardiola. Mourinho war ein Typ, für den ich bereit war zu sterben.«

Stellt sich die Frage: Was ist diese Hingabe Mourinho und Manchester United wert? Seit Ibrahimović auf der Insel angekommen ist, reißen die Gerüchte über sein Gehalt nicht ab. Es kursieren wilde Summen. Mal ist von 235 000 Euro pro Woche die Rede, was etwa zwölf Millionen Euro im Jahr entspricht, mal davon, dass Ibrahimović sogar seinen neuen Mannschaftskameraden Wayne Rooney aussteche, der bislang der bestverdienende Profi in England gewesen sein soll.

Das Rätselraten darüber, wer wie viel kassiert, hat sich in der Premier League, diesem hochgezüchteten und durchgestylten Unterhaltungsbetrieb, längst verselbständigt. Das Gehaltsranking der prominentesten Kicker ist mittlerweile ständiges Gesprächsthema. Die Fernsehmilliarden einerseits, die globalen Investoren andererseits sorgen dafür, dass die Klubs mit immer höheren Angeboten um die besten Spieler werben. So dreht sich die Gehaltsspirale ständig weiter.

Um die finanziellen Exzesse in der Premier League, die Auswüchse und Absurditäten einer Liga im Geldrausch zu dokumentieren, sollen hier Details aus dem Vertrag von Zlatan Ibrahimović veröffentlicht werden. Es ist der »Premier League Contract«, den Manchester United und der Stürmer am 1. Juli 2016 vereinbarten. Aus diesem Dokument, das bis zum 30. Juni 2017 gültig ist, geht hervor, dass Ibrahimović in einem Jahr ein Brutto-Grundgehalt (»Basic Wage«) von 22,62 Millionen Euro verdient. In der geläufigen Einheit, in der die Briten rechnen, macht das 435 000 Euro pro Woche.

In den Unterlagen von Football Leaks finden sich zahlreiche andere Verträge von Weltstars, die ihr Geld nun in England verdienen, unter anderem die von Ibrahimovićs neuen Mannschaftskameraden Paul Pogba und Henrich Mchitarjan, aber auch die von Sergio Agüero (Manchester City) und Mesut Özil (FC Arsenal). Keiner dieser Superstars kommt auch nur annähernd an die Summe heran, die Raiola für Ibrahimović herausgeschlagen hat. Man liegt wohl nicht daneben mit der Behauptung, dass in der Premier League mit dem Transfer des Stürmers im Sommer 2016 eine neue Schallmauer beim Jahresgehalt durchbrochen wurde: die 20-Millionen-Euro-Marke.

Die Vereinbarung zwischen Manchester United und Zlatan Ibrahimović hat 36 Seiten. Interessant wird sie im hinteren Teil ab Seite 19, in dem es um die Zusatzvereinbarungen (»Additional Clauses«) geht, etwa die »Goal And Assist Bonuses«. Diese Klausel regelt, dass der Torjäger Ibrahimović für seine Kernaufgabe, das Toreschießen, zusätzlich entlohnt wird. Und zwar fürstlich. Für die ersten fünf erzielten Tore oder Torvorlagen bei offiziellen Spielen bekommt Ibrahimović 280 000 Euro. Für die Tore sechs bis zehn weitere 470 000. Für die Tore elf bis 15 weitere 660 000. Für die Tore 16 bis 20 weitere 850 000. Für die Tore 21 bis 35 weitere 1,13 Millionen. Und für die Tore 36 bis 40 weitere 2,27 Millionen. Unter dem Strich bedeutet das: Gelingen Ibrahimović in einer Saison tatsächlich 40 Treffer oder Torvorlagen, kassiert der Stürmer zusätzliche 5,66 Millionen Euro. Ibrahimović hat schon oft gezeigt, dass er solche Marken knacken kann.

In dem Vertragswerk stolpert man über einen Satz, der auf der gleichen Seite steht wie Ibrahimovićs Grundgehalt von 22,6 Millionen Euro. Er lautet, dass der Spieler sich »normalerweise« mit 35 Jahren aus dem Profigeschäft zurückziehe. Das würde bedeuten, dass Ibrahimovićs Engagement bei Manchester United spätestens am 30. Juni 2017 beendet wäre – wenige Wochen später, am 3. Oktober, wird der Schwede 36 Jahre alt.

Eine andere wichtige Vereinbarung hebt diese Anmerkung allerdings auf: Sie regelt die automatische Vertragsverlängerung zwischen Klub und Spieler um ein weiteres Jahr. Zwei Bedingungen müssen erfüllt sein: Erstens müsste Ibrahimović bei 31 von 38 Spielen der Premier League in der Startelf stehen. Sollte er sich im Verlauf der Saison verletzen, müssten es mindestens 25 Einsätze in der Startformation sein. Zweitens müsste Manchester United die Saison 2016 / 17 mindestens auf Platz drei abschließen – womit sich der Klub nach einem Jahr Zuschauen wieder für die Champions League qualifiziert hätte.

Die Klauseln zeigen auch: Mino Raiola ist zwar einer der einflussreichsten Berater der Welt, der mit seinem Verhandlungsgeschick einen Monstervertrag für seinen Schützling heraushandeln konnte und Ibrahimović auf den letzten Metern seiner Profikarriere noch einmal einen satten Geldregen bescherte, aber selbst Raiola musste gegenüber Manchester United Zugeständnisse machen. Der englische Spitzenclub sicherte sich mit diesen Einsatz-und-Ziel-Paragraphen schlichtweg großflächig ab. Denn ein Klub, der einen 34-jährigen Spieler kauft und ihn

zum Spitzenverdiener der Liga aufsteigen lässt, geht gleicherma-
ßen ein sehr hohes Risiko ein: Fußballer am Ende ihrer Karriere
sind verletzungsanfälliger und brauchen deutlich länger, um zu
regenerieren. Würde Ibrahimović in seiner ersten England-Sai-
son längere Zeit ausfallen, wäre das – um in der Wirtschafts-
sprache solcher Deals zu bleiben – reine Kapitalvernichtung. Mit
den beschriebenen Klauseln könnte der Klub im Verletzungsfall
des Stürmers jedoch den Vertrag unkompliziert auslaufen lassen
und mit den dadurch frei gewordenen Geldern anschließend
neue Spieler verpflichten. Für Manchester United ist diese Möglichkeit immens wichtig. Denn der Klub investiert irre Summen,
um wieder in die Königsklasse zu kommen und an die großen
Erfolge rund um die Nullerjahre anknüpfen zu können.

Für dieses Ziel war Ibrahimović allerdings nur der Start-
schuss, wenn auch ein sehr lauter. Kurz nach der Verpflichtung
des Schweden ging United nämlich erneut voll ins Risiko und
überzeugte Paul Pogba von einem Wechsel nach Großbritannien. Die Überredungskünste waren nicht ganz billig, um genau
zu sein: Manchester machte Pogba zum neuen Weltrekordtransfer. Auch hinter diesem Megadeal verbergen sich zahlreiche
Geheimnisse und Skurrilitäten.

DER GEFANGENE

Wenige Tage bevor Paul Pogba im August 2016 mit 105 Millionen Euro Ablösesumme zum teuersten Fußballer der Welt wurde, postete er ein Foto auf Instagram. Der französische Superstar sitzt in einem Pool, sein Oberkörper und sein Sixpack ragen aus dem Wasser. Er lächelt einen Mann an, dessen weiße Wampe sich über einer roten Badehose wölbt. Mino Raiola, Pogbas Berater, genießt den Moment. Beide lachen.

Das Foto sieht nach Erleichterung aus. Wie groß die Probleme des ungleichen Duos noch wenige Wochen zuvor waren, belegen bislang unveröffentlichte Dokumente, viele davon aus dem Datenschatz von Football Leaks. Es ist eine Geschichte, die zeigt, dass sich selbst große Talente wie Pogba im wilden Beraterdschungel verlaufen können. Dass ein falscher Agent eine ganze Karriere gefährden kann.

2006 lernte Paul Pogba Oualid Tanazefti kennen. Tanazefti arbeitete als Scout für den französischen Profiklub Le Havre. Die beiden Männer sind sich sehr ähnlich, beide stammen aus ärmlichen Verhältnissen, beide sind Schlitzohren, die es in diesem Leben zu etwas bringen wollen. Tanazefti hatte Pogba in die Jugendabteilung von Le Havre gelotst. Zwei Jahre später begleitete er ihn nach England, Pogba besuchte dort das Jugendinternat von Manchester United.

»Es war manchmal schwierig, weil wir nicht genug Geld hatten«, erinnert sich Tanazefti in dem Buch »Les secrets du mercato« an die Zeit in Manchester. Auch sportlich lief es in England nur mäßig. Möglicherweise suchte man deshalb nach Hilfe und wandte sich an Mino Raiola. Der gebürtige Italiener ist einer der einflussreichsten Strippenzieher der Branche, mit seinen Topstars hat er schon Dutzende Millionen verdient. Raiola transferierte den damals 19-jährigen Pogba von Manchester zu Juventus Turin. Der Mittelfeldmann schlug ein, wurde viermal italienischer Meister, erreichte das Champions-League-Finale.

Raiola kreiert gern solche Sportmärchen. Und er weiß, dass sie ihren Preis haben: Juventus gab das Beraterhonorar für Pogbas Zeit in Italien in den Geschäftsberichten mit 10,5 Millionen Euro an. Pogbas alter Kumpel Tanazefti dagegen verblasste komplett. Er hatte den kommenden Star zwar nach Italien begleitet, aber er merkte schnell, dass der französische Nationalspieler nun immer häufiger Raiolas statt seiner Nähe suchte.

Tanazefti kam auf eine Idee: Gemeinsam mit einem Kumpel namens Ylli Kullashi überzeugte er Pogba, ihnen seine Werberechte zu verkaufen. Im Football-Leaks-Material findet sich ein Dokument, für das es im Deutschen nur einen Begriff gibt: Ausbeutung. Der Vertrag hatte eine lebenslange Laufzeit, war unkündbar und bescherte Pogba nahezu ausschließlich Nachteile. Die beiden Berater, so steht es in dem Kontrakt vom 5. November 2014, durften alle Einnahmen aus den Werberechten frei und ohne vorherige Absprache mit dem Spieler reinvestieren und anlegen. Für Pogba hätte sich der Vertrag womöglich erst nach 15 Jahren halbwegs ausgezahlt: Dann hätten ihm 70 Prozent der Gesamteinnahmen zugestanden.

Tanazefti und Kullashi gründeten kurz nach dem Deal eine Firma namens Koyot Group und registrierten sie im Steuerparadies Luxemburg. Pogba hatte sich mit der Vertragsunterschrift in eine Art Leibeigenschaft der beiden Berater begeben. Werbeverträge sind heute für viele Vereine ähnlich wichtig wie die sportliche Qualität der Spieler. Sie sind zusätzliche Erlösquellen. Kein Topverein kauft einen Spieler, dessen Werbewert er nicht nutzen darf. Für Pogba hatte der Deal mit Tanazefti und Kullashi weitreichende Folgen, er gefährdete sogar seine Karriere. Denn nachdem Raiola Wind von diesem Vertrag bekommen hatte, begann ein Anwaltskrieg, der dazu führte, dass Pogbas Werberechte auf unbestimmte Zeit blockiert waren. Niemand konnte mehr mit ihnen Geld verdienen. Und der Spieler konnte Juventus im Sommer 2015 nicht verlassen, obwohl es zahlreiche Interessenten für ihn gab.

Tanazefti versuchte, die Situation auf seine Art zu lösen: Er bot Pogbas Werberechte bei Sportvermarktern an. Die Football-Leaks-Daten zeigen, dass er Ende 2015 bei der Agentur Doyen Sports anfragte. Nachdem er dort einen Korb bekommen hatte, wandte er sich an die chinesische Firma Fosun. Auch die winkte ab. Am Ende schien Raiola eine Lösung gefunden zu haben: Laut der französischen Zeitung »L'Équipe« kassierten Tanazefti und Kullashi je fünf Millionen Euro für Pogbas Freiheit. Wer das Geld gezahlt hat? Unklar.

Klar ist nur: An Pogbas Transfer in die Premier League verdient Raiola nun ein Vermögen, und das Geld fließt von allen Seiten, wie die Football-Leaks-Dokumente belegen. Als der französische Nationalspieler im Sommer 2016 von Turin zurück nach Manchester wechselte, kassierte Raiola von den Italienern eine Beteiligung an dem Rekordtransfer: 27 der 105 Millionen Euro flossen an den Agenten und seine Firma Topscore Sports Limited in London. Das geht aus einer sechs Seiten umfassenden Vereinbarung hervor, die Juve-Generaldirektor Giuseppe Marotta und Raiola am 20. Juli 2016, knapp drei Wochen vor dem Verkauf Pogbas, unterzeichnet hatten.

Mit Manchester United wiederum vereinbarte Raiola am 8. August 2016 für die Verpflichtung Pogbas Honorarzahlungen von insgesamt 19,4 Millionen Euro, die der Klub bis Ende September 2020 in fünf Raten überweisen muss. Auch Pogba muss Raiola entlohnen – von ihm gibt es 2,6 Millionen für Raiolas Agentur Uuniqq Sarl. mit Sitz im Steuerparadies Monaco, gezahlt von Pogbas neuem Klub Manchester United. Macht 49 Millionen Euro für einen Transfer. Raiola leitete Nachfragen zu diesen Honoraren an seinen Anwalt in Manchester weiter. Der Jurist antwortete, Raiola sei »grimmig entschlossen, seinen Ruf zu schützen« und »bereit, jede notwendige Maßnahme zu ergreifen, sich selbst zu schützen«. Der Anwalt drohte mit »juristischen Schritten«, sollten »ehrenrührige« oder seinen Mandanten »in anderer Form schädigende Mutmaßungen« gedruckt werden.

Die Fragen an ihn und Pogba zu der Episode um Tanazefti und Kullashi bezeichnete Raiola als »tendenziös und bösartig«, nannte sie eine »Schmierenkampagne gegen Spielerberater, Personen aus dem Spitzensport und dabei besonders gegen die Akteure des Fußballs«. Kullashi ließ mehrere Anfragen unbeantwortet. Tanazefti teilte auf Anfrage mit, dass viele »der Behauptungen total oder in Teilen falsch beziehungsweise abwegig interpretiert oder aus dem Kontext gerissen« seien. Er sei in 13 Jahren im Fußballbusiness in kein einziges Gerichtsverfahren verwickelt worden, stattdessen würde er durchweg »transparent und im Einklang mit allen existierenden Gesetzen arbeiten«. Sollte ihn die Veröffentlichung in Misskredit bringen, so Tanazefti, werde er seinen Anwalt einschalten.

Die Drohgebärden können zwar viel Rauch erzeugen, die Fragen lassen sich dadurch aber nicht vernebeln. Vor allem eine: Warum liegen Pogbas Markenrechte allem Anschein nach in Steueroasen? Denn in einigen Dokumenten findet sich eine Spur dorthin, man muss dafür Pogbas Markenrechte durch ein Firmengeflecht verfolgen. Zunächst lagen sie bei der Blue Brands Limited, einer Firma im europäischen Steuerhimmel Irland. Von dort wanderten sie weiter zur Aftermath Limited, einer Firma, die am 4. Februar 2016 gegründet wurde. Das war rund einen Monat, bevor Pogba einen Multimillionendeal mit Adidas abschloss. Der Sportartikelhersteller beantwortet dazu keine Fragen.

Fließen an die Aftermath auch die Millionen, die Manchester United für Pogbas »kommerzielle Rechte« überweist? Am 8. August 2016 schloss der teuerste Spieler der Welt einen sogenannten Premier League Contract mit Manchester United. Das

Dokument, das Football Leaks dem SPIEGEL zuspielte, ist nicht nur wegen des Umfangs von 41 Seiten ein Monstervertrag. Der französische Nationalspieler bindet sich für fünf Jahre an den Klub und kassiert in der ersten Saison ein Brutto-Grundgehalt von 8 610 616 Pfund. Dieses »Basic Wage« verringert sich ab der Saison 2017 / 2018 zwar auf 7,5 Millionen Pfund, dafür kommen ab September 2017 weitere Annehmlichkeiten hinzu: eine sogenannte Loyalitätszahlung von 4 098 774 Euro, die einmal pro Jahr ausgeschüttet wird und die sich von September 2018 an auf 4 479 200 Euro erhöht.

Hinzu kommen ein paar lukrative Wenn-dann-Optionen. Bei einer geht es um die Wahl zum Weltfußballer des Jahres: Sollte Pogba zum besten Fußballer des Planeten gekürt werden, erhielte er eine jährliche Gehaltserhöhung von 980 393 Pfund. Bei einem anderen Wenn-dann-Modell geht es um die Champions League: Sollte Manchester United sich für die Königsklasse qualifizieren, stiege sein Grundgehalt in der betreffenden Saison um weitere 1,875 Millionen Pfund. Bei einem Titelgewinn würde Pogbas Grundgehalt fortan um weitere 490 196 Pfund aufgestockt.

Und dann sind da noch seine »Commercial Rights«, wie sie in dem Arbeitsvertrag genannt werden: Pogbas Werberechte. In der Saison 2016 / 2017 zahlt Manchester United 2 870 205 Pfund, danach sinkt die Summe auf 2,5 Millionen Pfund pro Saison, es sei denn, der Klub kommt in die Champions League – in solchen Jahren kassiert Pogba für die weltweite Verwertung seiner Bildrechte 3,125 Millionen Pfund.

Aber was heißt hier Pogba? Diese Zahlungen fließen nicht an den Spieler persönlich, sondern an »Image Companies«. Ob eine dieser Firmen Aftermath Limited ist, geht aus Pogbas Arbeitsvertrag nicht hervor. Aftermath Limited hat ihren Sitz in Jersey, einem der attraktivsten Steuerparadiese in Europa.

DIE PARTNER

Es ist mittlerweile Herbst, und wir stecken fest. Wir bohren an den Firmenlabyrinthen der niederländisch-argentinischen Spielerberater-Clique, und dieser verdammte Ronaldo-Fall ist eine wirklich harte Nuss. Die Systeme sind verschachtelt und nur schwer zu entschlüsseln, den Geldflüssen können wir kaum folgen. Wir befragen Anwälte, Steuerberater, Experten für internationales Steuerrecht. In unserem Datenraum hängt ein großes Whiteboard. Wir haben darauf Firmen, Fonds, Länder und Personen gemalt, die rund um die Ronaldo-Millionen auftauchen. Wenn man etwas zurücktritt, sieht es aus wie abstrakte Kunst.

Nicola Naber, unsere Volkswirtin und Dokumentationsjournalistin, sieht man in diesen Tagen häufig mit dicken Büchern unter dem Arm über die Flure rennen: »Steueroasen« und »Schatzinseln« steht auf den Covern. Fachliteratur, und definitiv keine wirklich spannende. Aber Nicola gräbt sich immer tiefer ein, will es genau wissen. Ihr Arbeitsplatz in der Turnhalle sieht aus wie ein Altpapierfriedhof. Überall Verträge, stapelweise Firmenauskünfte, deutsch-spanische Übersetzungen juristischer Texte. Nicola hat die Angewohnheit, jede ihrer offenen Fragen mit einem Post-it an den Monitor ihres Rechners zu kleben. Der ganze Bildschirm ist gelb.

Jürgen Dahlkamp, unser Autor, der später die Ronaldo-Story aufschreiben wird, hat in seinem Leben schon Dutzende investigative Geschichten recherchiert. Er ist ein Profi. Trotzdem setzt ihm dieser verworrene Ronaldo-Fall gehörig zu. Jürgen hat mittlerweile kaum noch Gesichtsfarbe, dafür tiefe Augenringe. Er verschanzt sich in seinem Büro hinter Aktenordnern und versucht, eine Linie in Hunderte von Dokumenten rund um die

Firmen und Finanzen des portugiesischen Superstars zu bringen. Jörg Schmitt, Wirtschaftsredakteur und ebenfalls seit vielen Jahren mit investigativer Arbeit betraut, sowie Christoph Henrichs, unser jüngster Kollege, ein Datenexperte und wegen seiner herausragenden Englischkenntnisse von uns nur »Oxford« genannt, unterstützen Dahlkamp mit Dokumenten, Einschätzungen, Cross-checks.

Das Team ist mittlerweile müde, ausgelaugt. Die Recherche nagt an uns. Wir hocken jeden Tag zusammen, doch oft kommen wir keinen Schritt weiter. Entweder es fehlen Puzzlestücke, weil bestimmte Dokumente nicht im Datenbestand sind, oder es gibt Widersprüche, zeitliche Ungereimtheiten, Zweifel an den Aussagen in den Mails. Doch entmutigen lassen wir uns deswegen nicht, im Gegenteil. Wir treffen uns jeden Morgen um 9 Uhr 15 Uhr in unserer kleinen Runde, zu der auch der stellvertretende Chefredakteur Alfred Weinzierl, der Dokumentationsjournalist Andreas Meyhoff und der IT-Guru Stephan Heffner gehören, und diskutieren über unsere Fort- und Rückschritte, Thesen, Theorien und vor allem: Belege. Wir sammeln alle ungeklärten Fragen, schreiben uns die Probleme auf, versuchen Arbeitspläne zu entwickeln.

Unser Fokus gilt nun einer gemeinsamen Reise nach Lissabon, wo das nächste EIC-Treffen stattfinden soll. Die Kollegen aus unserem Rechercheverbund EIC wurden von unserem Partner »Expresso«, dem wichtigsten Verlagshaus in Portugal, eingeladen. Es werden vier intensive Tage. Da wir eines der wichtigsten Meetings dieses Projekts im Geburtsland unseres Whistleblowers abhalten werden, ist besondere Vorsicht geboten. In Portugal läuft ein Ermittlungsverfahren gegen Football Leaks, und wir wissen nicht, wie viel die Behörden inzwischen wissen. Niemand hat Lust, dass ihm womöglich das Notebook beschlagnahmt wird. Also lassen die meisten von uns ihre Rechner und Telefone zuhause. Safety first.

Wir treffen uns frühmorgens in den Konferenzräumen von

»Expresso«. Unser Veröffentlichungsplan steht bereits im Groben, wir haben Großthemen festgelegt und auch den Zeitraum, in dem wir veröffentlichen wollen. Jetzt geht es um das Wie und um die inhaltliche Abstimmung. Es sind mittlerweile über 100 Personen an der Recherche beteiligt, davon rund 60 Journalisten. Wir müssen uns an einem klaren Plan orientieren können, damit uns das Projekt nicht entgleitet.

Wir diskutieren unsere Fragen und Probleme, wägen die juristischen Schwierigkeiten ab, beleuchten die Schwachstellen unserer Argumentationsketten. Wo sind wir angreifbar? Wo interpretieren wir zu viel und belegen zu wenig? Wo müssen wir abrüsten? Wir streiten. Hart in der Sache, aber immer mit klaren Zielen: Jeder Partner soll am Ende maximal zufrieden sein mit den Veröffentlichungen. Aber vor allem: Uns dürfen keine Fehler passieren. Football Leaks ist ein Projekt, das sich auch stark mit moralisch aufgeladenen Themen wie Steuergerechtigkeit auseinandersetzt. Jeder Fehler würde unsere Glaubwürdigkeit beschädigen. Und die Gegenseite wird sehr genau nach jedem Fehler suchen. Also muss alles, was wir veröffentlichen, doppelt und dreifach geprüft sein. Das gilt auch für die Quelle.

Am letzten Konferenztag wird die Diskussion noch einmal etwas hitziger: In unseren Daten sind mehrere Mailkorrespondenzen aufgetaucht, die das Football-Leaks-Projekt plötzlich in einem anderen Licht erscheinen lassen, weniger als altruistischen Akt der Transparenz, mehr als ein Mittel zur Bereicherung – es geht um eine vermeintliche Erpressung.

Der Vorwurf, Football Leaks habe versucht, mit den Daten jemanden zu erpressen, ist nicht neu, der Sportvermarkter Doyen hat ihn bereits vor fast einem Jahr geäußert. Angesichts der Korrespondenzen, die wir in dem Datenmaterial gefunden haben, wirken die Anschuldigungen nun konkreter. Die Kollegen wollen eine Antwort. Wir können nur sagen, dass wir John mehrfach dazu befragt haben. Er sagt immer, dies seien lächerliche Vorwürfe. Wie sollen wir mit diesem Problem umgehen?

Und warum hat John diese Dokumente in dem Material gelassen, das er uns gegeben hat, wenn sie ihn und sein Projekt diskreditieren? Hat er sie übersehen? Wollte er, dass wir sie finden? Wir sind ein wenig ratlos.

Letztlich einigen wir uns auf zwei Dinge. Erstens: Die Daten sind echt und relevant, das haben wir nun zur Genüge geprüft. Wir werden die Inhalte, unabhängig von der Glaubwürdigkeit oder möglichen Verfehlungen der Quelle, veröffentlichen. Zweitens: Wir werden John mit jeder Zeile aus den Mails, in denen es um die angeblichen Erpressungsvorwürfe geht, konfrontieren. Genauso wie wir das auch mit Ronaldo, Mendes, Mourinho und allen anderen machen werden, über die wir Enthüllungsgeschichten vorbereiten.

Zum Abschluss unseres Meetings sprechen wir noch über die beiden Geschichten, an denen wir seit geraumer Zeit sitzen und die wir nun peu à peu fertigstellen wollen, weil sie aus unserer Sicht ausrecherchiert sind. Es geht um China, den neuen Himmel für Altstars, die ihr Karriereende noch mal vergolden wollen. Und um Kroatien und Serbien, die Hölle für junge Talente, die dort von ihren Vereinsbossen von Beginn ihrer Karriere an ausgebeutet werden.

Beide Geschichten werden zeigen, dass das Absurde, Schäbige und Zynische im Fußball immer noch steigerungsfähig ist.

AUF DER SEIDENSTRASSE

Die Karriere des Ezequiel Iván Lavezzi verlief wie die Karrieren vieler Fußballprofis, die von Argentinien nach Europa kommen. Erfolgreich? Durchaus. Überragend? Nein.

2007 war der Stürmer von CA San Lorenzo, einem Klub aus Buenos Aires, zum SSC Neapel gewechselt. In Italien spielte er fünf Jahre, schoss 38 Tore in 156 Spielen, dann verpflichtete ihn Paris Saint-Germain. Lavezzi schaffte es bis ins argentinische Nationalteam, doch sein größtes Spiel an der Seite Lionel Messis verlor er: das WM-Finale 2014 gegen Deutschland. Danach lief es auch in Paris nicht mehr rund. Immer öfter saß Lavezzi auf der Bank, was seiner Stimmung nicht unbedingt förderlich war. Zuletzt beklagte er »Motivationsprobleme«.

Dann kam der 10. Februar 2016. An diesem Tag vereinbarte der damals 30-jährige Profi einen Arbeitsvertrag mit dem chinesischen Erstligaklub Hebei China Fortune. Als Lavezzi auf Seite 21 des Dokumentes mit seiner etwas krakeligen Unterschrift gegengezeichnet hatte, war der alternde Angreifer plötzlich der bestbezahlte Fußballprofi der Welt.

Lavezzi unterschrieb bei dem Klub aus der Chinese Super League einen Kontrakt bis zum 31. Dezember 2017. Sein Gehalt für die knapp zwei Jahre: 56,7 Millionen Dollar. Netto.

Unter Klausel fünf (»Entlohnung von Partei B«) finden sich in dem Schriftstück ein paar weitere bemerkenswerte Eckdaten. 6,7 Millionen Dollar seiner Nettogage kassierte Lavezzi demnach als »Signing on fee«. Diese Einmalzahlung sowie weitere 20 Millionen netto mussten innerhalb von neun Tagen bei Lavezzis Hausbank Unicredit eingegangen sein, genauer gesagt: der Filiale in Luxemburg. Natürlich auch eine Steueroase.

Der 26,7-Millionen-Dollar-Vorschuss war die Bedingung dafür, dass Lavezzi überhaupt die Reise antrat zu seinem neuen Arbeitgeber in Qinhuangdao, einer Hafenstadt mit fast drei Millionen Einwohnern etwa 300 Kilometer östlich von Peking. Unterschrieben hatte der Argentinier den Vertrag noch in Paris. Die restlichen 30 Millionen Dollar erhält Lavezzi nun in 22 Monatstranchen à 1 363 636 Dollar. Macht 45 455 Dollar pro Tag. 1894 Dollar pro Stunde. 32 Dollar pro Minute. Einen halben Dollar pro Sekunde.

Lavezzis Vertrag ist ein Dokument des Irrsinns. Nicht Lionel Messi und nicht Cristiano Ronaldo, seit fast einem Jahrzehnt die beiden besten Fußballer der Welt, verdienten 2016 mit ihren Arbeitsverträgen das meiste Geld. Auch nicht Zlatan Ibrahimović oder Paul Pogba, die Riesentransfers der neureichen Engländer. Nein, ein abgehalfterter argentinischer Nationalspieler, der von einem in Europa kaum bekannten Verein in China verpflichtet wurde, ist der bestbezahlte Spieler der Welt. Wie kann das sein?

Im Frühjahr 2015 befahl Staatspräsident Xi Jinping »die Wiederbelebung des chinesischen Fußballs«. Chinas mächtigster Mann, der gleichzeitig auch Führer der Kommunistischen Partei ist, hatte eine eindeutige Botschaft: China, das in zahlreichen Individualsportarten Weltklasseathleten wie am Fließband produziert, müsse endlich auch im Fußball zu einer Großmacht werden. Zu einer Supermacht.

Xi will, dass sein Land flächendeckend Nachwuchsleistungszentren aufbaut und Hunderttausende Kinder und Jugendliche in dem Riesenreich systematisch gesichtet und ausgebildet werden. Die Chinese Super League, die höchste Spielklasse im Land, die in den letzten Jahren allenfalls durch ihre Nähe zur Wettmafia international in die Schlagzeilen geraten war, soll reformiert werden.

Und Xi widmete sich dem Nationalteam. Im Fifa-Ranking stand China damals auf Platz 82, hinter Äquatorialguinea, Haiti und Usbekistan – für den Staats- und Parteichef ganz offensichtlich eine Demütigung. Sein Traum ist nicht nur, dass China sich nach 2002 endlich einmal wieder für eine Fußballweltmeisterschaft qualifiziert. Sein Traum ist auch, dass China erstmals das Turnier ausrichtet. Und den Titel gewinnt.

Seit Xi Jinping die Erweckung des Fußballs in China zur nationalen Pflicht erhoben hat, ist der Markt entfesselt. Chinas wichtigste Konzernlenker aus der Immobilienbranche, dem Baugewerbe, der Konsumgüterindustrie und dem Internethandel, die meisten von ihnen Milliardäre, die hinter den großen Klubs des Landes stehen, überbieten sich gegenseitig mit obszönem Einsatz, egal, ob es um die Vermarktung des Spiels oder um Investitionen in einzelne Spieler geht.

So haben sich die Preise für die TV-Übertragungsrechte der Super League schlagartig etwa verzwanzigfacht. Für die Jahre von 2016 bis 2020 zahlt der Fernsehsender China Sports Media den 16 Klubs rund 1,2 Milliarden Dollar. Bis 2015 waren es im gleichen Zeitraum etwas mehr als 60 Millionen Euro gewesen. Auch die Ablösesummen für ausländische Spieler bewegen sich mittlerweile in absurden Höhen – vor der Saison 2016 lagen die Transferausgaben chinesischer Vereine über denen der englischen Premier League.

Der Expansionskurs der neureichen chinesischen Wirtschaftselite beschränkt sich nicht auf den heimischen Markt. Bei Inter Mailand sicherte sich im vorigen Jahr der Elektronikkonzern Suning, an dem auch der Internetriese Alibaba beteiligt ist, für rund 270 Millionen Euro 69 Prozent der Anteile. Fast zur gleichen Zeit überließ der frühere italienische Ministerpräsident Silvio Berlusconi seinen Herzensverein AC Mailand sogar vollständig Investoren aus dem Reich der Mitte – die neuen Besitzer, zu denen auch der chinesische Staatsfonds Haixia Capital gehört, bekamen von dem überzeugten Anti-Kommunisten Berlusconi ganz pragmatisch den Zuschlag, nachdem sie seinen AC Mailand mit 740 Millionen Euro bewertet hatten.

In der englischen zweiten Liga übernahm die Investment-gruppe Fosun die Macht bei den Wolverhampton Wanderers. Birmingham City und Aston Villa kamen zuvor unter chinesi-sche Kontrolle, bei Sparta Prag halten Investoren aus dem Reich der Mitte ebenfalls Anteile. Beim spanischen Spitzenklub Atlé-tico Madrid stieg Wang Jianlin ein, der Chef des Mischkon-zerns Wanda Group. Zudem übernahm Wang auch die Schwei-zer Firma Infront, die Fernseh- und Vermarktungsrechte an der Fußball-Weltmeisterschaft hält. Eine strategische Glanzleis-tung, mit der sich der chinesische Milliardär nicht nur enormen Einfluss auf den Weltfußballverband Fifa sichert, sondern auch die Gunst des Staatschefs Xi Jinping – was Wang ohne Zwei-fel bei seinen unternehmerischen Ambitionen im eigenen Land zugutekommen sollte.

Man kann sagen: Die Chinesen meinen es ernst. Sie stellen sich strategischer, breiter auf und kaufen sich Posten, Pöstchen und Macht in fast allen Kernbereichen des Fußballs. Diese Ver-netzung und der größere Einfluss auf die europäischen Strippen-zieher im Spitzenfußball ermöglichen es den Chinesen zugleich, immer mehr Superstars – und zwar nicht nur die alternden – von ihrer Liga und ihrem Geld zu überzeugen.

Während Didier Drogba noch beinahe eine Ausnahme war, als er im Sommer 2012 vom FC Chelsea zu Shanghai Shenhua wechselte, sind heutige Stars wie der brasilianische Angreifer Alex Teixeira, der Anfang des Jahres 2016 für 50 Millionen Euro von Schachtjor Donezk zu Jiangsu Suning transferiert wurde, eher die Regel. Ihm folgte kurz darauf auch der kolumbianische Stürmer Jackson Martínez, der ebenfalls im Frühjahr 2016 für 42 Millionen Euro von Atlético Madrid zu Meister Guangzhou Evergrande ging.

In den Dokumenten von Football Leaks findet sich umfang-reiches Material zu diesen und vielen weiteren chinesischen Deals: Transfervereinbarungen, Arbeitsverträge, Zahlungsan-weisungen, interner Mailverkehr.

Drogba, der den FC Chelsea wenige Wochen vor seinem Wechsel nach China im Finale der Champions League gegen den FC Bayern zum Titel geführt hatte, kam demnach am 1. Juli 2012 nach Shanghai. In schlampig hingehuschten Ziffern ist in dem englisch-chinesischen Vertragswerk notiert, wie viel der Stürmer in Landeswährung monatlich kassierte: 20 Millionen Renminbi brutto. Zum damaligen Wechselkurs waren das 30 Millionen Euro im Jahr. Sowohl für den FC Chelsea als auch für Drogba schien der Transfer eine Win-win-Situation zu sein. Die Engländer hatten ihren damals 34 Jahre alten Großverdiener von der Payroll. Drogba selbst hatte die Zusage, sein eh schon exorbitantes Londoner Gehalt in etwa zu verdreifachen.

Jackson Martínez wiederum kassiert beim vielfachen Landesmeister Guangzhou Evergrande nun zehn Millionen Euro netto pro Jahr. Das ist vergleichbar mit dem Gehalt, das Toni Kroos bei Real Madrid nach seiner letzten Gehaltserhöhung im August 2016 bekommt. Atlético Madrid widersetzte sich der Abwerbung seines Stürmers keinen Moment. Im Gegenteil: Der Transfer war für die Spanier ein grandioses Geschäft, für den Kolumbianer flossen 42 Millionen Euro. Laut der Unterlagen verpflichtete sich Evergrande, die komplette Ablösesumme innerhalb eines Monats auf das Atlético-Konto bei der Banco Santander in Madrid zu überweisen. Die Zahlung auf einen Schlag kam den Spaniern höchst gelegen – in der Regel stottern Vereine selbst Transferzahlungen im einstelligen Millionenbereich jahrelang in Raten ab.

In ähnlicher Hochstimmung reagierte Schachtjor Donezk, als der chinesische Erstligist Jiangsu Suning sich Anfang 2016 meldete, um den brasilianischen Mittelfeldspieler Alex Teixeira für 50 Millionen Euro aus seinem Vertrag herauszukaufen. In einer Mail nannte der Hausjurist von Schachtjor die Spielregeln: 25 Millionen Euro innerhalb einer Woche auf ein Vereinskonto bei der Alfa-Bank in Kiew, die restlichen 25 Millionen in drei Tranchen zu jeweils 8,33 Millionen bis Ende des Jahres 2016. Nachdem die Chinesen umgehend zugestimmt hatten, war der

Deal perfekt. »Lieber Brooky«, schrieb der ukrainische Anwalt an seinen Verhandlungspartner von Jiangsu Suning, »Glückwunsch zum größten Transfer der Geschichte in China!«

Doch inzwischen kippt die Stimmung. Bis zum vergangenen Jahr wagten sich die Chinesen bei Europas Topklubs nur an Spieler, deren Karriereende nahte oder die ersetzbar waren, Spieler wie Drogba eben, wie Martínez, wie Teixeira. Das hat sich geändert. Chinas Super League ködert jetzt auch Stars, die im besten Alter sind – und die auch auf der Einkaufsliste anderer europäischer Spitzenvereine stehen. Profis wie Axel Witsel.

Der belgische Nationalspieler, zuletzt beim russischen Erstligisten Zenit St. Petersburg unter Vertrag, galt als Wunschkandidat von Juventus Turin. Doch der 28-jährige Witsel wechselte Anfang 2017 überraschend zum chinesischen Erstligisten Tianjin Quanjian. »Es war eine sehr schwierige Entscheidung, weil mich ein Klub mit einem sehr großen Namen wollte, Juve ist eine großartige Mannschaft«, sagte Witsel, als wollte er die Anhänger der alten Dame Juve um Verständnis bitten. Dann kam die Erklärung für den Korb: »Es gab ein Angebot, das ich im Hinblick auf die Zukunft meiner Familie einfach nicht ausschlagen konnte.«

Bei den verlockenden Offerten aus China können selbst die verschwenderischsten Adressen der Premier League nicht mehr mithalten. Als der FC Chelsea Mitte Dezember 2016 den 60-Millionen-Euro-Transfer des brasilianischen Nationalspielers Oscar zu Shanghai SIPG bekannt gab, schlug Trainer Antonio Conte Alarm. »Der chinesische Markt ist eine Gefahr für alle«, warnte der italienische Coach, »nicht nur für Chelsea, sondern für sämtliche Mannschaften weltweit.« Uli Hoeneß, der Aufsichtsratsvorsitzende der FC Bayern München AG, wetterte: »Das ist nur noch krank.«

Wenn man die Football-Leaks-Dokumente liest, kann man diesem Urteil zustimmen. Oscar, der einen Vertrag bis Ende des Jahres 2020 unterschrieb, verdient pro Saison in Shanghai nun

18 Millionen Euro netto. Sieben Millionen Euro davon erhält der Brasilianer Mitte Januar als Einmalzahlung, die restlichen elf Millionen werden ihm in Monatsraten von jeweils einer Million überwiesen. So steht es auf Seite fünf seines Arbeitsvertrages, den er am 16. Dezember 2016 unterschrieb.

Ähnlich bizarr ist die Gage für Oscars Mannschaftskameraden Givanildo Vieira de Sousa, besser bekannt unter seinem Künstlernamen Hulk. Der brasilianische Nationalspieler, der laut Transfervertrag im Juni 2016 für eine Ablösesumme von exakt 55 789 473,69 Euro von Zenit St. Petersburg zu Shanghai SIPG gewechselt war, verdient in China nun 15 Millionen Euro netto. Das viele Geld fließt umgehend außer Landes – der Klub überweist Hulk seine monatliche Apanage von 1,25 Millionen Euro wunschgemäß auf ein Konto des Spielers bei der St. Galler Kantonalbank.

So geht das munter weiter. Der italienische Nationalspieler Graziano Pellè, der im Sommer 2016 vom Premier-League-Klub FC Southampton zu Shandong Luneng in der Provinzhauptstadt Jinan wechselte, kassiert dort laut seinem Vertrag ein Grundgehalt von zehn Millionen Euro pro Saison. Selbst ein durchschnittlicher Stürmer wie der Nigerianer Anthony Ujah, der bis Sommer 2016 bei Werder Bremen spielte und für den der chinesische Erstligist FC Liaoning elf Millionen Euro Ablöse hinblätterte, kommt – neben einer Einmalzahlung von vier Millionen Euro für die Vertragsunterzeichnung – auf ein Jahreshonorar von drei Millionen Euro netto.

Fast auf Lavezzi-Niveau bringt es der argentinische Nationalspieler Carlos Tévez. Am 26. Dezember 2016 vereinbarten sein Stammverein Boca Juniors und Shanghai Shenhua den Wechsel, Shenhua erwarb Tévez für vergleichsweise moderate 8,75 Millionen Dollar. In kosmischen Höhen bewegen sich jedoch Gehalt und Prämien, die Tévez am Neujahrstag 2017 mit Shenhua in seinem Arbeitsvertrag besiegelte – der Spieler beglaubigte jede einzelne der elf Seiten mit seinem Kürzel.

Demnach unterschrieb Tévez bis zum 31. Dezember 2018 und kassiert dafür pro Saison 22 Millionen Dollar netto. Doch das ist noch nicht alles. Eine zusätzliche Million Dollar bekommt er, wenn er mehr als 70 Prozent der Pflichtspiele seines Teams macht, zwei Millionen, wenn Shenhua die asiatische Champions League gewinnt, eine Million, wenn Shenhua Landesmeister wird, 500 000 Dollar für den Pokalsieg sowie 500 000 Dollar für die Torjägerkanone. Im Idealfall käme Tévez also auf 27 Millionen Dollar im Jahr. Netto.

Da geht sein sogenannter Match Bonus glatt unter – der liegt bei 2000 Dollar netto für ein Unentschieden sowie 4000 Dollar für einen Sieg. Es sind die Prämien, die auch die chinesischen Mannschaftskameraden von Tévez nach den Spielen bekommen. In fast allen Verträgen der kaiserlich entlohnten ausländischen Stars gibt es diese Klausel – sie soll den einheimischen Profis wohl den Eindruck vermitteln, alle würden gleich behandelt.

Trotz ihrer monströsen Verdienstmöglichkeiten ist und bleibt China für viele Fußballsöldner eine fremde, verschlossene Welt. Sie unterschätzen die kulturellen und sprachlichen Hürden, die Einsamkeit und Langeweile in ihren Luxusghettos. Doch Tévez hat vorgebaut. In seinen Vertrag hat er sich festschreiben lassen, dass er sein Arbeitsverhältnis bis zum 30. November 2017 vorzeitig auflösen kann. Zwei Haken gibt es allerdings bei der Sache: Der einzige Klub, zu dem er dann wechseln darf, ist sein Stammverein Boca Juniors. Und: Tévez müsste sich für sechs Millionen Dollar bei seinem Klub freikaufen.

Die Enthüllungen von Football Leaks über die wahren Geldmengen, die Chinas Klubs und Konzerne mittlerweile in den Fußball pumpen, könnten im Reich der Mitte womöglich eine Debatte über die finanziellen Exzesse im Fußball anstoßen. Das möchte Pekings Führung unter allen Umständen vermeiden. Als der Transfermarkt nach der Ankunft von Carlos Tévez immer heißer zu laufen drohte, griffen die Machthaber bereits ein: Der Fußballverband ordnete von einem Tag auf den anderen an, dass zukünftig nur noch drei Ausländer pro Team auf dem Platz stehen dürfen. Danach klang der Transferwahnsinn deutlich ab.

Klar ist aber auch: Solange die kommunistische Regierung an ihren Allmachtsfantasien im Fußball festhält, werden solche Restriktionen Chinas Vereinsbosse nicht daran hindern, das alte Europa weiter mit ihrem Geld zu fluten. Für die Ligen in England, Spanien, Deutschland oder Italien ist das eine paradoxe Situation. Jahrelang betrachteten sie China als den Markt, den es für sie zu erobern gelte. Sie hatten ein Riesenland mit 1,4 Milliarden Menschen vor Augen, die sie mit Merchandisingprodukten und TV-Abonnements melken wollten.

Zahlreiche Spitzenklubs aus allen bedeutenden Ligen Europas drängen nach Saisonschluss zu PR-Zwecken nach China, um mit ein, zwei Freundschaftsspielen ein paar schnelle Millionen einzusacken. Selbst der VfL Wolfsburg machte sich im Mai 2016 auf die Reise, musste aber schon bei der Planung zur Kenntnis nehmen, dass die Chinesen nur auf die ganz großen Namen stehen. Eine Vermarktungsagentur in China, die den Fünf-Tage-Trip organisieren sollte, fragte Wochen zuvor per Mail an, ob es den Deutschen nicht möglich sei, weitere »legendäre Klubs zur Tour mitzubringen«. Nur Mannschaften wie Wolfsburg, hieß es in dem Schreiben, »werden am Ticketschalter in China keinen Erfolg haben«. Die Agentur schlug den Wolfsburgern als Sparringspartner »Real Madrid oder Manchester United« vor, die wie der FC Barcelona, Manchester City, Arsenal aus London, Inter Mailand oder Bayern München bislang in China immer gezündet hatten.

Doch nun könnte es passieren, dass die Chinesen den Spieß umdrehen. Die alten Mächte Europas könnten mit ihren eigenen Mitteln von China ausgestochen werden, wenn der Staatskapitalismus Pekings das freie Spiel der Milliarden aushebelt. Russische Oligarchen, italienische Industriellenfamilien oder arabische Königshäuser kapitulieren bereits angesichts der Summen, die China in den Fußball pumpt.

So beglückt Hebei China Fortune Football den Argentinier Lavezzi neben seinem horrend hohen Salär von 56,7 Millionen Dollar netto mit zwei mietfreien Häusern, zwei Limousinen, einem Chauffeur, einem Koch und einem Dolmetscher. Sollte Lavezzi sich verletzen, überweist ihm sein Klub im Krankenstand weiterhin das volle Gehalt. Erst wenn er länger als zwei Monate ausfällt, verringert sich die Gage um 30 Prozent – womit Lavezzi noch immer bei knapp über 900 000 Dollar netto pro Monat liegt. Nicht schlecht für einen Reha-Patienten in einem Land, in dem es keine flächendeckende Krankenversicherung gibt und in dem das Durchschnittsgehalt eines Angestellten in einer großen Stadt, eines ganz gewöhnlichen Fußballfans also, bei 845 Euro im Monat liegt.

Der SPIEGEL befragte Lavezzi zu sämtlichen Details seines Vertrages. Von dem Spieler kam keine Antwort. Der Klub hingegen reagierte auf eine ausführliche Anfrage innerhalb weniger Stunden. Alle Inhalte seien »vertraulich« und Privatangelegenheit zwischen Verein und Spieler, schrieb ein Anwalt.

Der Gipfel dieses monströsen Vertrages ist aber die einseitige Option zur Verlängerung um ein weiteres Jahr, die Lavezzi sich hat garantieren lassen. Diese Klausel greift unter zwei Bedingungen: Einerseits muss Lavezzi in beiden Spielzeiten 40 Tore schießen und 20 Torvorlagen liefern. Andererseits muss er in dieser Zeit »mindestens 90 Prozent aller offiziellen Spiele« machen. Maßeinheit: die gespielten Minuten. Auch hier bleibt keine Frage offen. Reist Lavezzi zu einem Spiel der argentinischen Nationalmannschaft, während sein Klub im Einsatz ist, werden ihm trotzdem 90 Minuten gutgerechnet. Wird der Argentinier ein- oder ausgewechselt und spielt mindestens 45 Minuten, zählt das, als hätte er durchgespielt. Und was passiert, wenn Lavezzi nach einem taktischen Foul mit Gelb-Rot vom Platz fliegt und beim nächsten Spiel nicht dabei sein kann? Kein Problem, heißt es in dem Vertrag – solange »der Cheftrainer dieses taktische Foul angeordnet hat«.

SCHWEIZER SICKERGRUBEN

Der schmächtige Kerl mit den wehenden blonden Haaren, den der Hamburger SV im vorigen Sommer für fünf Millionen Euro verpflichtete, hatte bei den Boulevardjournalisten schnell seinen Spitznamen weg. Sie nannten Alen Halilović den »Balkan-Messi«.

Die Wortschöpfung war so platt wie einleuchtend: Halilović kam vom FC Barcelona. Zudem war es – ähnlich wie bei Messi – auch in der noch jungen Karriere des Kroaten immer sehr schnell gegangen. Kaum war Halilović 16 geworden, hatte er einen Profivertrag beim kroatischen Serienmeister Dinamo Zagreb unterschrieben. Ein paar Bestmarken korrigierte der Ballkünstler quasi im Vorbeigehen. Bis heute ist Halilović der jüngste Spieler, der jemals für Dinamo Zagreb in der ersten Liga zum Einsatz kam, und er ist der jüngste Torschütze.

Seit September 2012 machte Halilović 61 Spiele für Dinamo, dann verkaufte ihn sein Klub nach Barcelona. Am 3. März 2014 unterschrieben beide Vereine eine Transfervereinbarung, knapp drei Monate später besiegelte Halilović seinen Arbeitsvertrag mit den Katalanen. Vater und Mutter Halilović unterzeichneten das Dokument ebenfalls – ihr hochbegabter Sohn war damals noch nicht volljährig.

Die Story vom Wunderkind, das zu einem der besten Klubs der Welt auszog, um dort zum Star zu reifen, ist hundertfach erzählt. Doch sie zeigt nur die Oberfläche. Was sich hinter Halilovićs Hochglanz-Werdegang verbirgt, ist ganz anderer Stoff: eine Geschichte der Gier, des Betrugs, der Untreue. Ein Zirkel einflussreicher Funktionäre bei Dinamo Zagreb bereicherte sich offenbar schamlos an den Transferrechten des talentierten Spielers – und ließ Millionen von Euro, die eigentlich dem Klub zustanden, bei einer Firma in der Schweiz versickern.

Der Fall Halilović ist kein Einzelfall bei Dinamo Zagreb, und Dinamo Zagreb ist kein Einzelfall auf dem Balkan. Zahlreiche Dokumente im Datenbestand von Football Leaks erhärten einen schon lange schwelenden Verdacht: Im früheren Jugoslawien kann kaum ein junger Profi mit Perspektive in eine andere Liga in Europa wechseln, ohne dass Hintermänner über dunkle Kanäle von seiner Ablösesumme und späteren Einkünften profitieren.

Das dreckige Spiel in der Affäre Halilović begann am 3. Juli 2012. Damals unterschrieb der Generaldirektor von Dinamo Zagreb ein drei Seiten umfassendes »Agreement« mit einer Firma namens Rasport Management AG. Sitz dieser Gesellschaft ist das Örtchen Alpnach im Schweizer Kanton Obwalden, der in der internationalen Geschäftswelt bekannt ist für seine niedrigen Steuersätze und eine überschaubare Auskunftspflicht. Der Klub aus Kroatien und die Firma aus der Schweiz vereinbarten in dem Vertrag, wie sie untereinander fortan die Transfereinnahmen an dem gerade 16 Jahre alt gewordenen Alen Halilović aufteilen würden: 50 Prozent für Dinamo Zagreb, 50 Prozent für die Rasport Management.

Zwei Jahre später kam Leben in diesen Vertrag. Da wechselte Halilović zum FC Barcelona. Die Katalanen zahlten Dinamo Zagreb eine Ablösesumme von 2,2 Millionen Euro. Außerdem partizipierte Dinamo an zukünftigen Transfers des Spielers. Für sein einjähriges Intermezzo als Leihspieler beim spanischen Erstliga-Aufsteiger Sporting Gijón im Sommer 2015 kassierte Dinamo eine weitere Million, für den Verkauf des Jungstars an den HSV zusätzliche 2,5 Millionen – exakt die Hälfte der fünf Millionen, die die Hamburger dem FC Barcelona überweisen mussten. So flossen für Halilović in zwei Jahren 5,7 Millionen Euro in die Kasse von Dinamo Zagreb. Doch dem Klub blieb nur die Hälfte. Die andere wurde weitergereicht: an die Rasport Management AG.

Warum hatte Dinamo Zagreb sich mit einer mysteriösen Firma in den Schweizer Bergen eingelassen? Warum die Hälfte der Transferrechte an einem seiner einträglichsten Spieler abgetreten? Warum verzichtete der Klub ohne Not auf 2,85 Millionen Euro?

Wer die Spuren in diesem trüben Deal verfolgt, stößt auf drei Männer, die den Namen Mamić tragen und aus einer Familie stammen. Zdravko, das Oberhaupt des Clans, war von 2003 bis 2016 Präsident von Dinamo Zagreb, sein Bruder Zoran, ein früherer Bundesligaprofi, arbeitete von 2013 bis 2016 als Sportdirektor und Trainer des Klubs. Der Dritte im Bunde heißt Mario und ist Zdravkos Sohn. Sein Beruf: Spielerberater.

Vor allem Zdravko gilt als eine der umstrittensten Figuren des südosteuropäischen Fußballs. Im Sommer 2015 nahmen kroatische Ermittler ihn und seinen Bruder Zoran fest, die beiden landeten für mehrere Tage in Untersuchungshaft. Wenige Monate später kam Zdravko ein zweites Mal kurzzeitig in den Knast, gegen eine Kaution ließ ihn die Justiz wieder frei. Die Nationale Behörde zur Bekämpfung von Korruption und Organisierter Kriminalität hat sich der Causa angenommen, sie legt dem Mamić-Trio unter anderem Untreue, Steuerhinterziehung und Geldwäsche zur Last.

Zdravko, Zoran und Mario Mamić, so der Vorwurf der kroatischen Behörden, sollen mit vier weiteren Beschuldigten beim Verkauf von Dinamo-Stars ins Ausland über die Jahre Millionen Euro in die eigenen Taschen abgezweigt haben. Es geht um Transfers wie den von Luka Modrić zu Tottenham Hotspur, von Eduardo zum FC Arsenal, von Dejan Lovren zu Olympique Lyon oder von Mario Mandžukić zum VfL Wolfsburg. Mitglieder dieser mutmaßlichen Verschwörung sollen auch ein Beamter der kroatischen Steuerbehörde sowie ein hochrangiger Funktionär des nationalen Fußballverbandes sein, der auch in führender Position bei Dinamo Zagreb gearbeitet hat.

Ist das Fußballbusiness auf dem Balkan ein rechtsfreier Raum? In dem Verfahren haben mehrere der früheren Dinamo-Profis bereits als Zeugen ausgesagt. Schweizer Strafverteidiger des Mamić-Trios, die in Kanzleien in Genf und Lausanne sitzen, äußerten sich auf Nachfrage nicht zu den Vorwürfen gegen ihre Mandanten. Für alle drei wird es zunehmend enger.

Anfang Oktober 2016 meldete sich die Chefin der Staatsanwaltschaft in Sarnen, Kanton Obwalden, zu Wort. Die Strafverfolgerin berichtete über einen Einsatz ihrer Abteilung für Wirtschaftsdelikte, Auslöser war ein Rechtshilfeersuchen aus Kroatien gewesen. Der Auftrag an die Schweizer Ermittler: Kontobewegungen und Geldströme einer nicht börsennotierten Aktiengesellschaft zu durchleuchten, über die Dinamo Zagreb bei Spielerwechseln Millionen von Euro geschleust haben soll. Der Name der verdächtigen Firma: Rasport Management AG. Jenes Unternehmen also, dem von Dinamo Zagreb ohne ersichtlichen Grund 2012 die Hälfte der Transferrechte an Alen Halilović übertragen worden waren und das allein dafür mindestens 2,85 Millionen Euro absahnte.

Über die Rasport Management AG liefen nach den Erkenntnissen der Sarner Strafverfolger offenbar zahlreiche mutmaßlich kriminelle Zahlungen. »Es geht beispielsweise um unbegründete Vermittlerdienstleistungen und um nicht existierende Spielertransfers«, sagte die leitende Oberstaatsanwältin aus Sarnen. Die Rasport diente demnach als Zwischenlager für das Geld, große Summen flossen nach Erkenntnissen der Schweizer Ermittler von hier aus weiter auf Konten in Belize, Hongkong, Dubai, Panama, Gibraltar, London. Und in Zürich. Von »Zahlungen im zweistelligen Millionenbereich« berichtete die Strafverfolgerin. Ihr Fazit: »Wir haben es hier mit Wirtschaftskriminalität der gröberen Sorte zu tun.«

Den Halilović-Vertrag mit Dinamo Zagreb unterschrieb für die Rasport ein Strohmann aus der Schweiz. Wem die Firma gehört, ergibt sich weder aus der Vereinbarung noch aus dem

Schweizer Handelsregister. Glücklicherweise helfen die Ausführungen der Sarner Oberstaatsanwältin weiter. Ihr zufolge heißt der wirtschaftlich Berechtigte mit Vornamen Mario, mit Nachnamen Mamić. Zdravkos Sohn. Der Spielerberater. So schließt sich auch im Fall Halilović der Kreis.

Seinen Job als Präsident bei Dinamo Zagreb ist Zdravko Mamić mittlerweile los, doch das scheint ihn nicht zu beirren: Nun tritt er als Berater des Klubs auf, was der neue Präsident von Dinamo auf Nachfrage nicht kommentiert. Die Dreistigkeit, mit der er seine Clique und sich über die Jahre ganz offensichtlich am Vereinsvermögen des kroatischen Rekordmeisters bereichert hat, deckt sich mit dem aggressiven Ton, in dem Mamić seine Kritiker abkanzelt. Seine Tiraden sind gefürchtet, seine Beziehungen auch – Zdravko Mamić werden beste Drähte in die kroatische Politik, Justiz und Medienszene nachgesagt.

Wie in den Siebziger- und Achtzigerjahren Dynamo Berlin, der Lieblingsklub des Stasi-Chefs Erich Mielke, zehnmal in Folge die Meisterschaft in der DDR-Oberliga gewann, so sicherte sich Dinamo Zagreb bis 2016 sogar elf nationale Meisterschaften in Serie. Dennoch sind bei Heimspielen meist nicht viel mehr als 1000 Zuschauer im Maksimir-Stadion. Mit dem Boykott äußern die Fans ihre Wut darüber, wie ihr Verein geplündert wird. Die Football-Leaks-Dokumente bestätigen ihre Befürchtungen. Aus den Unterlagen geht hervor, wie die Klubführung von Dinamo die Hälfte der Transferrechte von drei weiteren Spielern verscherbelt hat.

Einer von ihnen ist Mateo Kovačić. Der Mittelfeldspieler wechselte Anfang 2013 für elf Millionen Euro zu Inter Mailand, im Sommer 2015 verkauften ihn die Italiener für 31 Millionen weiter an Real Madrid. Den Boden für ihre Kickback-Geschäfte hatten die Dinamo-Bosse ein halbes Jahr vor Kovačićs Wechsel nach Mailand geebnet. Am 17. Mai 2012 unterschrieb der Generaldirektor des Klubs eine Vereinbarung, wonach Dinamo die Hälfte von Kovačićs Ablösesumme an eine Firma namens Profoot International Limited zahlen würde. Unternehmenssitz: Hongkong. Bei den anderen beiden Spielern lief das Geschäft nach dem gleichen Prinzip: Bei Stürmer Duje Čop reichte Zoran Mamić die Hälfte der Transfererlöse an eine Firma namens International Sport Company Ltd mit Sitz auf Malta weiter. Bei Abwehrspieler Tin Jedvaj, der heute bei Bayer Leverkusen spielt, vermachte Zdravko Mamić die Hälfte der Transferrechte in einem schriftlichen Agreement einer Firma namens Barnes & Bell Limited in London.

Wer hinter den Firmen steht, denen Dinamo Zagreb für die Beteiligung an diesen drei Spielern Millionen von Euro zuschanzte, ergibt sich aus den Verträgen nicht. Doch der gesunde Menschenverstand könnte weiterhelfen, denn das Verräterische dieser Vereinbarungen ist ihr Wortlaut. Alle drei Agreements sind fast bis aufs letzte Komma identisch mit jenem Vertrag, in dem Dinamo Zagreb die Hälfte der Ablösesumme für Alen Halilović der Schweizer Firma Rasport Management zuschusterte. Da war Zdravko Mamićs Sohn Mario der Empfänger. Der Schweizer Anwalt der Rasport Management AG äußerte sich zu den Anschuldigungen nicht.

Junge Profis auf dem Balkan, die hohe Ablösesummen versprechen, sind häufig Leibeigene ihrer Klubbosse. In vielen Fällen kriegen sie gar nichts mit von dem Geschacher um ihre Transferrechte. Würden sie sich den windigen Deals vor ihrem Wechsel ins Ausland widersetzen, riskierten sie ihre Karriereziele. Also schweigen sie – und machen bei dem trüben Spiel gezwungenermaßen mit.

So war es auch bei dem Angreifer Mijat Gaćinović, der am 11. August 2015 zu Eintracht Frankfurt kam. Die Hessen kauften den jungen Serben von Apollon Limassol. Dass es ein fauler Deal war, auf den sie sich da einließen, hätte den beiden Eintracht-Vorständen Heribert Bruchhagen und Axel Hellmann schon damals auffallen können. Denn das Trikot des Erstligisten auf Zypern hat Gaćinović niemals getragen. Apollon Limassol hatte den jungen Serben erst wenige Tage zuvor, am 31. Juli, unter Vertrag genommen: 10 000 Euro im Monat, vier Jahre Laufzeit. Es war ein Scheinvertrag, den auch Gaćinović unterschrieb. Vermutlich hatte der junge Spieler keine andere Wahl. Er musste unterzeichnen und den Zwischenhalt auf Zypern nehmen, damit sich andere an seinem Wechsel nach Frankfurt bereichern konnten.

Gaćinovićs Heimatklub war der FK Vojvodina Novi Sad. Der Vereinspräsident hatte am 17. März 2015 eine Vereinbarung im Mamić-Stil unterzeichnet. Demnach übertrug der FK Vojvodina Gaćinovićs Transferrechte vollständig an ein Unternehmen namens European Sports Management. Sitz dieser Firma war Montreal in Kanada, ihre Hausbank aber lag in der Schweiz. Ziel dieses Deals: den Jungprofi so schnell wie möglich ins Ausland zu verkaufen und Kasse zu machen.

Weil absehbar war, dass ein deutscher Bundesligist den Gaćinović-Transfer wohl kaum über das Schweizer Konto einer kanadischen Klitsche abwickeln würde, musste eine andere Lösung her, um das Geld in die Schweiz zu schaufeln: ein Dreiecksgeschäft. So kam Apollon Limassol ins Spiel, ein Klub, der bereitwillig mithalf, einen Millionenbetrag zu verschleiern. Am 3. August 2015 unterzeichneten der FK Vojvodina und Apollon Limassol einen Transfervertrag. Demnach verpflichteten die Zyprioten Mijat Gaćinović für 1,25 Millionen Euro. Die Ablösesumme überwies Apollon – wie von den Serben im Vertragsanhang gefordert – auf ein Konto der Privatbank EFG in der Schweiz. Empfänger: die European Sports Management.

Nur acht Tage später bekam Apollon Limassol das Geld zurück: von Eintracht Frankfurt. Die Hessen überwiesen für die Verpflichtung Gaćinovićs exakt 1,25 Millionen Euro nach Zypern. Somit war Apollon wieder auf null. Ihren Profit dürfen die Zyprioten später einstreichen. Worin dieser Profit genau besteht, dazu finden sich auf den Seiten drei und vier in ihrem Vertrag mit Eintracht Frankfurt spannende Details. Demnach erhält Apollon von den Frankfurtern die Hälfte der Summe, die bei einem Weiterverkauf Gaćinovićs fällig werden wird. Auch sein Mindestpreis ist definiert: 2,5 Millionen Euro. Wollten die Frankfurter ihn für weniger verkaufen, müssten sie Apollon Limassol um Zustimmung bitten.

Weder der FK Vojvodina Novi Sad noch Apollon Limassol reagierten auf Anfragen zu den anrüchigen Deals um die Transferrechte an Gaćinović. Auch der Spieler äußerte sich nicht. Eintracht Frankfurt antwortete, der Klub kommentiere »grundsätzlich vertragliche Details ebenso wenig wie Vertragsverhältnisse, an denen wir entweder nicht als Partei beteiligt sind oder von denen wir keinerlei Kenntnis haben«.

Doch da machen es sich die Frankfurter zu einfach. Sie hätten zumindest ahnen können, wem sie bei den Vertragsverhandlungen gegenübersaßen: dem Profiteur eines Dreiecksgeschäfts. Welche Erklärung sollte es sonst dafür geben, dass ein notorisch schlecht beleumundeter Klub wie Apollon Limassol in der Sommerpause einen Spieler aus Serbien verpflichtet, ihn nach acht Tagen weiterverkauft – und dennoch zu 50 Prozent an allen zukünftigen Transfererlösen für diesen Spieler beteiligt werden will? So kam es, wie es meistens kommt, wenn Jungprofis vom Balkan in eine von Europas Top-Ligen wechseln: Es versickerte eine Menge Geld.

Doch wer steckt hinter der Firma aus Kanada, bei deren Privatbank in Zürich die 1,25 Millionen Euro landeten? Den Gaćinović-Vertrag mit dem FK Vojvodina Novi Sad hatte für die European Sports Management ein Strohmann aus dem Kanton Obwalden unterzeichnet. Derselbe Strohmann trat beim Halilović-Deal auch als Direktor der Rasport Management AG auf. Der Sickergrube des Mamić-Clans.

IM STEUERPARADIES

Das Schöne an Intella, dem Datenverarbeitungssystem, mit dem wir in Johns Material suchen, ist, dass die Software keine Emotionen zeigt. Während wir – journalistische Distanz hin oder her – uns über die Mamićs, die Chinesen, Ronaldo oder andere Steuergaunereien ereifern, macht Intella nur eines: Sie spuckt Treffer aus. Ganz cool, völlig unberührt. Selbst wenn Intella zum abertausendsten Mal auf die British Virgin Islands stößt – meist liefert sie einfach nur die Firmen, manchmal die Spielerberater und ab und zu die wirtschaftlich Berechtigten, Strohmänner und Verwalter. Mittlerweile haben wir Dutzende Firmen gefunden, die Gelder aus der Fußballbranche – Honorare, Werberechte, Boni und Provisionen – über die British Virgin Islands schicken. Die Inseln sind ein diskretes Steuerparadies, perfekt für die verschwiegene Fußballblase.

Doch trotz all dieser Stränge, die dort zusammenlaufen, würde Intella nie auf die Idee kommen, dass wir persönlich in die Karibik fliegen sollten, um den schmutzigen Geschäften am anderen Ende der Welt einmal vor Ort nachzurecherchieren. Manchmal braucht Intella auch uns.

Doch schon die Reiseroute stellt uns vor Probleme. Da es keinen Direktflug aus Deutschland gibt, könnten wir über Miami oder New York anreisen. Problem Nummer eins: Wer über Amerika einreist, wird streng kontrolliert. Um unnötige Fragen zu vermeiden, inklusive eines unfreiwilligen verlängerten Aufenthaltes auf einer amerikanischen Polizeiwache, müssten wir im Vorfeld ein Journalistenvisum beantragen. Dadurch ergäbe sich aber Problem Nummer zwei: Die Behörden des karibischen Inselstaates mögen keine ausländischen Journalisten. Wir lesen in mehreren Blogs, dass englische Kollegen in den vergangenen Monaten zwar mit einem Journalistenvisum auf die British Virgin Islands reisen durften, aber am Flughafen direkt wieder ins nächste Flugzeug nach Hause gesetzt wurden, teilweise mit fadenscheinigen Begründungen wie »fehlerhafte Anmeldung des technischen Equipments«. Verschwiegenheit gehört für das Steuerparadies zum Geschäftsmodell, das es zu schützen gilt.

Zwar wäre auch eine Anreise über Costa Rica möglich, aber dann verlören wir mindestens einen Tag. Und Zeit ist in dieser Phase des Football-Leaks-Projekts ein teures Gut. Die Lösung findet schließlich unsere hausinterne Reisestelle, die uns bei solch kniffligen Abenteuern schon immer großartig unterstützt hat: Wir könnten einen Gabelflug über Paris und die niederländischen Karibikinseln nehmen. Dafür benötigen wir kein Journalistenvisum, und wir verlören selbst durch das Umsteigen nur ein paar Stunden. Gebucht!

Nicola Naber stellt uns ein Dossier über den karibischen Kleinstaat zusammen. Sie schreibt uns die wichtigsten »Zielpersonen«, wie sie die Strohmänner und Verwalter der Briefkastenfirmen nennt, heraus, legt uns ihre Facebook-, Twitter- und Instagram-Profile dazu, erstellt eine Analyse über die Geldtransfers und Firmenverschachtelungen. Wir fühlen uns ein bisschen wie in »Drei Engel für Charlie«. Nicola ist Charlie, sie wird uns die nächsten Tage von Hamburg aus durch die Karibik navigieren.

Von oben, aus dem Flieger, sehen die British Virgin Islands wie eine Fabelwelt aus. Das könnte auch Mittelerde oder irgendeines der anderen Reiche aus Tolkiens »Herr der Ringe« sein. Die Hügel und kleinen Erhöhungen auf den vielen winzigen Inseln sind grün, voller Bäume, dicht bewachsen. Die Strände strahlen weiß. Wir können nur wenige Straßen erblicken. Kaum vorstellbar, dass in diesem sonnigen Paradies so düstere Geschäfte gemacht werden. Hier sollen Milliarden von Euro versickern?

Doch dank Nicolas Dossier können wir hinter die karibische Idylle schauen. Die British Virgin Islands bestehen aus 60 kleinen

Inseln, die rund hundert Kilometer von Puerto Rico entfernt liegen. Viel Sonne, ein echter Touristenmagnet, mit nur knapp 30 000 festen Einwohnern. Das ist die schöne Seite. Die dunkle Seite lässt sich auf eine einzige Zahl reduzieren: 600 000. So viele Briefkastenfirmen sind hier gemeldet. Mit ihnen wird ein schmutziges Multimilliarden-Geschäft betrieben, das sich gegen die Sozialstaaten wendet, aus denen das viele Geld stammt. Denn viele Offshore-Konstruktionen werden nur dafür genutzt, um Steuern zu sparen und Finanzbehörden ins Leere laufen zu lassen.

Für Steuersünder ist das Leben in den vergangenen Jahren deutlich komplizierter geworden. Das Bankgeheimnis ist nach vielen Jahren der großen Skandale durchlöchert, und seit die Banken- und Finanzkrise die Staatshaushalte schwer erschüttert hat, verschärfen viele Länder die Jagd auf Gelder, die am Fiskus vorbeigeflossen sind. So erhöht der Zoll die Grenzkontrollen, europäische Finanzämter kaufen Steuerdaten von Whistleblowern und beantragen täglich mehrere hundert Kontoabrufe. Zuletzt wurden auch viele Doppelbesteuerungsabkommen geschlossen, der Druck auf Länder, die nicht kooperieren, steigt immer weiter. Es erfordert also immer mehr Kreativität, vielleicht auch kriminelle Energie, sein Geld irgendwo sicher vor den Steuerbehörden seines Heimatlandes zu verstecken.

Am nächsten Morgen gehen wir den Waterfront Drive entlang, die wichtigste Straße der Hauptstadt Road Town. Wer hier flaniert, sieht sehr schnell, dass Geld sich auf dieser Insel wohlfühlt. Die kleinen Häuser reihen sich eng aneinander und folgen oft dem gleichen Muster: Im Erdgeschoss liegt ein Sportgeschäft, ein Schmuckladen oder ein Handyshop. In den ersten Stock, wo fast durchweg Banken, Wirtschaftsprüfungsgesellschaften, Anwalts- und Treuhandkanzleien sitzen, schaffen es dagegen selbst die vielen Moskitos nur mit größter Mühe hinein. Die Fenster sind fast immer verschlossen, viele der Anwaltskanzleien haben Kameras über dem Eingang installiert, die Türen lassen sich oft nur mit Chipkarten öffnen. Dass Briefkastenfirmen draußen fast keine Briefkästen haben, überrascht nur im ersten Moment. Im zweiten Moment wird klar: Briefe und alle andere Dokumente werden hier nur von Hand zu Hand übergeben. Das können wir vielfach beobachten. Unser erstes Ziel ist ein Gebäude mit der Aufschrift »International Trust Building«. Eigentlich suchen wir die »Paros Consulting Limited«, eine Firma, über die zahlreiche niederländische und argentinische Spielerberater ihre Geschäfte mit Dutzenden Profivereinen und Spielern aus der ganzen Welt abwickeln. Wir haben zwar die Adresse, finden die Firma aber nirgendwo. Stattdessen landen wir vor einem Gebäude, an dem ein glänzendes Schild hängt: »Trident Chambers«. Trident Chambers wird in den Football-Leaks-Verträgen immer wieder als Anschrift für die Paros ausgewiesen. Eine klassische Briefkastenkonstruktion. Es ist ein graues Gebäude mit Betonsäulen vor der Tür und einem Sonnensymbol über dem Eingangsbereich. Außen an den Türen sind Kameras installiert, wir belassen es dabei, uns das Treiben zunächst aus einiger Entfernung anzusehen.

Mehrfach am Tag fahren Boten, viele von ihnen Asiaten, in schweren, verspiegelten Geländewagen vor, steigen mit dicken Aktentaschen aus den Autos und stellen sich vor die Eingangstür. Sie müssen nicht klingeln, stattdessen prüft anscheinend jemand im Inneren des Gebäudes, wer vor der Tür steht, dann öffnet sich das Portal. Wenige Minuten später kommen die Boten wieder heraus. Oft gehen sie anschließend ein Gebäude weiter, in eine enge Seitenstraße. Auch hier steht nichts von Paros, aber außen an der Wand hängt neben einer schmalen Tür ein Schild mit der Aufschrift »International Trust«. Das ist die eigentliche Paros-Adresse, das haben wir zuvor mit einem Unternehmensregister abgleichen können.

Wir klingeln. Nichts passiert. Wir warten, bis ein Bote kommt, fragen, wer in dem Gebäude arbeitet. Keine Antwort. Die junge Frau huscht wortlos an uns vorbei und verschwindet hinter der Tür.

Die British Virgin Islands, auf denen rund 50 Milliarden Dollar verwaltet werden, haben sich in den vergangenen Jahrzehnten aus unterschiedlichen Gründen zu einem so begehrten Steuerparadies entwickelt. Obwohl die Inselgruppe ein britisches Überseegebiet ist, wird hier mit Dollar gezahlt, was für internationale Geschäfte sehr hilfreich ist. Die Gesetze sind oft identisch mit den englischen, das politische System ist stabil, was wichtig ist für die Sicherheit des versteckten Geldes. Die British Virgin Islands pflegen zudem, und das ist hier entscheidend, ein streng vertrauliches Aktienregister, zu dem europäische Steuerfahnder kaum Zugang finden. Eine Gesellschaft gründet man auf den British Virgin Islands in drei bis fünf Tagen, und unfassbar günstig ist es auch noch: Ab 75 Euro ist man dabei. Der größte Clou aber ist: Auf Erträge aus dem Ausland zahlen die Briefkastenfirmen keine Steuern.

Es ist nutzlos, hier weiter herumzustehen und Aufmerksamkeit zu erregen. Wir werden keine Antworten bekommen, stattdessen womöglich Ärger mit der Polizei. Wir gehen weiter, den Waterfront Drive hinunter, sehen kleine Bankgebäude, in denen nicht mehr als eine Handvoll Mitarbeiter Platz finden können, auch die großen Wirtschaftsprüfer wie PricewaterhouseCoopers und KPMG haben ihre Filialen hier. Und natürlich Mossack Fonseca, die Kanzlei mit Hauptsitz in Panama und Hauptprotagonist der »Panama Papers«, der großen Enthüllungsserie über Offshore-Geschäfte von Politikern, Schauspielern, Wirtschaftsbossen und Kriminellen, veröffentlicht von der »Süddeutschen Zeitung« und ihren Recherchepartnern vom »ICIJ«.

Wir bleiben vor einem gelben, leicht ausgeblichenen Gebäude stehen. Unten, im Erdgeschoss, ist eine Apotheke. Wir gehen hinein, sehen, wie eine ältere Frau ein Medikament gegen ihren Hexenschuss abholt. Draußen picken Hühner. Sie rennen manchmal wahllos auf die Hauptstraße, einige springen auch auf die Außentreppe, die in den ersten Stock führt. Dort, wo eines der größten Geheimnisse des Weltfußballs liegt.

Die Anwaltskanzlei »Icaza, Gonzalez – Ruiz & Alemán« hat auf dieser Etage ihre Büros, das verrät uns Nicolas Dossier. Von außen kann man nicht in das Gebäude hineinschauen, alle Rollläden und Jalousien sind geschlossen. Niemand würde vermuten, dass hier Firmen für große Fußballstars gemeldet sind. Das Gebäude, über das mehr als hundert Millionen Euro aus Cristiano Ronaldos Vermögen geflossen sind, darf man getrost als Klitsche bezeichnen.

Wir setzen uns auf der gegenüberliegenden Straßenseite vor eine Tankstelle. Ein paar ältere Männer sitzen auf einer Bank und essen Sonnenblumenkerne. Sie beobachten uns, wie wir das Gebäude beobachten. Es wäre spannender, Gras beim Wachsen zuzuschauen. Es gibt keine Bewegung, keine Mitarbeiterwechsel, keine Boten. Nach ein paar Stunden tritt endlich eine Frau aus der Eingangstür. Es ist Liz B.

Wir erkennen sie sofort. In Nicolas Dossier finden wir Dutzende Seiten über die junge Anwältin. Sie ist eine Offshore-Expertin, hat früher auch in Panama gearbeitet. Nun ist sie für die Kanzlei tätig, die Ronaldos Geldrutsche aufgesetzt hat. Drei Firmen, mit denen der mehrfache Weltfußballer Verträge abschloss, wurden bei »Icaza, Gonzalez – Ruiz & Alemán« geführt. Liz B. weiß, wie das Geschäft läuft. Wir würden sie gern ansprechen, aber sie steigt sofort in ihren schwarzen SUV und braust davon. Wir beschließen, morgen früher hierher zu kommen und ihr vor Arbeitsbeginn ein paar Fragen zu stellen.

Und tatsächlich, am nächsten Tag, um kurz vor neun Uhr, kommt sie mit ihrem Geländewagen zurück. Die junge Anwältin sieht verschlafen aus, ihr Gang ist langsam, die Schultern hängen. Wir gehen auf sie zu, lächeln, haben zwei Fotos dabei. Eines von Ronaldo, das andere von Mourinho. Unsere Masche ist unfassbar plump, aber manchmal funktionieren eben die einfachen Sachen am besten. Wir fragen Liz B., ob sie die beiden kenne.

Liz B. lacht, sie bleibt tatsächlich stehen. »Cristiano«, sagt sie und zeigt auf das linke Foto. »Mourinho«, ein Tippen auf das rechte Bild. »Wissen Sie, dass die beiden hier Firmen angemeldet haben?«, fragen wir und zeigen auf den ersten Stock.

Liz B.s Gesicht entgleitet. Sie senkt den Kopf, hebt abwehrend ihre Hand, windet sich an uns vorbei und eilt die Treppe hoch. Wir fragen weiter: »Kennen Sie die Firma Tollin?« Liz B. antwortet lediglich abwehrend: »Please, please.« Sie hält ihre elektronische Chipkarte vor ein Lesegerät neben der Eingangstür und huscht in das kleine Büro. Zurück in der Welt der Verschwiegenheit und Intransparenz.

DER BESUCH

Nach dem Trip auf die British Virgin Islands interessieren uns neben Ronaldo und Mourinho vor allem die Firma Paros und die niederländisch-argentinische Spielerberaterclique. Wir wollen wissen, wie dieses System funktioniert und wer dahintersteckt. Dass die Connection Gelder versickern lässt, davon sind wir nach unserer Reise in die Karibik mehr denn je überzeugt.

Wir konsultieren Intella. Aber unsere liebgewonnene Freundin macht zum ersten Mal Probleme. Vielleicht wird es ihr nun doch ein bisschen zu viel. Wer könnte es ihr verdenken? In den Football-Leaks-Daten befinden sich auch verschlüsselte Dokumente, die wir zwar auf Johns Festplatten öffnen können, aber Intella zeigt sie uns nur unvollständig an. Dadurch haben wir blinde Flecken und uns fehlen, so vermuten wir, wichtige Puzzlesteine. Wir zermartern uns den Kopf, können das Problem aber nicht beheben.

Ich frage John um Rat. Er rätselt ein wenig herum, aber auch ihm fällt keine Lösung ein. Er sagt, er würde sich das gern vor Ort ansehen. In Hamburg. Ich schlucke.

Ich weiß nicht, wie er reist. Benutzt er vielleicht einen gefälschten Pass? Ich schließe nichts mehr aus. Ich frage mich und auch ihn, ob er keine Angst vor den Ermittlungsbehörden habe. Es gebe doch ein offizielles Verfahren gegen Football Leaks. Was passiert, wenn er in eine Passkontrolle gerät? Gibt es womöglich schon einen Europol-Haftbefehl? Dann wäre er europaweit zur Fahndung ausgeschrieben.

»Mach dir keine Sorgen. Sie können nichts gegen mich in der Hand haben. Gar nichts«, schreibt John. Wie kann er sich da so sicher sein?

Ich bespreche seinen Vorschlag mit unserem Team. Wir alle haben ein mulmiges Gefühl. John müsste in unseren Datenraum, um an das Material zu kommen. Wollen und können wir eine Quelle so nah an unsere Recherchen lassen? Auf der anderen Seite: Es gibt niemanden auf der Welt, der die Daten besser, genauer kennt als er. Er soll uns lediglich die Zusammenhänge erklären, ansonsten wird er keinen Einfluss auf unsere Recherchen haben.

Aber können wir ihm zumuten, dass er fliegt? Trotz Ermittlungsverfahren? Auf der anderen Seite: Er reist ständig. Seitdem ich ihn kenne, erzählt er mir von seinen mehreren Dutzend Flügen, auch in die entferntesten Gegenden. Er wird das Risiko am besten einschätzen können. Wir beschließen: Er soll nach Hamburg kommen.

John freut sich, stellt für den Besuch aber auch ein paar Bedingungen: »Außer Dir soll mich keiner deiner Kollegen sehen. Ich möchte niemandem vorgestellt werden. Meine Anonymität soll so weit wie möglich weiter gewahrt bleiben. Dazu zählt auch, dass das Hotel nicht auf meinen Namen gebucht wird.«

Ich denke nach. Wenn er niemandem vorgestellt werden will, bedeutet das, dass wir nur spät abends oder nachts ins SPIEGEL-Gebäude können. Davor ist zu viel Betrieb, er würde auf jeden Fall von Kollegen gesehen werden. »Kein Problem, dann machen wir das genau so«, schreibt er. Ich sage unserem Team, dass für den Zeitraum, in dem John uns besucht, für alle Kollegen ein Datenraum-Verbot ab 22 Uhr herrscht. Das Team ist nach all den Monaten nicht unglücklich darüber, den Raum mal früher verlassen zu müssen.

John und ich verabreden uns am Hauptbahnhof. Er kommt müde an, verhaftet wurde er also jedenfalls nicht. Der Mann reist mit sehr kleinem Gepäck. Lediglich ein winziger Rucksack hängt über seiner Schulter. Nach einem Zwischenstopp im Hotel gehen wir zum Frühstücken ins Café Paris, mitten im Stadtzentrum.

»Wie sind unsere Pläne?«, fragt er, vor sich ein englisches Frühstück aus Bohnen und Speck.

»Möchtest du irgendwohin?«, frage ich zurück.

Dass er mit mir auf die Reeperbahn zum Feiern möchte, hatte er mir schon vorher geschrieben. Nun nennt John ein paar andere Sehenswürdigkeiten: die Speicherstadt, das Rathaus, den Hafen, die Alster. Und er will zum Hamburger SV. »Die spielen am Samstag zuhause, habe ich gelesen. Ich gehe in jeder Stadt, in der ich bin, auch zum Fußball«, sagt er. Zum Fußball? Und dann will er ausgerechnet zum Hamburger SV?

Wir vereinbaren, dass er sich tagsüber allein die Stadt anschaut, da ich weiter an den Daten arbeiten muss. Aufgrund des engen Zeitplans kann ich mir keine Woche Auszeit nehmen. Wir werden uns in den kommenden Tagen fast immer um 19 Uhr treffen, dann zusammen essen gehen und anschließend wahlweise in der Redaktion oder auf dem Kiez landen. Manchmal auch beides. Es werden verrückte Tage.

Am ersten Abend sind wir allerdings noch sehr diszipliniert. Um Punkt 22 Uhr gehen wir in die Redaktion. Im SPIEGEL-Gebäude gibt es einen Hintereingang, den nur wenige Kollegen nutzen, so kann ich John recht unbemerkt in unseren Datenraum bringen. Nur wenige Schritte hinter der Tür bleibt er stehen, blickt sich um, schaut auf das Whiteboard und sagt nach einem kurzen Blick: »Da ist ein Fehler.« Er tänzelt fast auf Zehenspitzen durch den Raum, stellt sich vor die Tafel und klopft auf eine der eingezeichneten Stellen, es geht um Ronaldos Bildrechte: »Hier, das ist falsch. Fehlen euch die Dokumente dazu, oder habt ihr sie nicht gefunden?«

Ich gucke ihn entgeistert an. Es ist eine der Stellen, an der wir seit Wochen hängen. Es geht um die Frage: Wer ist eigentlich aktuell der Besitzer von Ronaldos Werberechten, eine ziemlich komplizierte, weil über Steueroasen verschleierte Konstruktion.

»In den Dokumenten findet sich nichts dazu«, sage ich.

»Oh. Dann muss ich dir das noch zuschicken«, sagt John.

Tatsächlich wird einige Tage nach seiner Abreise ein Dokument bei uns eintreffen, das die komplette Verschleierung erklärt. Der Typ macht mich verrückt.

»Los, mach mal euer System an«, sagt John. Wir setzen uns an die Rechner. Ich zeige ihm unsere Software, Intella, er hört zu, keine Regung, sein Gesicht bleibt ausdruckslos. Doch seine Augen scannen aufmerksam den ganzen Bildschirm. Ich zeige ihm die Mails, die wir nicht öffnen können. John zieht die Tastatur zu sich, tippt etwas, verknüpft zwei Dateien miteinander, gibt einen weiteren Suchbegriff ein, entpackt einen Ordner, zieht ihn rüber, noch mal ein Passwort, woher auch immer – mir ist schon ganz schwindlig von dem Hin und Her – und zack: Hunderte Mails öffnen sich samt aller Anhänge. Ich habe keine Ahnung, wie John das in der Kürze der Zeit gemacht hat.

Nebenbei löst er noch ein anderes Problem: Seit Tagen können wir nicht vernünftig drucken. Ein Fehler, den bisher niemand versteht. Wenn wir drucken wollen, passiert einfach nichts. Es funktioniert erst, nachdem man das Dokument in einer Zwischenablage gespeichert hat. Das nervt und kostet Zeit. John klickt hier und da, dann ist alles repariert. Das wirkt alles so leicht. Wenn ich seine technische Auffassungsgabe mit unseren ersten Gehversuchen im Intella-System vergleiche, komme ich mir wie ein Grundschüler vor.

»Warum arbeitest du nicht als IT-Fachmann oder Ingenieur?«, frage ich.

»Das habe ich nicht gelernt. Wer soll mich denn nehmen?«, sagt John, während seine Augen über die Suchbegriffe auf dem Bildschirm tanzen.

»Aber du könntest das doch studieren oder eine Ausbildung machen. Du hast doch ein Händchen dafür, und auf der ganzen Welt werden gute Computerfreaks gesucht.«

»Der Zug ist abgefahren. Jeder Mensch steht irgendwann an einer Kreuzung und muss sich für etwas entscheiden. Ich habe mich für einen anderen Weg entschieden, das ist okay so.«

John neigt manchmal zu schwerem Pathos.

»Wohin soll dein Weg dich führen?«

»Große Frage«, sagt John. Pause. Wir denken beide nach, es fühlt sich ewig an. »Findest du, es lohnt sich, ein Whistleblower zu sein? Snowden, Assange, Manning, Deltour – war es das wert? Für sie?« John guckt mir nun direkt in die Augen. Es ist das erste Mal, dass er sich vom Computer abgewendet hat.

»Für die Gesellschaft hat es sich gelohnt«, sage ich.

»Siehst du, dahin soll mein Weg führen. Es soll sich für die Gesellschaft lohnen. Sport ist so ein Riesenbusiness, und wenn am Ende der Football Leaks nur ein paar zusätzliche Kontrollmechanismen entstehen, um den Fußball wieder ein bisschen mehr in den Griff zu bekommen, ihn wieder ehrlicher, bodenständiger zu machen, wenn das das Ergebnis des Projekts ist, dann hat sich das auch für mich gelohnt. Dann bin ich zufrieden.«

John klickt eine der Firmen auf den British Virgin Islands an. Wir werden bis vier Uhr morgens in der Redaktion sitzen, über die Gier der Spielerberater diskutieren, ihre Macht und ihre Tricks analysieren, darüber nachdenken, warum all die Vereine dieses Spiel mitspielen. Am Ende werden wir dem Offshore-Rätsel der niederländisch-argentinischen Agenten ein großes Stück nähergekommen sein.

DOKUMENTE DER GIER

Im Sommer 2016 trieb Mino Raiola Borussia Dortmund in den Wahnsinn. Der Spielerberater hatte seine Ziele mal wieder erreicht, und bei Raiola heißt das: Seine Verhandlungspartner waren völlig geschafft. Er hatte sie in eine Lage gebracht, die mit »verzweifelt« noch freundlich beschrieben wäre. Egal, wie ihre Entscheidung ausfallen würde, am Ende konnte nur einer gewinnen: Mister Raiola.

Es ging um Henrich Mchitarjan, einen Armenier, der den BVB verlassen wollte. Raiola hatte ein Angebot von Manchester United aufgetrieben, Premier League, England, da, wo das ganz große Geld verdient wird. Das Problem schien Mchitarjans Vertrag zu sein. Der Mittelfeldspieler war noch ein Jahr an den Klub gebunden, Dortmunds Geschäftsführer Hans-Joachim Watzke sprach in jedes TV-Mikrofon, er werde Mchitarjan nicht verkaufen, auf gar keinen Fall, Ende der Durchsage.

Raiola, ein kleiner, lauter Italiener mit dickem Bauch und Kapuzenpulli, ließ sich davon nicht beeindrucken. Er dealt seit über 20 Jahren mit Fußballern, er hatte schon mit so schillernden Figuren zu tun wie Silvio Berlusconi, dem früheren Besitzer des AC Mailand, Florentino Pérez, dem Präsidenten von Real Madrid, oder dem katarischen Statthalter bei Paris Saint-Germain, Nasser Al-Khelaifi. Wer mit solchen Menschen Geschäfte macht, der schert sich nicht groß um die Ankündigungen des Sauerländers Watzke.

Zumal Raiola einen Joker in der Hinterhand hielt, von dem die Öffentlichkeit nichts ahnte. Das Papier findet sich im Football-Leaks-Datensatz. Das Dokument vom 1. März 2014 ist eine dreiseitige Anlage zu Raiolas Beratervertrag, die am Ende der Verhandlungen eine entscheidende Rolle gespielt haben dürfte. Denn Raiola ließ sich nicht nur eine Beteiligung beim Weiterverkauf von Mchitarjan zusichern, sondern auch einen Gewinn, wenn der Spieler nicht verkauft werden würde. Raiola konnte bei diesem Deal also nur gewinnen und hatte alle Mittel in der Hand, dem BVB die Daumenschrauben anzulegen. Denn hätte Borussia Dortmund das Angebot aus Manchester abgelehnt und darauf gepocht, dass Mchitarjan seinen Vertrag erfüllt, hätte der Klub Raiola mit einem Millionenbetrag entschädigen müssen.

Watzke verkaufte Mchitarjan am 5. Juli 2016 für 38 Millionen Euro, Raiola kassierte vom BVB mutmaßlich 2,5 Millionen, zudem zahlt Manchester United ihm ein Honorar von 1,185 Millionen Euro. Dass Mchitarjan seitdem eher ein Ersatzspielerdasein fristet und oft nur noch zwischen Tribüne und Ersatzbank hin- und herwechselt, ist eine andere Geschichte.

Denn diese Geschichte beschäftigt sich mit dem Geschäftsgebaren der Spielerberater, ihrem Drang zum schnellen, auch zum schmutzigen Geld. Es ist eine Szene, in der sich nicht immer der Klügere, meist aber der Dreistere durchsetzt. Eine Welt voller Schattenmänner, Strippenzieher und Glücksritter, in der Härte, Geschwindigkeit und Verhandlungsgeschick die wichtigsten Fähigkeiten sind. Selbst Spitzenspieler, angebetet von Millionen, angetrieben mit Millionen, verkommen in diesem Milieu oft zu einer Wertanlage, die, bitte schön, Rendite abwerfen soll.

Einer dieser Spitzenspieler ist Julian Draxler. Der deutsche Nationalspieler, der bei der Europameisterschaft in Frankreich zum ersten Mal international überzeugen konnte, ist eine ganz heiße Aktie. So zumindest liest sich der Vertrag, den die Agentur des Beraters Roger Wittmann im Jahr 2013 mit dem FC Schalke 04 ausgehandelt hat.

Wittmann gehört mit seiner Firma Rogon zu den erfolgreichsten deutschen Spieleragenten, er ist seit Jahrzehnten im Geschäft, international vernetzt, ein ausgebuffter Profi. Wittmann hat nie eine Spielerberaterlizenz erworben, er ist gelernter Klempner. In den vergangenen Jahren geriet er immer wieder in die Kritik, weil er bei Vereinen wie dem FC Schalke 04, der TSG Hoffenheim oder dem VfL Wolfsburg mehrere Spieler gleichzeitig untergebracht hatte und ihm dadurch ein großer Einfluss auf die Entscheidungen in den Vereinen nachgesagt wurde.

Bei Draxler zeigten Wittmanns Leute, wie hart sie verhandeln können. Draxler war vor seiner Vertragsverlängerung 2013 erst 19 Jahre alt, doch trotz seiner jungen Jahre schon ein Spieler, auf den mehrere größere Klubs ein Auge geworfen hatten. Dass seine Leistungen zwischen Genie und Graupe schwankten, schien die gute Verhandlungsposition von Wittmanns Firma Rogon auf Schalke nicht zu gefährden. Anders ist der Vertrag, den die Gelsenkirchener unterschrieben, nicht zu erklären.

In aller Kürze: Schalke überwies Rogon für Draxlers Vertragsverlängerung 1,2 Millionen sowie für jede weitere Saison 450 000 Euro. Natürlich netto. Rogon ließ sich eine weitere Klausel in den Vertrag schreiben, die Schalke bald darauf schwer bereuen sollte: Bei einem Transfer, egal wann, egal wohin, müsste der Verein 15 Prozent der gesamten Transfersumme an die Beraterfirma ausschütten. Die Königsblauen feierten den Abschluss trotzdem wie einen Titel. Sie montierten ein Bild von Draxler, dem neuen Hoffnungsträger, auf einen Lastwagen und ließen das Fahrzeug sogar durch Dortmund rollen, die Stadt des Erzrivalen. Seht her, sollte die Angebernummer sagen: Ihr seid Meister, aber wir haben den Meisterspieler von morgen.

Der eigentliche Gewinner des Deals, das zeigte sich zweieinhalb Jahre später, war jedoch Roger Wittmanns Firma. Da schoss die Draxler-Aktie so richtig in die Höhe. Am letzten Tag der Transferperiode im August 2015 wechselte Draxler für rund 36 Millionen Euro zum VfL Wolfsburg. Etwa 5,4 Millionen Euro wanderten daraufhin auf das Rogon-Konto. Machte alles in allem rund sieben Millionen Euro für die Vertragsverlängerung eines 19-jährigen Spielers. Und für 28 Monate Spekulieren. Der ganz alltägliche Beraterwahnsinn.

Der Profifußball ist ein Milliardengeschäft, und einer seiner Auswüchse ist das Beraterbusiness. Für viele der Spieler sind die Vertragsverhandlungen zu anstrengend und die Vertragsdokumente zu kompliziert, oft fehlen ihnen auch die Kontakte, um sich bei anderen Vereinen anzubieten oder Sponsoren zu gewinnen. Berater können ihnen diese Aufgaben abnehmen, oftmals sind sie für die Kicker nicht nur Rundumversorger, sondern auch Kumpel und Vertraute – oder was 18-jährige Neumillionäre dafür halten. Sie kaufen ihren Spielern Villen, sie verwalten ihr Vermögen, sie antworten auch spät in der Nacht noch auf WhatsApp-Nachrichten. Je näher die Agenten dran sind an ihren Aktien, desto geringer die Chance, dass ein Konkurrent sie ihnen abjagt.

In den vergangenen fünf Jahren haben sich die Honorare der Agenten in Europa verdoppelt. Im deutschen und englischen Profifußball kassierten Spielerberater 2015 von den Klubs mehr als 370 Millionen Euro. Weltweit waren es geschätzt eine Milliarde Euro plus einer hohen Dunkelziffer, verteilt auf über 6400 Agenten. Die Beraterverträge im Football-Leaks-Datenschatz geben eine Übersicht darüber, wie kreativ, skrupellos, abgezockt die Agenten an ihre Provisionen kommen.

Ganz vorn mit dabei: die Agentur Rogon. Laut der Firmen-Homepage arbeiten dort fünf Manager, darunter Christian Rapp, Geschäftsführer einer Rogon-Filiale in Brasilien. Den Handel mit Talenten vom Zuckerhut bezeichnete Rapp gegenüber der »taz« als ein »Massaker von Hoffnungen«. Viele junge Spieler würden um einen Profivertrag konkurrieren, »aber nur ganz wenige kommen durch«. Dass ein Berater auch an einem noch so kleinen Talent kräftig mitverdienen kann, erwähnte Rapp hingegen nicht. Dabei könnte das System kaum einer besser beschreiben als er.

In den Football-Leaks-Daten findet sich ein Vertrag vom 28. April 2014, geschlossen zwischen Benfica Lissabon, dem portugiesischen Spitzenteam, und Rogon. Unterschrieben hat ihn Rapp. Es geht um den Stürmer Kevin Friesenbichler. Kevin wer?

Kevin Friesenbichler, damals 19, ein Stürmer aus Österreich, kickte 2014 in der Reservemannschaft von Bayern München, vierte Liga, die Gegner hießen TSV Buchbach oder Bayern Hof. Was wollte ein Champions-League-Teilnehmer wie Benfica mit so einem Spieler? Die naheliegende Antwort: nichts. Noch im selben Sommer verliehen die Portugiesen Friesenbichler an Lechia Danzig. In die Geschäfte des polnischen Klubs waren damals auch zwei enge Wittmann-Kumpel eingespannt.

Für die Vermittlung von Friesenbichler kassierte Rogon eine Million Euro von Benfica, natürlich netto. Zudem gewährten die Portugiesen der Agentur eine 50-prozentige Beteiligung an einer späteren Ablösesumme für Friesenbichler, abzüglich der bereits gezahlten Million. Zum Vergleich: Für die Vermittlung des brasilianischen Nationalspielers Luiz Gustavo von Bayern München zum VfL Wolfsburg erhielt Rogon 2013 ein Honorar von 1,2 Millionen Euro plus eine jährliche Provision bis zum Ende von Gustavos Fünfjahresvertrag, die zwischen 300 000 und 350 000 Euro lag. Ist ein brasilianischer Nationalspieler auf dem Höhepunkt seiner Karriere also etwa so viel wert wie ein bayerischer Viertligakicker? Ist Benfica Lissabon einfach nur blöd? Oder steckt hinter dem vielen Geld noch eine ganz andere Geschichte?

In der Fußballbranche geht keine Kontrollinstanz solchen Zahlungen nach. Bei Ablösesummen gibt es kein Limit, für die Beraterszene kein Kartellamt. Steuerfahnder und Ermittler kommen den komplizierten internationalen Deals nur selten auf die Schliche. Selbst die Fifa hat mittlerweile aufgegeben: Der Weltverband, der eigentlich den Fußball reglementieren soll, überlässt seit 2015 die Registrierung von Beratern den Nationalverbänden – die Kapitulation vor einer Branche, in der im Prinzip jeder mitmischen darf.

Je mehr Geld in den Fußball gepumpt wird – wie zuletzt in England, wo ein TV-Vertrag den Klubs weitere drei Milliarden Euro jährlich garantiert –, desto mehr Zocker fühlen sich von der Beraterbranche angezogen. Da die Vereine im Zweifel nahezu alles für einen guten Spieler tun, werden auch die Honorare der Agenten immer unglaublicher.

Und jetzt: Bühne frei für Volker Struth. Der Kölner gehört zu Deutschlands Beraterelite, seine Firma SportsTotal kümmert sich beispielsweise um die deutschen Nationalspieler Marco Reus und Benedikt Höwedes. Bis vor einigen Monaten war Struth auch Mario Götzes Agent, aber die beiden verkrachten sich. Götze wird mittlerweile von seinem Vater beraten.

Struth konnte das Ende dieser Geschäftsbeziehung verkraften. Der ehemalige Oberligafußballer, der vor seiner Zeit als Spielerberater Büromaterial verkaufte und sein erstes großes Geld mit Deutschland-Fähnchen für die Fußball-WM 2006 verdiente, macht weiter die Big Deals. Mitte Oktober 2016 waren zwei Millionen Euro für seine Agentur fällig. Absender: Real Madrid. Und diese Überweisung ist nur der Anfang, der erste Teil eines Honorars, das sich bis Oktober 2018 auf fünf Millionen Euro anhäufen wird.

Die Provision ist ein Dankeschön der Königlichen. Denn laut Vertrag hat Struth seinen Schützling Toni Kroos davon überzeugt, wesentlich höhere Angebote anderer Spitzenklubs auszuschlagen und sich bis 2022 dem aktuellen Champions-League-Sieger zu versprechen. Real Madrid erhöhte gleichzeitig das Jahresgrundgehalt von Toni Kroos von 10 909 091 auf 14 545 455 Euro. Ein Spieler wie Kroos ist für einen Berater wie ein Tor aus 30 Metern für einen Innenverteidiger: ein Glückstreffer. Kroos' Entwicklung geht seit Jahren dauerhaft nach oben, und so steigen seit Jahren auch die Summen, die sich mit ihm verdienen lassen.

Sind fünf Millionen Euro Beraterhonorar für eine Vertragsverlängerung angemessen? Marktüblich? Oder absurd? Klubs und Berater wollen den Eindruck erwecken, solche Summen gehörten zum Tagesgeschäft – als seien sie normal, weil sie inzwischen von jedem Verein akzeptiert werden. Die skurrilsten Beispiele dafür liefert Bayer Leverkusen. Der Klub ist im Umgang mit Spielerberatern ganz besonders gründlich und fordert von den Agenten eine Art Arbeitsnachweis. In den Football-Leaks-Dokumenten finden sich ein halbes Dutzend solcher Protokolle, mal heißen sie »Bestandteil Zahlungsvereinbarung«, mal »Vermittlungsprotokoll«. Es gibt vierspaltige Tabellen, in denen die Spielerberater das Datum, das Thema, die Art und das Ergebnis ihrer Verhandlungsgespräche mit dem Verein oder Spieler notieren sollen.

Señor Eduardo Hernández Applebaum, dessen Agentur in St. Antonio, Texas, sitzt, füllte das Protokoll sehr sorgfältig aus. Der Berater von Javier Hernández Balcázar, besser bekannt als Chicharito, die kleine Erbse, führte detailliert auf, was er unternommen hatte, um den mexikanischen Stürmer von Manchester United zu Bayer Leverkusen zu transferieren: Neun Telefonate, zwei E-Mails und sieben persönliche Treffen mit dem Spieler und den Verantwortlichen der beiden Vereine stehen in Applebaums Arbeitsnachweis. Sollte Chicharito auch noch in der Saison 2017 / 2018 für Bayer spielen, bekäme Applebaums Agentur für diese Bemühungen ein Honorar von insgesamt 1,5 Millionen Euro. Nicht schlecht für elf Tage Einsatz.

Die Leverkusener Beraterprotokolle zeigen auch, dass Agenten vor niemandem haltmachen, auch nicht vor dem Bundestrainer. Joachim Löw hatte vor der Weltmeisterschaft 2014 Spielerberatern den Zugang zum Mannschaftsquartier Campo Bahia verboten. Die WM-Teilnehmer sollten sich auf das Turnier konzentrieren.

Mittelfeldspieler Christoph Kramer und sein Agent René vom Bruch fanden einen einfachen Weg, diese Kontaktsperre zu umgehen. Laut einem »Vermittlungsprotokoll« vom 15. Oktober 2014 trafen sie sich »persönlich neben dem Campo Bahia«. Vom

Bruch schrieb ins Protokoll, er habe mit Kramer »die sportliche Situation sowie die Vertrags-Situation« besprochen und den Spieler darüber informiert, dass Leverkusen an einer vorzeitigen Vertragsverlängerung interessiert sei. Kramer war damals an Borussia Mönchengladbach ausgeliehen. Als Ergebnis des Treffens notierte vom Bruch: Kramer »wird sich darüber Gedanken machen«.

Dass das Treffen drei Tage vor dem Achtelfinalspiel gegen Algerien stattfand, schien den Berater nicht weiter zu stören. Geschäft ist Geschäft. Und für einen Nationalspieler gibt's nun einmal die höchste Rendite.

Der Leverkusener Außenstürmer Karim Bellarabi absolvierte im Oktober 2014 sein erstes Länderspiel, vier Monate später verlängerte er seinen Vertrag. Konstantin Liolios, Bellarabis Berater, listete in seinem Arbeitsnachweis elf Telefonate, zwei Mails, einen Brief und neun persönliche Treffen auf, von denen zwei jedoch keine wirklichen Arbeitstreffen waren: Einmal fuhr er nach Leverkusen, um seine Unterschrift unter den eigenen Vertrag mit Bayer zu setzen, einmal war er da, als Bellarabi den Spielervertrag unterschrieb. Der Werksklub überwies Liolios' Agentur KL Sportsbase dafür 3,5 Millionen Euro zuzüglich gesetzlicher Umsatzsteuer, 247 500 Euro für die restliche Saison 2014 / 2015 sowie 495 000 Euro für jede weitere Spielzeit, die Bellarabi für Leverkusen auflaufen wird – der Spieler verlängerte bis zum 30. Juni 2020. Die Berateragentur bekommt zudem 15 Prozent des Bruttogrundgehalts und der Prämien ihres Spielers. Ein Irrsinnshonorar.

Es geht aber noch irrer. Das ganz große Geld für Berater fließt bei Transfers wie jenem von Gareth Bale, der im Spätsommer 2013 von Tottenham Hotspur für eine Rekordablösesumme zu Real Madrid wechselte. Florentino Pérez, der Präsident der Königlichen, hatte die Verpflichtung des walisischen Topstürmers zum Transfer des Jahres erkoren, dementsprechend groß war seine Zahlungsbereitschaft. Bales Wechsel kostete

Real schließlich 101 Millionen Euro, was, wie bereits beschrieben, geheim bleiben musste, damit Cristiano Ronaldo, bis dato Rekordtransfer des Klubs, nicht beleidigt war. Für Bales Agenten blieben 16 373 000 Euro, die ihnen bis zum 15. September 2015 in drei Raten überwiesen werden mussten.

Weder die Vereine noch die Berater, über die bis hierher berichtet wurde, äußerten sich zu den genannten Deals. Viele ließen die Anfragen unbeantwortet, andere verwiesen auf die Vertraulichkeit, zu der sie vertraglich verpflichtet seien.

Wo Menschen so schnell zu so viel Geld kommen können, herrscht ein rauer Umgang: Verleumdung von Konkurrenten, üble Nachrede und auch das Streuen haltloser Gerüchte gehören zum Handwerkszeug. Es gibt Fehden unter Spielervermittlern, die das Niveau von Schulhofprügeleien haben – meistens geht es um den Vorwurf der Bereicherung.

Dem Schweizer Berater Giacomo Petralito halten viele Kollegen vor, seit Jahren auffällig oft mit Klaus Allofs zu paktieren, dem früheren Sportchef von Werder Bremen und Ex-Geschäftsführer des VfL Wolfsburg. Petralitos Ruf ist, gelinde gesagt, stark ramponiert, und Allofs wird unterstellt, er habe seinem Langzeitvertrauten unnötige Vermittlungsaufträge zugeschanzt. Petralito verwahrt sich gegen diese Vorwürfe, Allofs ebenso. Trotzdem hatte der VfL-Aufsichtsrat Allofs im Spätjahr 2016 untersagt, den Agenten aus der Schweiz einzuschalten.

In den Unterlagen von Football Leaks taucht nun ein Vertrag auf, der Zweifel an Allofs' Geschäftsgebaren nährt. Das Papier stammt vom 27. Oktober 2009, als Allofs noch Sportdirektor bei Werder Bremen war. In dem zweiseitigen und auf Englisch verfassten Agreement, das auch Allofs unterzeichnet hat, geht es um maximal 600 000 Euro, die die Berater des brasilianischen Profis Naldo für dessen Vertragsverlängerung erhalten sollten. Warum eigentlich »die Berater«?

Naldo war im Sommer 2005 nach Bremen gewechselt, sein Agent war sein Landsmann Paulo Fernando Tonietto. Als Naldo im Juli 2012 schließlich zum VfL Wolfsburg ging, war nur der Berater aus Brasilien eingeschaltet. In dem »Agreement of fees« zu Naldos Vertragsverlängerung im Jahr 2009 tauchen jedoch zwei weitere Vermittler auf, die zu dem Deal beigetragen haben sollen: ein Serbe und ein Montenegriner, laut dem Dokument beide »lizenzierte Berater«. Noch seltsamer ist, dass deren Firma Tumod Ventures Ltd ihren Sitz in Road Town hat, dem Hauptort von Tortola, British Virgin Islands, ohne Adresse, nur mit einem Briefkasten: »Trident Chambers – PO box 146«.

Warum unterschrieb Klaus Allofs so ein Papier? In wessen Taschen landeten die 450 000 Euro, die der Deal laut Vertrag Werder Bremen am Ende kostete, tatsächlich? Gab es womöglich Kickbacks? Allofs selbst äußerte sich dazu nicht. Werder Bremen, mit dem Sachverhalt konfrontiert, hatte Mühe mit der Rekonstruktion der Vorgänge und bat nach zwei Tagen um »Verständnis, dass eine entsprechende Recherche im Haus ebenfalls etwas Zeit benötigt«. Tags darauf hieß es: kein Kommentar. Naldos Agent Tonietto antwortete, einer der beiden Berater sei damals auf seinen Wunsch hin zwischengeschaltet worden – wegen dessen »bemerkenswerter Expertise«. Bei ihm persönlich, so Tonietto, sei beim Versteuern alles korrekt verlaufen. Zu seinen »gelegentlichen Partnern«, den Agenten vom Balkan mit der Firma auf den British Virgin Islands, könne er natürlich nichts sagen.

Hunderte Dokumente aus dem Bestand von Football Leaks belegen: Wer mit Spielervermittlern paktiert, die als Adresse »Trident Chambers – PO box 146« in Road Town auf der Insel Tortola angeben, lässt sich ganz leicht mit der Unterwelt des Fußballs ein. Denn genau dort, wo Klaus Allofs' Vertragspartner ihre Beraterfirma angemeldet hatten, führt auch die Agentur Paros Consulting Limited ihren Briefkasten – eine Dunkelkammer in der globalisierten Fußballwelt.

Paros Consulting hat sich auf die Vermittlung südamerikanischer Fußballprofis spezialisiert, sie vertrat oder vertritt Stars wie James Rodríguez von Real Madrid, Gonzalo Higuaín von Juventus Turin, Ángel Di María von Paris Saint-Germain. Der Name der Firma taucht allerdings in keinem Beratervertrag mit einem Klub auf. An ihrer Stelle unterzeichnen Spielervermittler aus Europa, denen Paros in Geheimverträgen das Verhandlungsrecht übertragen hat.

Die Paros-Strohmänner, größtenteils aus den Niederlanden, arbeiten auf eigenen Namen und eigene Rechnung. Das üppige Beraterhonorar, das die Klubs nach Vertragsunterzeichnung zahlen, fließt zunächst an diese Strohmänner. Erst danach teilen sich die Komplizen die Beute auf. Einen mickrigen Anteil, der je nach schriftlicher Vereinbarung mit der Paros Consulting zwischen fünf und 7,5 Prozent liegt, behalten die Strohmänner in Holland für sich. Die restlichen gut 90 Prozent überweisen sie auf ein Konto der Paros Consulting in Europa. Eine der Paros-Hausbanken sitzt in London, eine zweite in Lissabon, eine dritte im Fürstentum Liechtenstein: die Volksbank im Örtchen Schaan.

Was dann mit den Millionen passiert, die so Jahr für Jahr aus dem internationalen Fußballbusiness abgezweigt werden und in den Kassen der Paros Consulting landen, ist unklar: Verdunkelung und Intransparenz sind das Geschäftsprinzip dieser Unternehmen. Klar ist nur: Es ist der perfekte Weg, um aus Brutto möglichst viel Netto zu machen. Die Paros-Handlanger in den Niederlanden geben gegenüber den Finanzbehörden allenfalls ihre einstellige Kommission als Umsatz an. Geschenkt. Die über 90 Prozent der Beraterhonorare, die sie weitergeleitet haben, landen offenbar unversteuert auf den Paros-Consulting-Konten in Europa.

Als Schlüsselfiguren der Paros Consulting Ltd, das ergibt sich aus den Dokumenten, treten mehrere südamerikanische Geschäftsmänner in Erscheinung. Einer ist offenbar der Spielervermittler Marcelo Simonian. Der Argentinier, der mit seiner Agentur Dodici in Buenos Aires sitzt, ist eine große Nummer in der Fußballszene seines Heimatlandes. Ein anderer Paros-Akteur ist Omar Walter Crocitta, ebenfalls Argentinier. Der frühere Profifußballer, der für Paros als Bevollmächtigter auftritt und als Anwalt unterschreibt, taucht in den Unterlagen auch als einziger Inhaber der in Panama ansässigen Agentur Merham Limited auf. Diese Firma operierte mit denselben niederländischen Strohmännern.

Bei ihren Deals achtet die Paros-Connection penibel auf Geheimhaltung, interne Mails kursieren fast nur verschlüsselt. Doch nun ist das Netzwerk enttarnt. Detailliert lässt sich mit den Football-Leaks-Daten nachzeichnen, mit welchen Handlangern die Firma an ihre Millionen kam.

Holländische Strohmänner Wie Beraterhonorare verschoben werden

Beispielhaft dafür steht der Fall des kolumbianischen Nationalspielers James Rodríguez, der 2014 bei der Fußball-WM in Brasilien Torschützenkönig wurde und seither bei Real Madrid spielt. Im Jahr zuvor war Rodríguez für 45 Millionen Euro vom FC Porto zum AS Monaco verkauft worden. Damals hielt offiziell die holländische Spielerberateragentur Orel B.V. zehn Prozent an seinen Transferrechten. Doch Orel war nur die Fassade bei dem Deal, die wahren Besitzer an den zehn Prozent saßen auf den British Virgin Islands. Das zeigte sich wenige Monate nach dem Rodríguez-Transfer, als die Paros Consulting ihren Anteil verlangte. Da stellte die Offshore-Firma eine Rechnung über 4 121 185,13 Euro an Orel, zahlbar auf ein Paros-Konto bei der Volksbank in Liechtenstein. Zahlungszweck: »Transaction Porto Futebol Club – Orel B.V. connected to the football player J. Rodríguez«.

Einer der Bosse von Orel ist der Spielerberater Martijn Odems, er hat eine Lizenz des Königlich Niederländischen Fußballbundes. Orel sprang häufig ein, wenn die Paros Consulting für ihre Deals in Europa willige Helfer brauchte: etwa beim Wechsel des argentinischen Mittelfeldspielers Ricardo Álvarez 2011 zu Inter Mailand, beim Wechsel des argentinischen Profis Fabián Rinaudo 2014 zu Catania Calcio oder beim Wechsel des argentinischen Profis Ezequiel Ponce 2015 zum AS Rom. Knapp zwei Millionen Euro flossen dabei über Orel an die Paros Consulting.

Odems fungierte zeitweise auch als Geschäftsführer einer Firma namens Kunse International N.V., die im selben Gebäude, ja sogar im selben Stockwerk saß wie seine Agentur Orel. Diese Firma Kunse diente bei einem weiteren Großgeschäft als Fassade. Es ging um den argentinischen Nationalspieler Ángel Di María, einen Superstar, der bei der WM in Brasilien neben Lionel Messi der wichtigste Mann im Team war.

Kunse schloss am 18. August 2014 einen Vertrag mit Paros. Dabei erhielt Kunse das Recht, Di María von Real Madrid zu Manchester United zu transferieren – für eine 7,5-Prozent-Beteiligung am Beraterhonorar. Einige Tage später war der Wechsel perfekt. Manchester überwies am 31. Oktober 2014 zwei Millionen Euro nach Holland an Kunse. Die Strohmänner behielten 150 000 Euro ein. Die restlichen 1,85 Millionen für die Di-María-Vermittlung flossen lautlos weiter auf ein Konto der Paros Consulting bei der Bank Leumi in London.

Die argentinisch-niederländische Connection funktioniert seit Jahren wie eine gut geölte Gelddruckmaschine, die südamerikanischen Drahtzieher halten sich laut den Football-Leaks-

Dokumenten in und um Amsterdam ein halbes Dutzend Spielerberateragenturen als Fassade. Einer dieser Strohmänner war Marco Termes, ein Schriftsteller, der in der Nähe von Amsterdam lebt. Er hat acht Romane verfasst sowie Kurzgeschichten, drei Gedichtbände und Tausende Aphorismen.

Ende 2008, als es mit dem Schreiben nicht so richtig lief, wechselte Termes die Branche. Ein Freund hatte ihn angesprochen. Termes nannte sich nun Direktor zweier Fußballberatungsagenturen, eine war an seiner Privatadresse registriert, einer Sozialwohnung. Es waren Scheinfirmen. In Wahrheit wurde Termes nur auf Anweisung eines Trusts tätig. Dann flog er, ausgestattet mit Verträgen südamerikanischer Spieler, nach Südeuropa, ließ die Dokumente von Klubbossen gegenzeichnen – und machte sich wieder auf den Weg nach Holland.

Die prominenten Profis, die Termes angeblich vertrat, hat er kaum gesehen. Ende 2013 stieg der Literat aus der bizarren Parallelwelt wieder aus. »Ich war ein Goldfisch in einem Becken voller Piranhas«, sagte Termes der holländischen Zeitung »NRC Handelsblad«, die zum EIC-Recherchenetzwerk gehört und die ihn aufspürte. Konkrete Namen und Summen nannte er allerdings nicht – die seien »vertraulich«, und er habe sowieso schon »viel zu viel gesagt«.

Keine der niederländischen Firmen, die laut den Dokumenten von Football Leaks mit Paros Consulting Dreiecksgeschäfte mutmaßlich vorbei an europäischen Steuerbehörden macht, äußerte sich zu diesen Vorwürfen. Auch Martijn Odems, der Geschäftsführer von Orel B.V. und laut den Unterlagen einer der aktivsten Strohmänner, lehnte eine Stellungnahme ab. Von dem Argentinier Omar Walter Crocitta, der für Paros als Bevollmächtigter auftritt und dem der SPIEGEL vor seinem Privathaus in der Provinz Buenos Aires einen umfangreichen Fragenkatalog zu den Geldströmen überreichen ließ, kam ebenfalls keine Antwort.

Nur Marcelo Simonian reagierte. Der Mann, der in Dutzenden verschlüsselten Mails in den Football-Leaks-Daten als einer der Drahtzieher bei den Deals mit Paros Consulting in Erscheinung tritt. Paros? Nie gehört, behauptet er. Ihn in Zusammenhang mit dem Verdacht der Steuerhinterziehung und mit dieser Firma auf den British Virgin Islands zu bringen sei »ein Skandal«, sagte er am Telefon. Und Orel? Auch noch nie gehört. »Ich bin der größte Steuerzahler der argentinischen Fußballwelt«, beteuerte Simonian, »ich zahle alle meine Steuern. Zahlen Sie für diesen Anruf? Ich bin sehr arm, weil ich all diese Steuern zahlen muss!«

Das Strohmannprinzip, mit dem die Paros Consulting auf ihren europäischen Konten Dutzende Beratermillionen steuerfrei einheimst, läuft auch deshalb bislang so reibungslos, weil die Vereine das Spiel mitspielen. Womöglich ist den Klubs nichts vorzuwerfen, sie haben ihre Honorare an holländische Agenten überwiesen, die bei den Verhandlungen am Tisch saßen – und an Bankkonten in den Niederlanden ist erst einmal nichts Unrechtes. Doch eine Ahnung, dass das Geld schließlich in Offshore-Finanzplätzen landet, haben manche Vereine schon. Das geht aus einer Mail hervor, die der Generaldirektor des FC Sevilla im Oktober 2014 an den Vereinsjuristen richtete.

Dem Klub war über holländische Strohmänner einer Offshore-Firma ein Spieler angeboten worden. Der Klubboss schrieb: »Die Sache schmeckt mir gar nicht.« Denn die Firma, die hinter den Holländern stehe, residiere »in einem Steuerparadies«. Er befürchtete unangenehme Nachfragen, die die spanischen Steuerbehörden wegen des Verdachts der Geldwäsche stellen könnten, sollten sie die Zahlungswege nachverfolgen.

Dem Anwalt der Strohmänner antwortete der Klubjurist schließlich, der FC Sevilla fühle sich »weder behaglich dabei, noch können wir die Zahlung einer holländischen Firma an eine Gesellschaft in Länder ohne steuerliche Transparenz akzeptieren«. Es ist eines der wenigen Dokumente des Anstands – in Tausenden Dokumenten der Gier.

FEIERN UND FRAGEN

Während John ausschläft, sitze ich völlig übermüdet in unserer 9-Uhr-15-Uhr-Konferenz. Ich erzähle den Kollegen von unseren neuen Funden, den vielen Mails, den dubiosen Steuerpraktiken der Spielerberater, den unzähligen Millionen, die einmal um den Globus wandern.

Mittlerweile haben wir das Gefühl, dass egal welches Thema wir uns herauspicken, welchen Transfer oder welches Geschäft wir uns näher anschauen, wir am Ende immer auf mindestens einen Interessenkonflikt, auf ein Compliance-Problem oder schlicht auf eine kriminelle Handlung stoßen. Solange alle von dieser Günstlingswirtschaft profitieren, gibt es natürlich auch niemanden, der sie bloßstellt. Bis John einen Weg gefunden hat, der Branche ihre Geheimnisse zu entreißen.

Am zweiten Tag seines Hamburg-Aufenthalts treffe ich John abends im Gröninger, einem rustikalen Restaurant in der Nähe des SPIEGEL-Hauses. John will deutsche Küche probieren, und wie für viele Touristen bedeutet deutsche Küche für ihn: bayerisches Essen. Außerdem ist heute Freitag, er will danach den Kiez sehen, die Reeperbahn, das volle Brett. Wir bestellen eine riesige Platte mit Würsten, Kassler, Leberkäse und Sauerkraut. John macht Fotos. Dazu gibt es Bier in Maßkrügen. Überall um uns herum sitzen Asiaten, sturzbetrunken, und grölen herum.

»Du hast mich gestern doch gefragt, wo ich mich später einmal sehe. Ganz ehrlich: Ist mir eigentlich egal. Das hier ist die beste Zeit meines Lebens. Ich habe mich noch nie so lebendig gefühlt, noch nie so viel erlebt wie jetzt. Das kann mir niemand mehr nehmen«, sagt John und prostet mir mit der Maß zu. Ein Asiate rutscht neben ihm vom Stuhl, John hilft ihm hoch. Beide reden miteinander, allerdings in zwei unterschiedlichen Sprachen. Zum Schluss umarmen sie sich. Dieser Kerl findet wirklich überall nach kürzester Zeit Abendsabschnittsgefährten, man glaubt ihm, dass er sein Leben in vollen Zügen genießt. Wir trinken, essen, trinken, essen und torkeln am Ende aus dem Lokal. »Ich sag' dir gleich mal eins: Wenn ihr den Job hier gut macht, wenn Football Leaks so einschlägt, wie wir uns das erhoffen, dann kriegt ihr weiteres Material. Wir haben noch so viel mehr«, sagt John. Ist er betrunken oder meint er das ernst?

»John, hör' mir mal zu: Wenn ihr noch Zeug habt, das uns bei der Recherche helfen könnte, dann müsst ihr uns das jetzt geben. Sonst haben wir vielleicht blinde Flecken, verstehen manche Zusammenhänge nicht abschließend oder übersehen die Tragweite von bestimmten Themen, weil wir nicht alles darüber wissen«, sage ich. Ich bin nervös und werde gerade zur Partybremse. Sollten die Daten unvollständig sein, können wir die Geschichten nicht vollständig recherchieren, die Leser nicht umfassend informieren – und würden es der Gegenseite leicht machen, uns mit juristischen Schritten zu drohen.

»Bleib mal locker, alles easy«, sagt John. »Zu den Themen, die ihr bearbeitet, habt ihr alles. Aber es gibt noch so viele andere Spieler, Berater, Funktionäre, Vereine, die kriminell sind. Du hast doch keinen Schimmer.«

John hat noch eine Fähigkeit, die ich sehr faszinierend finde: Auch nach vier Litern Bier wird er schlagartig nüchtern, sobald es um sein Projekt geht. Dann merkt man ihm weder den Alkohol an, noch wird er leichtsinnig oder gerät ins Plaudern. Ich beruhige mich etwas. Wir fahren mit dem Taxi auf den Kiez.

Mit weit aufgerissenen Augen bleibt John gegenüber der Davidwache stehen. Er schaut nach links und rechts, sein Mund ist leicht geöffnet, er sieht aus wie ein Kind im Spielzeuggeschäft. »Das sieht gar nicht aus wie Deutschland«, sagt er. Dazu muss man wissen: Er ist das erste Mal in Deutschland. Eine Prostituierte winkt ihm zu, er versucht, auf sie zuzugehen, doch ich erkläre ihm, dass jeder weitere Schritt kostenpflichtig ist und er sich lieber beruhigen soll. »Und ich dachte: ›Wow, kaum aus dem Taxi raus, und schon werde ich hier angegraben.‹ Aber Prostitution ist nichts für mich, das ist nicht mein Fall«, sagt John. Er winkt der Dame zum Abschied zu.

Wir gehen zur Eingewöhnung in den Silbersack. Alte Kneipe, urig, Traditionshaus. Zwei Astra, zwei Kurze, ’n bisschen Schnacken am Tresen. John versucht mit der Barfrau, einer Endzwanzigerin mit komplett tätowiertem Dekolleté, ins Gespräch zu kommen. Er fragt sie, was da auf ihren Brüsten steht. Subtil ist etwas anderes, aber hey, er hat Erfolg damit. Sie beugt sich rüber, lässt ihn gucken, er guckt sehr intensiv, neben uns sagt ein Typ: »Darf ich auch?« Willkommen auf der Reeperbahn. Das Niveau wird im Laufe des Abends nicht besser.

Doch John hat sichtlich Spaß. Wir verabschieden uns von Kassandra, deren Brusttattoos »emotionale Landkarten und Augen meiner Seele« sein sollen. Ich habe in den folgenden Wochen lange darüber nachgedacht und bis heute keine Ahnung, was sie gemeint haben könnte. John sagt, er möge Menschen, über die man eine Weile nachdenken müsse.

Manchmal wirkt er prollig, aber er ist ein reflektierter, ein sensibler und aufmerksamer Mensch. Einer, der die Partynächte dazu nutzt, sein Bedürfnis nach Abenteuern zu stillen. Um Fremde kennenzulernen und neue Perspektiven auf das Leben auszuloten. Er ist auf der Suche, ohne genau zu wissen, was er finden will. Je mehr Zeit wir miteinander verbringen, desto mehr fällt mir auf, dass John gerne mit Menschen spielt. Mit seiner Eloquenz, seiner Empathie, seiner Intelligenz bringt er Gesprächspartner dazu, sich zu öffnen, sich ihm anzuvertrauen. Er scheint es zu genießen, wenn Menschen ihn in ihr Innerstes schauen lassen. Interessant ist, dass er dabei kaum etwas über seine eigene Gefühlswelt oder Biographie verrät.

Wir ziehen weiter. Große Freiheit, Ritze, Herbertstraße, die John »echt too much« findet. Danach klappern wir die kleinen, lustigeren Bars ab: Rosi's, Clochard, Cobra, viel rund um den Hamburger Berg, später auch das Jolly Roger, die Stammkneipe der FC-St.-Pauli-Fans. Wir kickern und tanzen, feiern bis zum Sonnenaufgang. Ich bin völlig fertig.

Wir stehen vor dem Hotel, noch eine letzte Zigarette, John sagt:»Mir sind solche Nächte wichtig. Wenn du betrunken bist, kann ich sehen, ob ich dir vertrauen darf.«

»Zweifelst du daran?«, frage ich.

»Jeden Tag«, sagt John. »Aber ich sehe auch, wie hart, wie genau ihr arbeitet. Wie verschwiegen du bist, wie sehr du aufpasst, dass ich mich nicht unnötig in Schwierigkeiten bringe. Das macht es leichter für mich.«

HELD ODER ERPRESSER?

Da sitzt er also: der Mann, hinter dem alle her sind, die Polizei, die Detektive. Der Mann, der gejagt wird von den größten Klubs, den mächtigsten Spielerberatern. Der Mann, der ständig flüchten muss, weil ihn so viele fürchten müssen, aus Angst um ihr Geld und ihre Geheimnisse. Da sitzt er, einfach so, als Fan, auf der Haupttribüne des Hamburger Volksparkstadions.

John hält in der rechten Hand seinen fünften Becher Bier, auf dem Spielfeld geht der Hamburger SV gerade mal wieder so richtig unter, die Gästefans singen: »Zweite Liga, Hamburg ist dabei!« John lacht. Die Tickets haben 75 Euro pro Stück gekostet, Haupttribüne, ziemlich nah am Spielfeld. Abartig teuer. John wirkt hier wie ein ganz normaler Fan. Er hat zu »Hamburg, meine Perle« geschunkelt, bei jedem Gegentor des HSV gelitten. Ich lerne von ihm: Wenn man als Neutraler ins Stadion geht, muss man immer zur Heimmannschaft halten, weil man ja Gast in der Stadt ist.

Als das Spiel zu Ende ist, pfeifen die Fans des HSV ihre Mannschaft aus. John steht auf, nimmt noch einen Schluck

Bier. Genug amüsiert. Es ist Zeit, wieder an die Arbeit zu gehen. Wir fahren zurück in die Redaktion. John setzt sich an einen Arbeitsplatz im Datenraum, vor ihm steht ein Computer mit zwei Bildschirmen, neben ihm ein weiterer Laptop. Er will mir in den Dokumenten noch etwas zu einer maltesischen Firma zeigen, und ihm ist auch noch eine Sache zu einem Spielerberater und dessen Steuersparmodellen eingefallen. Dokumente sausen über die Bildschirme, John wippt mit den Beinen, seine Pupillen hüpfen hoch, runter, hoch, runter, er sieht jetzt nichts mehr um sich herum, nur noch die Namen, Zahlen, Adressen im Datendschungel.

Es ist unser letzter gemeinsamer Abend in Hamburg. Bisher habe ich es vermieden, aber mir bleibt nichts anderes übrig: Ich muss ihn mit den Erpressungsvorwürfen konfrontieren, die wir in den Daten gefunden und mit dem EIC-Team in Lissabon besprochen haben. Mittlerweile habe ich mir die betreffenden Mails noch einmal genau angesehen und, ehrlicherweise, es sieht nicht sonderlich gut aus für ihn. Kein angenehmes Thema.

Die Geschichte liegt nun schon fast ein Jahr zurück. Wenige Tage nachdem die Football-Leaks-Homepage online ging und die ersten Verträge über die Geschäfte der Firma Doyen veröffentlicht hatte, erstattete der Sportvermarkter Anzeige bei der Lissabonner Polizei. Das geht aus einem Mailwechsel in den Daten hervor. Aber dabei blieb es nicht. Mehrere Firmen wurden auf Football Leaks angesetzt: IT-Spezialisten, renommierte Anwaltskanzleien, Detektive. Echte Profis, hart und rücksichtslos, wenn es darum geht, ihre Ziele zu erreichen. Einer der Krisenmanager war Firmenchef bei einem zwielichtigen russischen Oligarchen. Einer der Detektive ist Absolvent der Militärakademie des Vereinigten Königreichs und war im Irak und in Afghanistan im Einsatz. Sie setzten die Betreiber der Football-Leaks-Homepage über Wochen und Monate hinweg unter Druck. Den Enthüllern wurde danach mehrfach die Seite abgeschaltet.

All das hatte John über Wochen erzählt. Es war die Zeit, in der er vor lauter Panik nahezu den Verstand verlor. Ich war mir damals nie wirklich sicher, ob er nicht vielleicht doch ein wenig übertriebe. Aber er hatte Recht, seine Sorgen waren begründet. Worüber er aber nie gesprochen hat, ist die andere, die dunkle Seite von Football Leaks. Es gibt Mails, aus denen wir sie nun rekonstruieren.

Sie beginnt am 3. Oktober 2015, nur fünf Tage nachdem das Projekt online ging. Nélio Lucas, der Sportchef des Fußballvermarkters Doyen, ein junger, smarter, moralisch flexibler Portugiese, bekommt eine Mail. Absender: ein gewisser Artem Lobuzov. Die Mailadresse kann ein Pseudonym sein. Klar ist lediglich, dass sie bei Yandex aufgesetzt wurde, einem russischen Provider, den auch Football Leaks nutzt.

Dieser Lobuzov beschreibt in seiner Mail, welche Dokumente ihm vorlägen: teils unappetitliches Zeug, Fotos, Kurznachrichten, Mails. »All das könnte bald online gehen und wird danach in der europäischen Presse landen«, schreibt Lobuzov. »Du wärst bestimmt unglücklich, wenn das passieren würde, oder? Aber wir können sprechen …«

Nélio Lucas ahnt wohl, was da auf ihn und Doyen zurollen könnte. Machtmenschen wie Lucas sind es nicht gewohnt, dass man sie unter Druck setzt. Sie wollen die Kontrolle behalten, ihre Geheimnisse, ihr Herrschaftswissen. Und so macht Lucas das, was er kann: Er will mit dem Fremden dealen. Lobuzov steigt darauf ein und antwortet am 5. Oktober 2015: Für eine Summe zwischen 500 000 und einer Million Euro könne er sich vorstellen, mit Lucas ins Geschäft zu kommen, »und die Infos, die ich habe, werden eliminiert«. Lobuzov schlägt vor, dass »wir das einfach und sicher lösen, am besten zwischen unseren Anwälten«.

Lobuzovs Anwalt heißt Aníbal Pinto, er soll nun die weiteren Gespräche führen. Pinto kommt aus Porto, eine eher kleine Nummer, kein portugiesischer Starjurist. Und dieser Nobody soll jetzt mit den Großen der Fußballbranche verhandeln.

Ende Oktober soll es zum Treffen zwischen Lucas, dessen Anwalt und Pinto an einer Tankstelle in Lissabon gekommen sein. Lucas soll Pinto bei dem Treffen einen Vorschlag unterbreitet haben, so schreibt es ein Doyen-Manager in einer Mail: Lobuzov sollte demnach angeblich 300 000 Euro erhalten, damit die Leaks aufhören. Die Geschichte vom Treffen zwischen Lucas, seinem Anwalt und Pinto lässt sich aus den Mails des Datenschatzes weiter rekonstruieren: Die drei Männer vertagen sich nach ihrem Meeting, es werden zwei weitere Wochen vergehen, bis Lucas erfährt, was Lobuzov von seinem Vorschlag hält. Wer aber ist Lobuzov? Einer von Johns Mitstreitern? Kennt John ihn persönlich? Oder ist es vielleicht sogar John selbst? Sollte sein Projekt gar nicht der öffentlichen Aufklärung dienen, sondern zunächst einmal nur seinem Konto?

John schnaubt, er sitzt jetzt seit fast fünf Stunden mit mir im Datenraum. Seine Wangen sind gerötet, er reibt sich immer wieder die Augen. Seine Schuhe hat er mittlerweile ausgezogen, eine seiner Socken hat an der Ferse ein großes Loch. Man kann sehen, dass den sonst so coolen Online-Enthüller dieses Thema enorm nervt. Bevor er antwortet, starrt er minutenlang auf den Bildschirm vor sich, kratzt sich zwischendurch mehrfach den Bart:»Wir haben immer gesagt, dass wir keine Hacker sind. Wir haben ein sehr gutes Netzwerk, und unsere Quellen liefern uns die Daten. Die Vorwürfe, dass wir jemanden erpresst hätten, sind total lächerlich. Es sind Anschuldigungen, die von einer kriminellen Vereinigung, einer echten Mafia-Organisation, kommen. Nichts anderes ist Doyen für uns.« Mehr gebe es für ihn dazu nicht zu sagen. Punkt.

Eine Anmerkung ist an dieser Stelle nicht unerheblich: John hat niemals Geld vom EIC für seine Daten erhalten.

Wir konfrontieren später auch Doyen mit der Erpressungsstory. Ein Sprecher reagiert ziemlich ungehalten und teilt mit, dass»die Informationen total falsch und manipuliert« seien, dass die Agentur sich gegen die Veröffentlichungen juristisch zur Wehr setzen werde. Welche der Fragen auf manipulierte Dokumente hindeuten sollen? Das führt der Sprecher nicht aus. Auch Monate später wird diese Passage von den Doyen-Anwälten nicht angemahnt werden.

Wir haben auch die anderen Beteiligten gefragt, wie sie diesen Erpressungsversuch in Erinnerung haben: Aníbal Pinto erklärt, er habe Lobuzov nicht geholfen, Lucas zu erpressen. Er sei lediglich als Mittelsmann beauftragt worden, um einen Deal mit einem anderen Anwalt abzuschließen. Als er beim ersten Treffen aber gemerkt habe, dass es bei diesem Geschäft um eine mögliche Erpressung gehe, habe er die Verhandlungen beendet. Er habe, so Pinto, seinen Mandanten anschließend über die rechtlichen Folgen aufgeklärt und ihm geraten, diesen Erpressungsversuch freiwillig zu beenden. Lobuzov lässt die Anfrage unbeantwortet.

Was sollen wir nun glauben? Für Journalisten bedeutet der Austausch mit Whistleblowern wie John fast immer, sich auch selbst infrage zu stellen: Hat das Datenmaterial eine solche Relevanz, dass die persönlichen Motive, die Biographie, möglicherweise selbst die kriminelle Vergangenheit einer Quelle in den Hintergrund treten dürfen? Zeigen die Unterlagen einen Missstand auf, der sonst im Verborgenen bliebe? Whistleblower werden zu Whistleblowern, weil sie bereit sind, über Grenzen zu gehen; manchmal sind es Grenzen des Anstands und der Moral, manchmal auch die des Gesetzbuches. Das macht sie, auch mit ihren Charakterschwächen, oft zu Helden, selten zu Heiligen.

Wir werden uns später dazu entscheiden, auch ohne endgültige Klärung dieses Vorfalls die Geschichten aus dem Datensatz zu veröffentlichen. Das Material ist echt, und die Inhalte der Daten haben eine hohe Relevanz, sind erzählenswert. Sie entlarven eine Fußballbranche, die die Kontrolle über sich verloren hat. Das muss die Öffentlichkeit erfahren, es ist unsere Aufgabe, für eine solche Aufklärung zu sorgen.

Ein weiterer Grund, warum wir das Material nun publizieren: Der Versuch von Artem Lobuzov, diesem großen Unbekannten mit den unappetitlichen Dokumenten, mit dem Doyen-Vertreter Lucas ins Geschäft zu kommen, endete im Nichts. Es floss kein Geld, Lobuzov lehnte das Angebot ab. Die Gründe dafür sind nicht ganz klar. Möglicherweise bekam Lobuzov kalte Füße, oder es kam zu einem Zerwürfnis mit seinem Anwalt Pinto. Vorstellbar. Am wahrscheinlichsten ist aber eine andere Erklärung, ebenfalls zu finden in einem Mailverkehr in den Daten von Football Leaks: Die Polizei hörte bei dem Treffen zwischen Lucas, seinem Anwalt und Pinto nicht nur mit, sie zeichnete das Gespräch auch auf.

Womöglich erfuhr Lobuzov später davon, jedenfalls stieg er aus dem Deal aus.»Behalte Dein Geld, Du wirst es noch brauchen«, schrieb er Lucas und meinte wohl: für Rechtsanwälte. Lucas reagierte darauf so, wie man es eher aus Mafiafilmen kennt:»Ich werde Dir keine Prügel androhen, obwohl Du es verdient hättest. Wir sind keine Banditen! Wir sind Leute mit Charakter und Prinzipien. Deine Lektion wird eine andere sein, und sie wird mehr schmerzen!!!!«

LOCKER BLEIBEN

Endphase. Wir Reporter schreiben die Konfrontationsbögen, Hunderte Fragen, die anschließend von unseren Dokumentationsjournalisten auf Fakten und Plausibilität gecheckt werden, ehe abschließend unsere Juristen jedes Wort noch einmal abwägen und uns Anmerkungen geben, wie wir unsere Fragen noch verbindlicher, klarer stellen sollten. Es geht jetzt um unser Handwerk, alles muss sitzen. Denn wer in diesem Stadium der Recherche schludrig oder unaufmerksam ist, gefährdet das gesamte Projekt. Jede falsch oder unzureichend gestellte Frage kann Einfallstore für spätere Klagen bieten und unsere Glaubwürdigkeit gefährden. Darauf lauern die Anwälte und PR-Strategen der Gegenseite.

Innerhalb des EIC schicken wir uns unsere Fragen gegenseitig zu, prüfen die Inhalte, versorgen uns mit Kontaktadressen der Gegenseite. Wir haben hart gearbeitet und hoffen, dass wir sorgfältig genug waren.

Senden! Die Mails, Briefe, Faxe mit den Fragebögen und Bitten um Stellungnahme verschicken alle EIC-Partner am gleichen Tag, zur gleichen Zeit. Wir telefonieren den Empfängern zusätzlich noch hinterher und versuchen zu erfahren, ob unsere Anfragen sie erreicht haben. Spätestens jetzt weiß die Fußballwelt, woran wir seit Monaten arbeiten. Für uns heißt es nun: warten und hoffen, dass nichts nach außen dringt, dass uns kein Gericht Steine in den Weg legt, dass wir nach Plan veröffentlichen können.

Noch am gleichen Abend meldet sich einer unserer Partner. Sein Verleger habe eine SMS von einem der Anwälte, die wir konfrontiert haben, bekommen. Es geht um die Ronaldo-Story. In der SMS heißt es nur: »Ruf mich an!« Das ist von nun an der Ton, in dem man uns begegnet. Es werden neun sehr lange Tage.

Am nächsten Morgen meldet sich ein PR-Mann eines Spielerberaters. Bei Real Madrid herrsche Nervosität, sagt er. Was wir denn vorhätten? Irgendwas mit Ronaldo, habe er gehört. Im Fußball verbreiten sich Gerüchte schneller als ein Flächenbrand.

Am Abend meldet sich John. Er schreibt, es herrsche Panik in der Fußballwelt. Anwälte und PR-Firmen würden angeheuert. Troubleshooter, die uns einfangen sollen. Er wisse das von seinen Quellen. Es sei ernst.

Noch acht Tage.

John schwankt zwischen Vorfreude und Nervosität. Er schreibt, er wolle, dass die Welt endlich von all den schmutzigen Geschäften, von all den irren Summen und dem moralischen Versagen der Fußballbranche erfahre. Aber er beginnt auch wieder zu zweifeln. In einer Mail schreibt er: »Aber was passiert danach mit uns? Sie werden uns doch suchen und vernichten wollen.«

Vernichten. So wie Nélio Lucas, der Doyen-Mann, sich in seinen Mails ausdrückte, scheint John mit seiner Vermutung nicht Unrecht zu haben. Der Druck auf John und seine möglichen Partner wird riesig werden. Nach unseren Veröffentlichungen werden nicht nur Privatdetektive, schwere Jungs aus der Unterwelt und die Polizei nach den Football-Leaks-Machern suchen, sondern auch Boulevardjournalisten aus der ganzen Welt. »Wir werden ein paar Tage komplett untertauchen müssen«, schreibt John.

Noch fünf Tage.

Wir bekommen die ersten Antworten auf unsere Anfragen. Einer der Anwälte, der an der Offshore-Konstruktion für Ronaldos Image-Rights-Firmen gearbeitet hat, weist alle unsere Vorwürfe zurück. Wir können zwar in den Mails aus den Football-Leaks-Daten schwarz auf weiß lesen, dass er Kenntnis von Ronaldos Steuerminimierungstricks hatte, sogar nach Rat gefragt wurde, trotzdem bestreitet er alles. Würde er am Ende seines Antwortschreibens noch erwähnen, dass er nicht einmal Cristiano Ronaldo kenne, es würde uns nun auch nicht mehr verwundern.

Aber so funktionieren die Täuschungsmanöver und Verdrängungsmechanismen im Fußball nun einmal. Wir erinnern uns an Christoph Daum und sein »absolut reines Gewissen«, während er voll war mit Kokain. Oder an Wolfgang Niersbach, den früheren DFB-Präsidenten, der sich auf einmal nicht mehr an seine eigene Handschrift erinnern konnte. Zufälligerweise stand eben diese Handschrift auf einem Dokument, das eine dubiose 6,7-Millionen-Euro-Zahlung vor der Weltmeisterschaft 2006 belegte. Ganz zu schweigen von Joseph Blatter, dem ehemaligen Fifa-Chef, dessen gesamte Karriere auf Tricksen und Täuschen gründete. Oder João Havelange. Oder Michel Platini. Oder, oder, oder.

Und auch dem Ronaldo-Anwalt wird seine abwiegelnde Antwort nur wenig nützen. Unsere schriftliche Beleglage ist dank Football Leaks zu gut.

Noch vier Tage.

John schreibt, er wolle, dass nun endlich der 2. Dezember sei. Er wolle, dass seine Daten endlich die Welt erreichten. Dass es kein Zurück mehr gebe. Diese Anspannung mache ihn verrückt. Er wisse nun, so schreibt er, dass wieder nach ihm gesucht werde. Dass die portugiesische Polizei unter Druck gesetzt werde, ihn endlich zu finden, dass ein IT-Spezialist eingeschaltet worden sei, der ihn nun mit spezieller Software ausfindig machen solle. Mit einer Art Suchdetektor, der über die Football-Leaks-Homepage Rückschlüsse auf die Macher der Seite ermöglichen solle.

Das Katz-und-Maus-Spiel geht wieder los. John sagt, er habe immer noch einen Vorsprung. Aber er wünsche sich, dass die Welt nun über all den Schmutz im Fußball rede, statt über ihn.

Noch drei Tage.

Wieder einmal bestätigt sich, dass in der Fußballbranche alle unter einer Decke stecken. Wir merken, dass unsere Konfrontationsfragen zwischen den Spielern, Vereinen und Funktionären sowie ihren Anwälten und PR-Teams hin- und hergeschickt werden. Sie tauschen sich aus, sie sprechen sich ab, sie arbeiten an Strategien, um unsere Geschichten zu entschärfen. Wir merken das vor allem daran, dass viele der Antworten zwar von unterschiedlichen Personen kommen, die Statements sich aber fast auf Punkt und Komma gleichen.

In der Regel werden uns die Antworten direkt von den Anwälten der Gegenseite zugeschickt. Sie enthalten vier zentrale Punkte. Erstens: Das Material sei geklaut. Zweitens: Das Material sei gefälscht. Drittens: Das Material sei ein Angriff auf die Privatsphäre, deshalb gebe es dazu keinen Kommentar. Viertens: Sollten wir das Material trotzdem veröffentlichen, drohten uns juristische Schritte. Alles wie erwartet. Die meisten unserer Fragen bleiben dementsprechend unbeantwortet.

Einige unserer Partner werden kontaktiert, weil ein Funktionär oder Sportvermarkter ein Hintergrundgespräch möchte, bevor man uns die Fragen beantworten wolle. Das ist eine problematische Bitte. Wir befinden uns in einer justiziablen Phase, und Hintergrundgespräche nützen uns hier nur wenig. Wir können, so sind die Regeln für diese Art von Gespräch, daraus nichts zitieren. Aber die Gegenseite kann uns hier eine Geschichte auftischen, mit der sie Zeit gewinnen kann und die für uns am Ende oft kaum nachprüfbar ist. Wir antworten möglichst diplomatisch: Bitte erst unsere Fragen schriftlich beantworten, dann könnten wir gerne noch einmal auf dieser Grundlage über Einordnungen sprechen. Augenblicklich verstummen die Wünsche nach Hintergrundgesprächen.

Noch zwei Tage.

Ausnahmezustand. Es ist kurz vor 19 Uhr, als uns ein Anruf von unseren Partnern aus Portugal erreicht: »Wir wissen, dass unsere Fragen an eine andere Zeitung durchgesteckt wurden. Unsere Ronaldo-Geschichte soll morgen veröffentlicht werden«, sagt einer unserer EIC-Kollegen. Wo die Geschichte erscheinen solle? Keine Ahnung. Was ihr Kern sei? Irgendwas zu Ronaldo.

Das ist noch alles ziemlich vage, aber selbst diese Informationen reichen aus, um unsere eh schon dünnen Nerven noch mal so richtig zu strapazieren. Wir versammeln uns im Datenraum und überlegen, was wir mit diesen Hinweisen anfangen sollen. Das Telefon klingelt, spanische Vorwahl. Unsere Kollegen haben einen Tipp bekommen, morgen solle ein großer Ronaldo-Bericht auf der Online-Plattform »El Confidencial« erscheinen. Es gehe um Offshore-Firmen. Das ist unsere Geschichte.

Stille. Wir gucken uns entgeistert an. Kann das sein? 48 Stunden bevor wir unsere große Recherche veröffentlichen wollen, soll sie woanders erscheinen? Wir sind wie erstarrt. Irgendjemand schlägt vor, dass wir sofort eine Konferenz mit allen EIC-Partnern abhalten. Stefan Candea, unser Koordinator, beruft ein Meeting auf unserer internen Plattform ein.

Anruf aus Portugal. Unser Partner sagt, er habe einen Informanten, der ihm berichtet habe, dass »El Confidencial« exakt unsere Story bringen wolle. Sie seien von der Ronaldo-Seite gebrieft worden, der Artikel solle »uns abschießen«.

In unserem Datenraum reden wir mal wild durcheinander, mal verfallen wir in vollkommene Stille. Das ist der Worst Case. Seit Monaten haben wir an diesen Enthüllungen gearbeitet und fühlen uns nun so, als wolle uns jemand den Lohn unserer Mühe stehlen. Aber vielleicht handelt es sich hier auch nur um eine Nebelkerze? Vielleicht sind es nur gezielt gestreute Gerüchte?

An der Konferenz mit unseren EIC-Partnern nehmen auch unser Chefredakteur Klaus Brinkbäumer und sein Vize Alfred Weinzierl teil. Hätte es noch eines letzten Zeichens bedurft, dass die Situation gerade wirklich ernst ist, voilá, die beiden liefern es. Wir lassen unsere Kollegen von der spanischen Zeitung »El Mundo« und unsere Partner vom portugiesischen Blatt »Expresso« noch einmal vortragen, was sie gehört haben. Die Informationen sind weiterhin spärlich. Aber beide sagen unabhängig voneinander, »El Confidencial« werde morgen eine Ronaldo-Geschichte bringen, die sich mit dem Firmengeflecht des Superstars beschäftige.

Wie sollen wir damit umgehen? In unserer Konferenzleitung wird es laut. Einige der Partner fordern, wir sollten alle unsere Storys bereits am kommenden Morgen bringen. »Alles online raushauen«, schreit ein Kollege. Ein anderer sagt, wir sollten nur eine Ankündigung schreiben, dass das EIC eine große Football-Leaks-Story für das kommende Wochenende vorbereite.

Unser Netzwerk besteht aus Webmedien, aus Zeitungen und Magazinen. Wir haben wochenlang getüftelt, um für alle Partner eine annehmbare Orchestrierung zu finden, mit der sie ihre eigene Mühe und ihren Einsatz auch beim Veröffentlichen gewürdigt sehen, gefühlt dauerte es eine halbe Ewigkeit, bis wir alle Eventualitäten besprochen und untereinander abgestimmt hatten, welche Geschichte wann erscheinen sollte. Wenn wir jetzt innerhalb von zwölf Stunden online gehen müssten, würde es chaotisch werden, möglicherweise würden wir auch Fehler machen, die Durchschlagskraft unseres Kollektivs würde verloren gehen. Wir versuchen tief durchzuatmen. Jetzt nur keine Panik aufkommen lassen, dafür einen klaren Kopf, bitte.

Wie sollte solch eine lancierte Ronaldo-Geschichte eigentlich aussehen, die ihn in einem guten Licht erscheinen lassen könnte? Wir spielen die Argumente der PR-Strategen durch. Ronaldo hat weit mehr als hundert Millionen Euro mithilfe eines Steuersparmodells über die British Virgin Islands geschleust. Wie soll ein Spin-Doktor diesen Vorwurf drehen können? Wie sollte er ein gut gehütetes Geheimnis offenlegen und es in eine positive Geschichte umwandeln? Keiner von uns hat Antworten auf diese Fragen.

Stattdessen dreht sich die Diskussion weiter im Kreis. Die Angst, dass wir morgen früh ohne alles dastehen könnten, dass die Arbeit der letzten Monate umsonst gewesen sein könnte, ist bei jedem spürbar. Der EIC-Koordinator Stefan Candea sagt, er wolle, dass der SPIEGEL entscheide, wie wir vorgehen sollen. Immerhin habe der SPIEGEL den Datensatz erhalten. Wir entscheiden, dass wir bei unserem ursprünglichen Veröffentlichungsplan bleiben. Wir gehen voll ins Risiko, alles auf eine Karte.

Wir schreiben John, dass es Probleme gebe. Dass unsere Ronaldo-Geschichte morgen eventuell von »El Confidencial« abgeschossen werden könnte. Dass wir uns die Geschichte anschauen und möglicherweise darauf reagieren müssten. Seine Antwort ist kurz: »Viel Glück«. Selbst dem Whistleblower fehlen offenbar die Worte.

Um kurz vor Mitternacht verlassen wir die Redaktion. »El Confidencial« stellt seine Artikel in der Regel zwischen drei und fünf Uhr morgens auf seine Homepage. Wir wollen uns vorher zumindest kurz duschen und vielleicht noch ein paar Minuten die Augen zumachen.

Noch ein Tag.

»El Confidencial« erscheint um kurz nach drei Uhr. Ronaldo ist groß im Aufmacher zu sehen. Das Wort »Steuerparadies« taucht schon im Anreißer auf. Nicola Naber spricht sehr gut Spanisch. Sie übersetzt den Text noch in der Nacht und schickt ihn uns per Mail. Bevor ihre Version ankommt, hat John bereits geschrieben: »Keine Panik, das Teil ist armselig. Da steht nichts drin.«

Nicolas Übersetzung belegt das. »El Confidencial« bringt eine krude Geschichte. Es geht ausschließlich um Ronaldos Werbegeschäfte, die zwei Firmen für ihn über die Steueroase Irland abwickeln, die British Virgin Islands werden mit keinem Wort erwähnt. Es ist weniger als die halbe Wahrheit. Aber der Text reicht aus, damit Ronaldos Beraterfirma behaupten kann, Ronaldo habe keine Steuerprobleme, er sei komplett im Einklang mit dem Finanzamt.

Wenn die Fußballbranche die Öffentlichkeit täuschen möchte, findet sie beinahe immer einen Weg. Sie kann Medien einlullen, mit ihnen dealen, Zitate in Umlauf bringen, Geschichten platzieren. Diesmal wird es aber nur wenig helfen. Die Geschichte über Ronaldo, die uns Football Leaks geliefert hat, lässt sich nicht mehr abschießen.

Freitag, 2. Dezember 2016.

Monatelang haben wir auf diesen Tag hingearbeitet, ihm wochenlang eine Struktur gegeben. Wir haben Absprachen mit SPIEGEL ONLINE, mit SPIEGEL Digital, dem Social-Media-Team, mit Kicker TV und SPIEGEL TV getroffen, um 22 Uhr werden wir unsere Enthüllungen im »heute journal« des ZDF präsentieren. In den vergangenen Wochen haben wir immer mehr Mitarbeiter in unsere Recherchen eingeweiht, sie haben mit uns getüftelt, damit Football Leaks auf unterschiedlichen Plattformen sichtbar wird und dadurch das größtmögliche Publikum erreicht. Es ist mittlerweile zu einem Mammutprojekt geworden, inhaltlich, aber auch organisatorisch.

Um 21 Uhr abends stehen wir alle gemeinsam im 13. Stock des SPIEGEL-Gebäudes. Hier befindet sich der Newsroom von SPIEGEL ONLINE. Wir haben uns darauf geeinigt, dass alle EIC-Partner um 21 Uhr zeitgleich ihre Geschichten veröffentlichen. Wir drücken auf den Knopf. Football Leaks ist in der Welt.

John schreibt uns nur wenige Sekunden, nachdem die Ronaldo-Story online ist:»Das ist der wichtigste Tag in meinem Leben. Ich bin überzeugt davon, dass der Fußball nach diesen Veröffentlichungen ein besserer sein wird.«

EPILOG

Es ist bitter kalt, knapp fünfzehn Grad unter null, rauer Wind, Schnee. Der Winter in Osteuropa ist hart, John trägt trotzdem seine dünne Lederjacke, genauso wie vor einem Jahr, als wir ihn kennengelernt haben. Nun, im Februar 2017, treffen wir uns erneut. Mehr als zwei Monate nach unserem Veröffentlichungsauftakt wollen wir ein Zwischenfazit ziehen und mit ihm über das Echo von Football Leaks sprechen. Über die Folgen.

Unser Auftrag, unser Ziel ist bei allen großen investigativen Recherchen dasselbe: Wir wollen aufklären. Wir wollen der Wahrheit näher kommen, so nahe, wie es geht. Wir wollen »sagen, was ist«, wie der SPIEGEL-Gründer Rudolf Augstein es formuliert hat. Das klingt sehr einfach, aber es ist schwierig. Die fulminante Datensammlung von Football Leaks hat uns die einmalige Gelegenheit eröffnet, eine Parallelwelt zu beleuchten, die sich hinter einer glänzenden Fassade gänzlich unbeobachtet wähnte. Das ist unser Beitrag, den wir leisten können: die Auswüchse der Fußballbranche zu beschreiben, die kriminelle Energie, die in ihr steckt und die sie weckt, ihre Anfälligkeit für Steuerhinterziehung, Bereicherung und Veruntreuung; das verrottete System vorzuführen, Missstände wie den weltweiten Handel mit minderjährigen Talenten aufzudecken; aber auch den Größenwahn des Milieus zu sezieren, die Unverfrorenheit korrupter Vereinspaten und politisch bestens vernetzter Verbandsfunktionäre.

Was aus Enthüllungen wie diesen wird, ist eine andere Frage. Können sie dazu beitragen, Bestechende und Bestochene zur Rechenschaft zu ziehen? Können sie den Kinderhändlern das Handwerk legen? Können sie die Verbände dazu zwingen, ein noch viel dichteres Kontrollsystem für Zahlungsströme aller Art bei Spielertransfers und Beraterhonoraren einzuführen und Regelverstöße wesentlich härter zu sanktionieren? Können sie all den Profiteuren des schmutzigen Geldes die böse Ahnung vermitteln, sie könnten die Nächsten sein, die auffliegen? Und können sie den Menschen, die dieses Spiel lieben, zumindest ein wenig die Augen öffnen?

Oder ist es naiv zu glauben, dass mehr Transparenz das an so vielen Stellen korrupte Fußballbusiness in irgendeiner Form beeindrucken und Fußballfans zum Umdenken bewegen könnte? Weil sowieso jeder davon ausgeht, dass dieses Milliardengeschäft ein großer Selbstbedienungsmarkt ist?

Beim Nachdenken über diese Fragen wird es John draußen dann doch zu kalt, wir gehen in eine Bäckerei. Er bestellt einen dampfenden Laib Brot, in dessen Mitte ein Loch mit Schmelzkäse gefüllt ist. Dazu gibt es Mettwürste. Deftige Küche gegen die Kälte.

»Soll ich ehrlich sein?«, fragt John. »Ich bin frustriert. Ich frage mich, ob es das alles tatsächlich wert war. Der Stress, das Risiko, die vielen Anstrengungen und Ängste. Die Fußballwelt ist kurz aufgeschreckt, das schon, aber mittlerweile läuft alles wieder so wie früher. Es hat sich nichts geändert.«

Er zieht ein paar Dokumente aus dem Inneren seiner Jacke und faltet sie auf dem Tisch auf. Es sind Verträge, der Name von Nélio Lucas ist fett gedruckt. Der Manager, dessen Firma Doyen Sports den niederländischen Klub Twente Enschede beinahe zur Zweitklassigkeit verdammt hätte, der mit dubiosen kasachischen Geschäftsmännern zusammenarbeitet und zu dessen Businesspraktiken offenbar auch der Einsatz von Prostituierten gehört, sitzt, das kann man in dem Dokument lesen, weiterhin mit den Mächtigen des Weltfußballs an den Verhandlungstischen. Und schließt die nächsten Millionenverträge ab.

Nur benutzt er diesmal eine andere Firma. Doyen Sports taucht zumindest in den Dokumenten, die John gerade glattstreicht, nicht mehr auf. Inter Mailand, der italienische Spitzenklub, schloss stattdessen Ende November 2016 einen Vertrag mit Vela Management Limited. Repräsentiert wird diese Firma, die in der europäischen Steueroase Malta registriert ist, von Nélio Lucas. Der Portugiese fungiert diesmal aber nicht als Investor, sondern als gewöhnlicher Spielerberater. Er soll dafür sorgen, dass der kroatische Mittelfeldspieler Marcelo Brozović seinen Vertrag mit Inter verlängert.

»Wie kann das sein? Seit fast anderthalb Jahren beschreiben wir die Praktiken von Nélio Lucas. Jeder kann nachlesen, dass ihn das Wohl seiner Spieler überhaupt nicht interessiert. Ob sie eine erfolgreiche Karriere absolvieren, ob sie die richtigen sportlichen Entscheidungen treffen, ob sie glücklich werden – das ist Nélio und seinen Leuten komplett egal, solange ihre Rendite stimmt. Und das Geld, das sie für ihre Deals bekommen, versickert in Steuerparadiesen. Warum arbeiten Spieler, Berater, Vereine und Verbände noch mit ihm zusammen? Warum werden solche Leute nicht aus dem Verkehr gezogen? Was macht eigentlich die Polizei?«, fragt John.

Er legt ein weiteres Dokument auf den Tisch. Am 14. Dezember 2016, also mitten in die Welle der Football-Leaks-Veröffentlichungen, erhielt die Firma Vela Management Limited eine Million Euro von Inter Mailand, gezahlt an die Vermögens- und Privatbank Aktiengesellschaft in Liechtenstein, eine weitere Million für Lucas wird bis zum 31. Mai 2017 fällig – Brozović hatte seinen Vertrag bis 2021 verlängert.

»Den interessiert es doch überhaupt nicht, ob ein paar Journalisten über ihn und seine Geschäfte schreiben. Er macht einfach weiter. Und der Fußball lässt ihn weitermachen, das ist doch wirklich wie bei der Mafia«, sagt John, allerdings viel zu laut. Ein Mann wirft uns über den Rand seiner Zeitung einen interessierten Blick zu.

»Ich bin so sauer«, murmelt John in deutlich gedämpfterem Ton.

Man kann von mehreren Seiten auf die Football-Leaks-Enthüllungen schauen. Sie haben große Wellen geschlagen, für viele Diskussionen gesorgt, sind weltweit von anderen Medien aufgenommen und kommentiert worden. So schrieb zum Beispiel die »Süddeutsche Zeitung«: »Diejenigen, die ihre Helden feiern, feiern eine Elite, denn gehaltstechnisch und auch vom Habitus her sind Profifußballer elitärste Elite. Wie elitär, haben gerade die ›Football Leaks‹-Recherchen gezeigt. Eine Clique von Gierhälsen ist im Profifußball versammelt, die ihren Reichtum auch mit schmutzigen Tricks mehrt.« An anderer Stelle heißt es: »An seiner Spitze, im Profibereich, ist der Fußball verdorben. Kalkulierter Menschenhandel, zur Schau gestellter Reichtum; das Business frisst Mittel aus Sozialetats.«

Wäre das Fußballbusiness eine Branche, die sich den Regeln guter Unternehmensführung verpflichtet hat, müssten solch vernichtende Urteile sie erschüttern. Aber kaum einer der Entscheidungsträger in diesem Milieu setzt sich moralische und ethische Grenzen. Es geht in erster Linie darum, Konkurrenten kleinzuhalten und auszustechen, sich selbst einen Vorteil zu verschaffen, auch wenn dazu Menschen benutzt, das Recht gebeugt oder Gesetze umgangen werden.

Nach außen war die Reaktion der Fußballbranche auf die Football-Leaks-Veröffentlichungen: Schweigen. Kaum ein Vereinsboss, Spieler, Berater oder Verbandsfunktionär äußerte sich zu den Enthüllungen. Intern herrschte in der Szene hingegen ein Anflug von Panik. Die wichtigste Frage, die sich die Bosse der europäischen Ligen und Vereine stellten, war nicht, welche schmutzigen Geschäfte durch Football Leaks an die Öffentlichkeit gelangt waren. Nein: Die wichtigste Frage für sie war, wie all dies an die Öffentlichkeit gelangen konnte. Es ging ihnen ausschließlich darum, das mögliche Leck dicht zu machen – und die Quelle zu enttarnen.

Am 19. Dezember 2016, gut zwei Wochen nach Beginn der Football-Leaks-Veröffentlichungen, schrieben die Bosse der

Premier League, der Bundesliga und der spanischen Primera División einen gemeinsamen Brief an die Fifa. Sie äußerten gegenüber dem Fifa-Chefjuristen Marco Villiger den Verdacht, dass das vom Verband geführte Transfer Matching System (TMS) die undichte Stelle sein könnte. Um Korruption, Kickback-Geschäften und illegalen Absprachen bei internationalen Transfers vorzubeugen, sammelt und erfasst die Fifa in dieser streng gesicherten Datei seit fast zehn Jahren sämtliche Informationen, die ihr die Vereine bei ihren Geschäften verpflichtend zustellen müssen: Transferverträge, Arbeitsverträge, Honorarvereinbarungen mit Spielerberatern.

Einen ähnlichen Brandbrief an den »lieben Marco« hatte bereits am 13. Dezember die European Club Association adressiert, ein Zusammenschluss der bedeutendsten Vereine Europas. Auch hier äußerten die Klublobbyisten den Verdacht, dass das TMS-System gehackt worden sein könnte – und sie verlangten von Villiger unmissverständlich Auskunft darüber, wie die Fifa sich vor möglichen Angriffen schützen würde.

Der Fifa-Chefjurist verbat sich den Vorwurf, dass die brisanten Informationen aus den Reihen des Weltverbandes nach außen gedrungen seien. Er hob die zahlreichen Sicherungseinrichtungen hervor, mit denen die Fifa die sensiblen und vertraulichen TMS-Informationen versehen hätte: keine direkte Anbindung ans Internet, regelmäßige Kennworterneuerung für alle Benutzer, obligatorische Einführung eines Wasserzeichens seit Juli 2016 auf jedem Fifa-Dokument. Kein Vertrag, der vom SPIEGEL und seinen Recherchepartnern im Faksimile veröffentlicht worden sei, trage eine solche Kennung, betonte Villiger. An die europäischen Topklubs schrieb der Topfunktionär der Fifa, dass Football Leaks auf seiner Homepage selbst hervorgehoben hätte, niemanden gehackt zu haben.

Kontrollverlust, unerwünschte Inneneinsichten, hartnäckige Nachfragen und Veröffentlichungen zu anrüchigen Geschäften sind das Letzte, was die Fußballbranche braucht. Das wurde auch bei einer Sitzung der wichtigsten europäischen Klubbosse am 30. Januar 2017 im Münchener Nobelhotel Hilton Airport deutlich. Zum kleinen Gästekreis gehörten auch die Bosse von Bayern München, Juventus Turin, dem FC Barcelona, Manchester United und Paris Saint-Germain.

Auf der Agenda stand auch »Football Leaks«. Karl-Heinz Rummenigge, der Vorsitzende der elitären Klubvereinigung, ergriff das Wort und hob »den Schaden für die Atmosphäre in den Umkleidekabinen« hervor, den die Football-Leaks-Veröffentlichungen verursacht hätten – als ob das größte Problem sei, dass die Spieler des FC Bayern nun wissen, wer von ihnen wie viel verdient. Rummenigge, das geht aus dem Protokoll dieser Sitzung hervor, forderte die Chefs der anderen Klubs auf, »zu handeln«. Der Präsident von Olympique Lyon pflichtete ihm bei. Wichtiger, als alle möglichen Datenlecks zu checken, sei es, »die Quelle der Leaks« herauszufinden. Den Boten auszuschalten, um die Botschaft aus der Welt zu räumen – das ist der klassische Reflex von Systemen, deren Machterhaltungsstrategien durch anonyme Dritte öffentlich gemacht und in Frage gestellt werden.

Es ist verwunderlich, dass die Verbände und Klubs, die ihre Interessen durch die Football-Leaks-Veröffentlichungen gefährdet sehen, ausgerechnet die Fifa als undichte Stelle verdächtigen. Hatte John doch im SPIEGEL angeboten, dem Weltverband Dokumente zur Verfügung zu stellen, die schmutzige Deals bei Spielertransfers oder TPO-Vereinbarungen belegen würden. Doch die Fifa reagierte auf dieses Angebot nicht. Es schien, als hätte der Weltverband nicht das geringste Interesse an Aufklärung.

Immerhin ließ sich Mitte Dezember Gianni Infantino, der neue Präsident der Fifa, auf ein Gespräch mit Vertretern des EIC ein. Das Interview sollte die großen Fragen behandeln, die durch die Football-Leaks-Berichterstattung aufgeworfen worden waren: Glaubwürdigkeit, Transparenz, Kontrolle von Spielerberatern und Geldflüssen.

Der Erkenntnisgewinn eines Interviews ist umso größer, je klarer der Gesprächspartner seine Haltung macht. Infantino hatte keine. Dennoch war das Interview es wert, veröffentlicht zu werden, denn Infantinos Floskeln, sein Ausweichen, sein Lavieren zeigten, dass von der Fifa nichts zu erwarten ist, wenn man hofft, dass der Sumpf in der Branche trockengelegt wird. Bei fast jeder Frage verlor sich der Schweizer im Ungefähren. Er müsse »nachdenken«, er müsse sich »das anschauen«, er müsse das »diskutieren«, und überhaupt gerate der Weltverband bei den Themen, die Football Leaks anstoße, an seine Grenzen. »Wir sind keine Strafverfolgungsbehörde«, sagte Infantino. Es klang nach Kapitulation.

»Wenn Football Leaks eines gezeigt hat, dann doch dies, dass der Fußball dringend Hilfe braucht. Dass er sich nicht selbst helfen kann, sondern dass ihm die Polizei, die Steuerfahndung, aber vor allem die Politik helfen müssen«, sagt John.

Interessiert hat er deswegen verfolgt, dass europaweit Spitzenpolitiker auf die Football Leaks aufmerksam wurden und dabei insbesondere die Steuertricksereien anprangerten. Bundesfinanzminister Wolfgang Schäuble kündigte an, zukünftig noch härter gegen Steueroasen vorzugehen, in Großbritannien forderte die Labour-Abgeordnete Meg Hillier eine Ermittlung zu den Enthüllungen, in Spanien verlangte die sozialistische Partei eine umfassende Untersuchung gegen den Leiter der Steuerbehörde und gegen Finanzminister Cristóbal Montoro, die auch etwaige »Verhandlungen« mit den Betroffenen wie Cristiano Ronaldo oder José Mourinho beinhalten sollte. Am treffendsten formulierte es Sven Giegold, der finanz- und wirtschaftspolitische Sprecher der Grünen im Europäischen Parlament: »Das Datenleck ist eine rote Karte für Fußballmillionäre. Einnahmen, die aus sportlichen Leistungen folgen, müssen in dem Land versteuert werden, wo der Profi aktiv ist. Die Steuervermeidung der Fußballstars ist ein grobes Foulspiel am Gemeinwohl. Mit ihren Steuertricks schaden die Fußballmillionäre den

Menschen, die ihnen im Stadion zujubeln. Die Fußballer verfehlen durch ihr gesellschaftsschädliches Verhalten bei weitem ihre Vorbildfunktion für viele junge Menschen.« Giegold kündigte zudem an, dass die Football Leaks in einem EU-Untersuchungsausschuss aufgearbeitet werden sollen.

»So sehr ich mich über den Umgang der Fußballbranche mit den Veröffentlichungen aufrege, so sehr freue ich mich darüber, dass die Politik die Probleme sieht und dagegen vorgehen will«, sagt John. Seine Daten haben deutlich gemacht, dass Steueroasen und Briefkastenfirmen, die Intransparenz weltweiter Geldflüsse und die Löchrigkeit im EU-Recht jedem Superreichen, ob er sein Geld nun mit Fußball oder in einer anderen Branche verdient, die Chance geben, auf Kosten der Allgemeinheit noch reicher zu werden. Die Brisanz dieser Enthüllungen geht deswegen weit über den Fußball hinaus. Sie geht alle an.

»Genau solche Diskussionen haben wir uns gewünscht. Aber das Beste an den Football-Leaks-Veröffentlichungen war: Acht europäische Steuerbehörden haben uns angeschrieben. Sie haben die Texte gelesen und wollen nun unsere Hilfe, um die Steuerbetrüger zu verfolgen. Wir werden sie dabei unterstützen«, sagt John.

Die Justiz kann mit Johns Material offensichtlich eine Menge anfangen. So haben französische und englische Steuerbehörden bereits Verfahren gegen mehrere Fußballer und teilweise auch ihre Berater eröffnet. Die deutschen und die niederländischen Steuerbehörden fanden ebenfalls bereits Ansätze für weitere Ermittlungen. Die spanischen Fahnder ermitteln zudem aktuell gegen zahlreiche Profifußballer, auch Cristiano Ronaldos Bücher werden noch einmal geprüft. Solche Verfahren können allerdings Monate, manchmal sogar Jahre dauern.

»Es ist ein bisschen verrückt: Auf der einen Seite fahndet halb Europa auf der Grundlage unserer Daten nach den Kriminellen in der Fußballbranche, auf der anderen Seite suchen mindestens drei Polizeibehörden nach uns, weil sie glauben, wir seien

Hacker«, sagt John. Er stochert in den Resten des ausgekühlten Brotlaibs herum, seine Stirn liegt in Falten, Johns Gedanken scheinen abzudriften. »Nein, ich habe am Anfang unseres Treffens Unsinn erzählt. Natürlich hat sich das alles gelohnt. Es war die beste, aufregendste Zeit meines Lebens, und unterm Strich haben wir sehr viel bewegt. Aber der Fußball muss weiter unter Druck gesetzt werden, damit er versteht, dass er sich ansonsten mit dieser ganzen Intransparenz und den vielen Betrügereien irgendwann selbst umbringt«, sagt John.

Bedeutet das, er wird weitermachen? Und was ist mit seinen Mitstreitern?

»Football Leaks ist noch nicht zu Ende. Im Gegenteil. Während ihr mit unserem Material gearbeitet habt, haben wir neue Daten besorgt. Es sind mehrere Terabyte, ein größerer Berg als der, den wir euch zuletzt gegeben haben. Es ist brenzliges Material, und es geht um andere Profis als in den vorherigen Daten. Wir wollen, dass auch dieses Material öffentlich wird und die Fußballbranche endlich kapiert, dass auch für sie Gesetz und Moral gelten.«

John sagt, eine der Festplatte sei schon vorbereitet.

Wir könnten sie heute mitnehmen.

DANKSAGUNG

Dieses Buch wäre niemals ohne die Hilfe, das Wissen und die Unterstützung zahlreicher Kolleginnen und Kollegen zustande gekommen. Sie haben sich in die Arbeit gestürzt, sie haben uns durch die Datenflut navigiert, sie haben gebohrt und solange gesucht, bis sie Antworten fanden. Manchmal war die Suche zäh, meistens war sie elektrisierend. Die wichtigste Erkenntnis: Solch ein Projekt ist Teamarbeit.

Wir haben Hunderte Stunden mit unserem wunderbaren SPIEGEL-Team im Datenraum, auf den Redaktionsfluren, auf Recherchereisen und am Telefon verbracht. Jürgen Dahlkamp, Christoph Henrichs, Udo Ludwig und Jörg Schmitt haben es mit ihrem Einsatz, ihrer Hartnäckigkeit und ihrer Neugierde ermöglicht, dass aus vielen Puzzlestücken ein großes Bild entstehen konnte.

Ohne unseren IT-Chef Stephan Heffner wären wir in einem Wust aus Dokumenten ertrunken. Sein Einsatz, sein technisches Verständnis, seine Geduld – insbesondere mit unserem Unwissen – waren und sind unbezahlbar.

Die Dokumentationsjournalisten Nicola Naber und Andreas Meyhoff haben uns nicht nur vor vielen Fehlern bewahrt, sie haben auch – teilweise nächtelang – unzählige Recherchestunden in dieses Projekt gesteckt und uns damit immer wieder beeindruckt. Ihre Faktenliebe, ihre Detailversessenheit, ihr ständiges kritisches Hinterfragen haben es uns erst ermöglicht, die Zusammenhänge dieser vielen Firmen und Geldflüsse zu verstehen. Kurt Jansson unterstützte uns insbesondere auf der technischen Seite, durch ihn fanden wir eine Struktur, mit der wir die Daten durchsuchen konnten. Ein großer Dank gilt dem

Chef der Dokumentationsabteilung, Hauke Janssen, der uns ermöglicht hat, mit solch großartigen Kollegen zusammenzuarbeiten.

Wir danken Gerhard Pfeil, der als Ressortleiter-Kollege unsere Recherchen von Anfang an unterstützt hat.

Von Roman Lehberger, Thomas Heise, Hendrik Vöhringer, David Walden und Jochen Blum konnten wir viel darüber lernen, wie schwierig, kompliziert und kräftezehrend die Arbeit von Filmemachern ist. Das SPIEGEL-TV-Team ist mit uns um die halbe Welt geflogen und hat unsere Recherchen nicht nur mit der Kamera unterstützt, sondern uns insbesondere mit klugen Ideen und der unaufhörlichen Aufforderung zur Neubewertung aller unserer Ergebnisse ständig ein bisschen besser gemacht.

Die Crews von SPIEGEL ONLINE und SPIEGEL Digital rund um Peter Ahrens, Jule Lutteroth, Frauke Böger, Mike Glindmeier, Christian Gödecke, Jörn Sucher, Ayla Mayer, Torsten Beeck, Heike Janssen, Jens Radü, Olaf Heuser und Roman Höfner haben sich wochenlang in die Recherchen hineingekniet und neue Formate, Visualisierungsformen und Erklärstücke erarbeitet. Ohne ihren Einsatz hätten wir niemals ein dermaßen komplexes und kompliziertes Thema mit so vielen Lesern teilen können.

Unseren Juristen Jan Siegel, Uwe Jürgens, Sascha Sajuntz und Oliver Srocke danken wir unendlich für all das Vertrauen in unsere Recherchen und für ihr Rückgrat. Auch wenn es heftigen juristischen Widerstand gab, wussten wir, dass wir mit diesem Projekt niemals allein sind.

Wir danken Heike Drinkuth, die auch in Phasen größten Stresses nie den Überblick verlor und immer ein Lächeln für uns übrig hatte.

Ohne die großartige, nimmermüde, immer freundliche Unterstützung von Martina Hasch, Kirsten Beitz, Gordon Bersch, Frauke Ernesti und Agnes Ruckdäschel aus der

SPIEGEL-Reisestelle, hätten wir die vielen Rechercherreisen an die entlegensten Orte der Welt niemals unternehmen können. Angelika Mette, Antje Wallasch und Karen Guddas vom SPIEGEL-Verlag und der DVA danken wir für ihre Ideen bei der Konzeption dieses Buches, das professionelle Lektorat und die vielen aufmunternden Worte.

Der SPIEGEL-Chefredaktion, insbesondere Klaus Brinkbäumer und Alfred Weinzierl, danken wir dafür, dass sie uns für dieses Mammutprojekt monatelang freigestellt und bis zum Schluss daran geglaubt haben, dass sich der ganze Aufwand lohnen würde. Zu Dank verpflichtet sind wir im Namen der gesamten Redaktion auch unserem Geschäftsführer Thomas Hass und Verlagsleiter Jesper Doub, die zusammen mit unserer Chefredaktion in für das Haus wirtschaftlich schwierigen Zeiten unbeirrt Zehntausende von Euro in das Datenverarbeitungssystem Intella investiert haben. Dieser Entschluss wird sich für viele zukünftige Recherchen noch als ein Segen erweisen.

Unsere Partner vom Recherche-Netzwerk European Investigativ Collaborations haben uns mit ihren Recherchen, Quellen, Gedanken über die Ziellinie gebracht. Sie haben jedes Dokument, jede Mail, jeden Vertrag aus allen möglichen Perspektiven beleuchtet, um der Wahrheit ständig ein bisschen näher zu rücken.

Die EIC-Kollegen und ihre Arbeitgeber sind:
- »El Mundo«/Spanien: Paula Guisado, Javier Sánchez, Quico Alsedo, Pablo Herraiz, Pablo Medina, Alberto Hernández
- »Expresso«/Portugal: Pedro Candeias, Miguel Prado, Raquel Albuquerque
- »Falter«/Österreich: Lukas Matzinger
- »L'Espresso«/Italien: Vittorio Malagutti, Stefano Vergine
- »Le Soir«/Belgien: Alain Lallemand, Joel Matriche, Stephane Vande Velde, Xavier De Cock

- »Mediapart«/Frankreich: Michaël Hajdenberg, Michel Henry, Donatien Huet, Martine Orange, Yann Philippin, Nicolas Barthe-Dejean
- »NewsWeek«/Serbien: Milorad Ivanovic, Blaž Zgaga
- »NRC Handelsblad«/Niederlande: Hanneke Chin, Hugo Logtenberg, Merijn Rengers, Esther Rosenberg
- »Politiken«/Dänemark: Jakob Sorgenfri Kjær, Jeppe Laursen Brock, Frederik Storm
- »Romanian Centre for Investigative Journalism/The Black Sea«/Rumänien: Michael Bird, Zeynep Sentek, Craig Shaw, Vlad Odobescu, Costin Stucan, Alex Morega, Gabriel Vijiala, Dan Achim, Raluca Ciubotaru, Dragoş Catarahia, Victor Avasiloaei
- »The Sunday Times«/England: Jonathan Calvert, George Arbuthnott, David Collins
- Ein besonderer Dank gebührt dem EIC-Koordinator Stefan Candea, der den Sack voller Flöhe jederzeit mit größtem Charme und unerschütterlicher Diplomatie unter Kontrolle hatte.

Wir danken unseren Ehefrauen Sonja Buschmann und Brigitte Wulzinger für ihre Liebe, ihre Kraft und dafür, dass sie unseren Wahnsinn aushalten.

Der größte Dank aber gebührt unserem Whistleblower John, dem Mann, ohne den dies alles niemals möglich gewesen wäre. Take care.

REGISTER

AA Ponte Preta 126
Abramowitsch, Roman 118, 151
AC Mailand 93, 118, 136 f., 191,
206, 234
Adidas International Marketing
B.V. 135–138
Adidas 10, 122, 130–138, 198
Aftermath Limited 198 f.
Agencia Tributaria 58
Agüero, Sergio 150, 154, 192
Aktyubinsk Chromium Chemi-
cals Plant (ACCP) 30
Alaba, David 148
Alcántara, Thiago 148
Alfa-Bank 208
Ali, Malik 33
Alianza Lima 126
Alibaba Group Holding Limi-
ted 206
Alik *siehe* Ibragimow, Alidschan
al-Jazira Club 34
Al-Khelaifi, Nasser 234
Allofs, Klaus 242 f.
Alonso, Xabi 70, 148
Álvarez, Ricardo 246
Amazon 51
Ancelotti, Carlo 174 f.
Apollon Limassol 219–221
Apple 51

Arif, Arif 24–40
Arif, Ayla 24, 28, 30–32, 35, 38–40
Arif, Refik 24, 28–32, 33, 35 f.,
38–40
Arif, Tevfik 24 f., 28–32, 33, 35 f.,
38–40
Armstrong, Lance 181
As (spanische Zeitung) 47
AS Monaco 25, 27, 35, 62, 150, 245
AS Rom 110, 112 f., 246
Assange, Julian 78, 104, 120, 233
Aston Villa 207
Atlético Madrid 10, 37, 78, 116,
130, 147–151, 153–155, 172 f.,
207 f.
Audi 16
Augstein, Rudolf 266
Aznar, José 58

Barça *siehe* FC Barcelona
B., Liz 227 f.
Bale, Gareth 65–67, 76, 110, 174,
241
Ballon d'Or 63
Balotelli, Mario 92 f., 179
Banco Santander 208
Bank Leumi 245 f.
Barnes & Bell Limited 219
Barnett, Jonathan 67

Barrada, Abdelaziz 34
Bayer 04 Leverkusen 11, 81, 85 f.,
  88–90, 94, 96, 116 f., 121, 129,
  219, 240 f.
Bayrock Group 30
Beckenbauer, Franz 134, 180
Becker, Boris 26, 33
Beckham, David 26, 32, 58, 65
Bedamarse Limited 136
Beiersdorfer, Dietmar 41 f.
Beister, Maximilian 41
Bellarabi, Karim 241
Benfica Lissabon 14, 36 f., 57, 63,
  238
Benington Group 33
Benítez, Rafael 174, 176
Benzema, Karim 174
Bergkamp, Dennis 55
Berlusconi, Silvio 118, 206, 234
Bernat, Juan 148
Beşiktaş Istanbul 153
Big Jorge siehe Mendes, Jorge
Birkenfeld, Bradley 44
Birmingham City 207
Blatter, Joseph (Sepp) 134, 180,
  259
Blazer, Chuck 180
Bloomberg 38
Blue Brands Limited 198
Boateng, Jérôme 178 f.
Boca Juniors 210 f.
Bolt, Usain 26
Borussia Dortmund (BVB) 27,
  39, 81, 94, 111, 116 f., 119, 121, 132,
  150, 234 f.
Borussia Mönchengladbach 241
Bosman, Jean-Marc 95

Brinkbäumer, Klaus 262
Brockton Foundation 60
Brozović, Marcelo 268
Bruch, René vom 240 f.
Bruchhagen, Heribert 219
BT TV (Pay-TV-Sender) 87
Bundesliga 7, 11, 37, 85, 89 f., 98,
  123, 128, 270
Bursaspor 126

CA San Lorenzo 204
CAA Sports 151 f.
Can, Emre 90
Candea, Stefan 142, 261, 263
Cantona, Éric 111
Carrizo, Juan Pablo 73
Carvalho, Ricardo 56, 58
Castaignos, Luc 20
Castrillón, Luis Jan Piers Advín-
  cula 126
Catania Calcio 246
César, Júlio 111
Champions League 20, 27, 29,
  40 f., 86 f., 89 f., 94, 106, 130–
  132, 147–149, 171 f., 174–176, 193,
  196, 199, 208
Chicharito siehe Balcázar, Javier
  Hernández
China Sports Media 206
Chinese Super League 204–206,
  209
Cléber siehe Reis, Cléber
Comaro Management
  GmbH 128
Conte, Antonio 209
Convergence Capital Part-
  ners 245

Čop, Duje 219
Costa, Diego 154
Credence Holdings 33
CRIJ / The Black Sea 8, 144
Crocitta, Omar Walter 245, 247

Dahlkamp, Jürgen 142, 200 f.
Dassler, Adi 135
Dassler, Horst 135, 180
Daum, Christoph 259
Deltour, Antoine 78, 233
Denos 39
Depormata 88 136
Deportivo La Coruña 57
Deutsche Fußball Liga (DFL) 15,
89, 129
Deutscher Bundestag 15
Deutscher Fußball-Bund
(DFB) 15, 18
DFB-Pokal 87, 90
DH-Holding Verwaltungs
GmbH 124, 128
Dinamo Zagreb 11, 214–219
Dodici 244
Doyen Capital 32
Doyen Global 33
Doyen Marketing 32 f.
Doyen Natural Resources 32
Doyen Sports Investments 19–28,
32–39, 41 f., 44–46, 63, 68, 78,
151, 197, 202, 253–255, 267 f.
Doyen-Gruppe 32, 38 f., 68, 145
Draxler, Julian 178, 235 f.
Drogba, Didier 207–209
Dynamo Berlin 218

EC Pelotas 126
EFG International AG 220
Eintracht Frankfurt 11, 219–221
El Confidencial 58, 261–264
El Mundo 8, 262, 277
Empis, Francisco 47
Etihad 50, 59
EU-Gerichtshof 95
EU-Kommission 41
EU-Parlament 79
Eurasian Natural Resources
(ENRC) 28
Europa League 117, 149
European Club Association 270
European Investigative Collabo-
rations (EIC) 8, 142, 170, 179,
201, 253, 255, 258, 271, 277
European Sports Manage-
ment 220, 221
Expresso 8, 201 f., 262, 277

Falcao, Radamel 27, 78, 150 f.
Falciani, Hervé 44
Falter 8, 277
FC Arsenal 54 f., 78, 192, 212, 216
FC Barcelona 54, 130, 137, 148, 191,
212, 214 f., 271
FC Bayern München 16, 27, 70,
72, 83, 94, 116, 130–132, 147, 148,
208, 212, 238, 271
FC Bayern München AG 209
FC Cádiz 41
FC Chelsea 24, 54, 78, 131, 151,
207–209
FC Getafe 34
FC Liaoning 210

FC Liverpool 10, 55, 87, 90, 92 f., 128
FC Porto 14, 57, 64, 117, 121, 153, 245
FC Schalke 04 86 f., 89, 94, 235, 236
FC Sevilla 24 f., 248
FC Southampton 65, 210
FC Turin 55, 197
FC Twente Enschede 19, 20–23, 33, 36, 43–45, 63, 68, 267
FC Valencia 27
Fenerbahçe Istanbul 153
Ferreira, Képler Laveran Lima 56, 108, 184
Fifa 9, 14, 16, 18 f., 36, 41 f., 48, 67 f., 79, 127, 167, 169, 181, 205, 207, 238, 270–272
Figo, Luís 65
Financial Times 153
Firmino siehe Oliveira, Roberto Firmino Barbosa de
FK Vojvodina Novi Sad 220 f.
Forbes 51
Fosun International Limited 197, 207
Friesenbichler, Kevin 238
Fuentes, Eufemiano 181

Gaćinović, Mijat 11, 219–221
Gauland, Alexander 178
Gazzetta dello Sport 191
Gea, David de 56, 101, 136
Gestifute 52, 59, 61, 78, 152
Giegold, Sven 272 f.
Gil Marín, Miguel Ángel 149 f.
Gil y Gil, Jesús 149–151, 153 f.

Globe Soccer Awards 56
Goddard, Mark 68
Golf Club St. Leon-Rot mbH 124
Gomes, André 56
Gómez, Mario 179
González, Luis 137
Google 51
Götze, Mario 178, 239
Griezmann, Antoine 148, 184
Grindel, Reinhard 15
Guangzhou Evergrande 150, 207 f.
Guardiola, Pep 191
Guilavogui, Josuha 37
Gustavo, Luiz 238

Haixia Capital 206
Halilović, Alen 11, 214 f., 217–219, 221
Hamburger Sport-Verein (HSV) 11, 27, 37, 41 f., 214 f., 231, 252
Hart, Joe 55
Havelange, João 180, 259
Hebei China Fortune FC 204, 213
Heesen, Thomas von 41
Heffner, Stephan 189, 201
Hellmann, Axel 219
Henrichs, Christoph 201
Her Majesty's Revenue & Customs (HMRC) 54
Herbalife 50
Hernández Applebaum, Eduardo 240
Hernández Balcázar, Javier 81, 85 f., 89 f., 240
Hertha BSC 132 f.

Higuaín, Gonzalo 80, 138 f., 244 f.
Hillier, Meg 272
Hoeneß, Uli 134, 209
Hopp, Dietmar 10, 122–129
Höwedes, Benedikt 239
Hulk *siehe* Sousa, Givanildo
  Vieira de
Hummels, Mats 179

Ibragimow, Alidschan 28–30, 40
Ibrahimović, Zlatan 10, 85, 116,
  187, 189–194, 205
Icaza, Gonzalez –
  Ruiz & Alemán 227
Infantino, Gianni 271 f.
Infront Sports & Media 207
Inter Mailand 73, 212, 218, 245 f.
International Consortium of
  Investigative Journalists
  (ICIJ) 46, 226
International Sport and Leisure
  (ISL) 135
International Sport Company
  Limited 219
ITB International B.V. 139, 245

Januzaj, Adnan 39 f.
JBS 51
JCLC Promotions 55
Jedvaj, Tin 11, 219
Jenbril 136
Jiangsu Suning 207–209
Jianlin, Wang 207
Jinping, Xi 205–207
John, Ola 36 f.
Jones, Marion 181
Junuzović, Zlatko 87

Juventus Turin 7, 10, 111, 136, 196,
  197, 209, 244, 271

Kaká *siehe* Santos Leite, Ricardo
  Izecson dos
Katar, Emir von 16
Kay, Matthew 33
Kentucky Fried Chicken 50
Kenyon, Peter 151 f., 154
Kießling, Stefan 86
KL Sportsbase 241
Klopp, Jürgen 81, 121, 150
Koç, Yildirim Ali 153
Kohler, Jürgen 111
Konami 51
Kondogbia, Geoffrey 24–27, 33,
  35 f.
Königlich Niederländischer
  Fußballbund 22
Kovačić, Mateo 218
Koyot Group 196
KPMG 226
Kramer, Christoph 240 f.
Kroos, Toni 70–72, 76, 85, 208,
  239
Kullashi, Ylli 196–198
Kunse International N. V. 245 f.

L'Espresso 8, 277
Lasogga, Pierre-Michel 41
Lavezzi, Ezequiel Iván 11, 204 f.,
  210, 213
Lazio Rom 73
Le Havre AC 195
Le Soir 8, 277
League 1 190
Lechia Gdańsk 238

L'Équipe 197
Levy, Daniel 65 f.
Lewandowski, Robert 85
Lewis, Carl 181
Liolios, Konstantin 241
Lobuzov, Artem 254–257
Lovren, Dejan 216
Löw, Joachim 15, 88, 240
Lucas, Nélio 22, 25 f., 28, 31–35, 37–40, 42 f., 254–257, 259, 267 f.
Lucho *siehe* González, Luis

Major League Soccer 153
Mamić, Mario 216–219, 221 f.
Mamić, Zdravko 216–219, 221 f.
Mamić, Zoran 216 f., 219, 221 f.
Manchester City 55, 64, 150, 154, 191 f., 212
Manchester United 7, 10, 39, 54 f., 62 f., 65, 81, 83, 85, 88 f., 101, 111, 131, 136 f., 151, 190–199, 212, 234 f., 240, 245 f., 271
Mandžukić, Mario 216
Mangala, Eliaquim 27, 64
Manning, Bradley 44, 104, 120, 233
María, Ángel Di 80, 244–246
Maroto López, Mariano 128 f.
Marotta, Giuseppe 197
Martial, Anthony 62
Martínez, Jackson 150, 207–209
Maschkewitsch, Alexander 28–30, 38, 40
Mata, Juan 136
Matuidi, Blaise 184
Mchitarjan, Henrich 179, 192, 234 f.

Mediapart 8, 159, 277
Mendes, Jorge 10, 56–59, 61, 78 f., 120, 151–154, 203
Merham Limited 245
Merkel, Angela 15
Messi, Lionel 48, 113, 136 f., 204 f., 214, 246
Meyhoff, Andreas 201
Modrić, Luka 108, 216
Montoro, Cristóbal 272
Mossack Fonseca & Co. 226
Mourinho, José 56, 58, 62, 78, 191, 193, 203, 227, 229, 272
Müller, Thomas 178
Multisports & Image Management (MIM) 49, 59 f.
Munsterman, Joop 20

Naber, Nicola 157, 200, 223, 227, 264
Naldo *siehe* Rodrigues, Ronaldo Aparecido
Nasarbajew, Nursultan 28, 30
Nastasić, Matija 87
Neuer, Manuel 148
New York Times 14, 45 f., 78
NewsWeek 8, 277
Neymar *siehe* Silva Santos Júnior, Neymar da
Niersbach, Wolfgang 259
Ñíguez Esclápez, Saúl 148–150, 154 f.
Nike European Operations Netherlands B.V. 139
Nike 59, 131, 138 f.
Northfields Sports 245
Novo Banco 245

NRC Handelsblad 8, 247, 277
NSA 44

Odems, Martijn 72 f., 80, 246 f.
OGS Nizza 93
Oliveira, Roberto Firmino Barbosa de 10, 87, 90, 127 f.
Oliveira, Simon 33
Olympique Lyon 216, 271
Olympique Marseille 137
Orel B.V. 72 f., 245–248
Oscar *siehe* Santos Emboaba Júnior, Oscar dos
Özil, Mesut 7, 78, 116, 192

Pardo, Alexander Júnior Ponce 126
Paris Saint-Germain 80, 190, 204, 234, 244, 271
Paros Consulting Limited 139, 225, 229, 243–248
Pellè, Graziano 210
Pepe *siehe* Ferreira, Képler Laveran Lima
Pérez, Florentino 24–26, 40, 66, 118, 234, 241
Petralito, Giacomo 242
Pinto, Aníbal 254–257
Platini, Michel 259
Pogba, Paul 10, 116, 179, 184, 189, 192, 194–199, 205
Polaris 49
Politiken 8, 277
Ponce, Ezequiel 246
Premier League 10 f., 60, 83, 187, 189, 191–193, 197, 206, 209, 270

PricewaterhouseCoopers (PwC) 226
Primera División 11, 270
Profoot International Limited 218, 219
Puma 132

Quality Football 151, 153–154

Raiola, Mino 10, 187, 189, 191 f., 195–198, 234 f.
Ramos, Sergio 174
Rapp, Christian 237 f.
Rasport Management AG 215, 217, 219, 221
Rauball, Reinhard 15
Real Madrid 7, 10, 24–26, 35, 51, 58, 65, 66, 67, 70, 72, 78, 81, 89, 97, 101, 108, 110, 112–114, 116, 118, 130–134, 136–138, 171–175, 208, 212, 218, 234, 239, 241 f., 244–246, 258
Reis, Cléber 41
Reuben, David 29
Reuben, Jamie 29, 32
Reuben, Simon 29
Reus, Marco 239
Ricken, Lars 111
Rinaudo, Fabián 246
Rio Ave FC 153
Rixos 30
Rodrigues, Ronaldo Aparecido 86, 242 f.
Rodríguez, James 56, 80, 244–246
Rodríguez, Ricardo 87

Rogon Sportmanagement GmbH & Co. KG 127, 235–238
Rojo, Marcos 64
Ronaldo dos Santos Aveiro, Cristiano 7, 9, 49–53, 56–62, 65–67, 78, 111–113, 121, 145, 151, 171, 173–176, 179, 184 f., 200, 203, 205, 222, 227, 229, 231, 242, 258–265, 272 f.
Rooney, Wayne 55, 191
Rummenigge, Karl-Heinz 271

Şahin, Nuri 81
Salvio, Eduardo 154
Sammer, Matthias 111
Sanches, Renato 184
Santo, Nuno Espírito 57
Santos Emboaba Júnior, Oscar dos 209 f.
Santos Leite, Ricardo Izecson dos 136
SAP 123, 129
Sascha siehe Maschkewitsch, Alexander
Saúl siehe Ñíguez Esclápez, Saúl
Schachtjor Donezk 207, 208
Schäuble, Wolfgang 272
Schmitt, Jörg 142, 201
Schodijew, Patoch 29, 40
Schweinsteiger, Bastian 83 f., 88
Sembol 30
Semzov, Wladimir 32
Serie A 11
Shandong Luneng 210
Shanghai Shenhua 207, 210
Shanghai SIPG 209, 210

Silva Santos Júnior, Neymar da 26, 33, 108
Silva, Eduardo Alves da 216
Simeone, Diego 148, 150, 154, 173
Simonian, Marcelo 244, 247 f.
SK Tawrija Simferopol 126
Skip siehe Arif, Tevfik
Sky (Pay-TV-Sender) 87
Snowden, Edward 44, 78, 120, 233
Sousa, Givanildo Vieira de 64, 76, 210
Sparta Prag 207
Sporting Braga 163
Sporting Cristal 126
Sporting Gijón 215
Sporting Lissabon 14, 57, 117, 121, 153
Sports Consultants 136
SportsTotal 71, 239
SpVgg Bayern Hof 238
SSC Neapel 204
St. Galler Kantonalbank 210
Starbucks 51
Stoneygate 48, 55
Struth, Volker 71 f., 239
Süddeutsche Zeitung 46, 125, 128, 226, 269
Suning Commerce Group 206
Supat B.V. 138 f.

Tah, Jonathan 41
Tamid Sport Marketing 136
Tanazefti, Oualid 195–198
Taz 237
Teixeira, Alex 108, 207–209
Telekom 16

Termes, Marco 247
Tévez, Carlos 11, 78, 210 f.
The General International Company 137
The Sunday Times 8, 54
Thiago *siehe* Alcántara, Thiago
Tianjin Quanjian 209
Tollin Associates Limited 60, 228
Tonietto, Paulo Fernando 242 f.
Topscore Sports Limited 197
Torres, Fernando 108
Tottenham Hotspur 65, 67, 78, 216, 241
Toyota 51, 59
Transfair Rechteverwertungsgesellschaft mbH & Co. KG 124–129
Transfer Matching System (FIFA TMS) 68
Trident Chambers 225, 243
Trump, Donald 30
TSG 1899 Hoffenheim Fußball-Spielbetriebs GmbH 125, 129
TSG 1899 Hoffenheim 87, 91, 93–96, 122–129, 236
TSV Buchbach 238
Tumod Ventures Limited 243
Turan, Arda 154

Uefa 16, 68, 130 f., 169, 172
Ujah, Anthony 210
Ullrich, Jan 181
Unilever 50, 59

Universidad de San Martín de Porres 126
Uuniqq Sarl 197

Varane, Raphaël 108
Vela Management Limited 33, 268
Vermögens- und Privatbank Aktiengesellschaft 268
VfL Wolfsburg 37, 86 f., 91 f., 94, 116, 129, 212, 216, 236, 238, 242 f.
Villiger, Marco 270
Vitória Setúbal 126
Volksbank Liechtenstein 245
Volkswagen AG (VW) 87
Volkswagen Arena 92
Volland, Kevin 93–96

Wanda Group 207
Warner, Jack 180
Watzke, Hans-Joachim 234 f.
Weinzierl, Alfred 142, 201, 262
Werder Bremen 86 f., 210, 242 f.
WikiLeaks 44, 77
Witsel, Axel 209
Wittmann, Roger 127, 235 f., 238
Wolverhampton Wanderers 207
Wood, Gibbins & Partners 33
Wulzinger, Michael 100, 185

Zahavi, Pini 31 f.
Zenit St. Petersburg 64, 209 f.
Zidane, Zinédine 10, 65, 174–176